古代美術史研究

五 編

第 **8** 冊

《虛齋名畫錄》校理（下）

李福言 著

花木蘭文化事業有限公司

國家圖書館出版品預行編目資料

《虛齋名畫錄》校理（下）／李福言 著 -- 初版 -- 新北市：
花木蘭文化事業有限公司，2023〔民 112〕
目 18+214 面；19×26 公分
（古代美術史研究 五編；第 8 冊）
ISBN 978-626-344-136-1（精裝）

1.CST：中國畫 2.CST：目錄

011.08 111010337

ISBN-978-626-344-136-1

古代美術史研究
五 編 第八冊 ISBN：978-626-344-136-1

《虛齋名畫錄》校理（下）

作 者 李福言
總 編 輯 杜潔祥
副總編輯 楊嘉樂
編輯主任 許郁翎
編 輯 張雅淋、潘玟靜 美術編輯 陳逸婷
出 版 花木蘭文化事業有限公司
發 行 人 高小娟
聯絡地址 235 新北市中和區中安街七二號十三樓
電話：02-2923-1455／傳真：02-2923-1452
網 址 http://www.huamulan.tw 信箱 service@huamulans.com
印 刷 普羅文化出版廣告事業
初 版 2023 年 3 月
定 價 五編 21 冊（精裝）新台幣 75,000 元

《虛齋名畫錄》校理（下）

李福言 著

目

次

卷　九

王煙客仿雲林筆意軸

【紙本，水墨山水。高二尺七寸三分，闊一尺一寸一分。思翁、眉公二題，書於本身。】

丁卯二月仿雲林筆意，王時敏。

此遜之璽卿仿雲林畫，所謂優鉢羅花不世開者。舊藏於青浦曹太學家，已落程氏手。遜之於長安邸數見之，遂能奪真。當今名手不得不以推之。玄宰題。

寫倪迂畫者，啟南老，徵仲嫩，王尚璽衷之矣。眉公。

王煙客仿山樵山水軸

【紙本，水墨。高二尺五寸一分，闊一尺三寸一分。】

乙巳小春，晴窗融暖，展閱山樵蹟，欣然會心，戲作此圖，自喜略得其意。王時敏。

王煙客仿北苑山水軸

【紙本，水墨。高二尺九寸五分，闊一尺三寸七分。】

乙巳夏日仿北苑筆，王時敏。

王煙客山水軸

【紙本，水墨。高四尺九分，闊一尺七寸一分。】

戊戌長夏，畫似伯敘先生正。王時敏。

王煙客仿子久山水軸

【紙本，設色。高二尺四寸六分，闊一尺五寸一分。】

乙卯清和，仿黃子久筆，王時敏。

王煙客仿子久筆意軸

【絹本，淺絳兼青綠山水。高三尺八寸七分，闊一尺六寸三分。】

辛亥夏五，仿黃子久筆意，似□□年翁政之，王時敏。

王煙客山水為渭翁壽軸

【絹本，設色。高五尺八寸八分，闊二尺九寸一分。右角下三印，模糊不辨。】

丙辰清和仿子久筆，奉祝渭翁老門年臺兼祈教正。婁水弟王時敏，時年八十有五。

王煙客為石谷索贈乃昭畫軸

【高麗紙本，水墨山水。高二尺九寸五分，闊一尺二寸三分。王圓照題書於本身。】

丙午秋日，石谷索贈乃昭道兄聊博一笑，王時敏。

乃昭先生雅有筆墨之癖，小阮石谷今秋館於煙翁所，因索此畫以贈。先生法眼，非此不足以當其賞鑒，山水靈通，得所歸矣。王鑒。

王煙客端午景圖軸

【紙本，水墨瓶花。高三尺五寸四分，闊一尺八寸三分。】癸巳端陽戲墨，西廬老人。

【詩斗紙，高一尺八分，闊同本身。】

此先大夫真蹟，於茲六十餘年矣。吳中人攜入長安，雲岡姪愛而展玩，彌日不置，余特購遺之，並識歲時於幀首。康熙丙申清和既望，西田掞題。

婁東奉常公以名德世其家，遊神翰墨乃餘事也。山水固集宋元之成，至其點染花卉世未盡知。觀此娟秀古雅，縱橫中自分條理，有非專門名家所能彷彿者。片紙尺幅，珍逾拱璧矣。康熙庚子清和下澣，項齡題。

王圓照雲壑松陰圖軸

【紙本，水墨山水。高三尺一寸四分，闊一尺四寸四分。】

　　彥博先生雅有好古之癖，更具法眼，凡筆墨妍媸，莫能逃其鑒識。索余拙筆已十五年矣，未敢應命。今歲乙未為彥翁七十，值余浪遊歷下，不得同社中諸公捧觴為壽，聯仿叔明《雲壑松陰圖》贈之，知不免持布過雷門矣。婁水王鑒。

王圓照仿叔明山水軸

　　【紙本，水墨。高二尺九寸三分，闊一尺二寸八分。】

　　丙申春初，仿叔明筆於定慧禪寺，王鑒。詩，斗紙，高七寸，闊同本身。】

　　曩在都門，王廉州時為比部郎，余與孫伯觀中翰、陸叔度明經、王志不司農晨夕往還，共論琴畫。別來廿載，廉州掛冠歸婁東，余承乏吳郡。先是廉州遊濟上，歸時余將解組矣，會晤甚難，動閱旬月。欲如曩日過從無間，好友追攀，豈可復得也。廉州罷郡在強仕之年，顧盼林泉，肆力畫苑，筆墨之妙，海內推為冠冕。吳自沈、文後，茲道久已荒榛，得廉州而復震、予獲觀其盛，大為吳門吐氣，故樂得而稱道焉。客有持此畫來索題，知為得意之作，余不暇論，惟有深服其畫品之高，並敘其俯仰今昔之情如此。丙申中春，會稽張學曾。

王圓照仿子久山水軸

　　【紙本，水墨，高二尺九寸六分，闊一尺七分。】

　　人家在仙掌，雲氣欲生衣。戊戌秋八月仿子久筆王鑒。

王圓照仿大癡山水軸

　　【絹本，設色。高三尺八寸四分，闊一尺九寸三分。王煙客題書於本身。】

　　庚子冬日，仿大癡筆意，王鑒。

　　元四大家風格各殊，其源流要皆出於董、巨。玄照郡伯於董、巨有專詣，所作往往亂真。此圖復仿子久，而用筆皴法仍師北苑，有董、巨之功力，又有子久之逸韻。瓶盤釵釧鎔成一金，即使子久復生，神妙亦不過如此。真古今絕藝也。余老鈍無成，時亦欲倣子久而粗率疥癩，相去愈遠。今見此傑作，珠玉在側，益慚形穢，遂欲焚棄筆硯矣。歎絕，愧絕。庚子仲冬，王時敏題。

王圓照危石青松圖軸

　　【紙本，水墨山水。高三尺一寸四分，闊一尺六寸三分。】

　　泉聲咽危石，日色冷青松。辛丑九秋寫似珮宜詞兄，王鑒。

王圓照溪亭山色圖軸

【紙本，水墨。高二尺四寸二分，闊一尺三寸七分。】

學倪高士《溪亭山色》於逋雲廬，似梅翁。老表叔教正，王鑒。

王圓照仿叔明長松仙館圖軸

【紙本，淡設色山水。高四尺三寸四分，闊一尺七寸一分。】

丁未清和仿叔明《長松仙館圖》，奉祝悔庵年翁五十初度，王鑒。

王圓照仿子久陡壑密林圖軸

【紙本，水墨山水。高二尺九寸，闊一尺五寸七分。】

元季四大家推黃子久為第一，《陡壑密林圖》乃其生平得意之作，向為太原奉常公所藏，今已歸之山左友人，不可復見矣。余時形夢寐，晴窗閒適，追思其法成此幀，愧不能彷彿萬一，擲筆為之惘然。戊申春日，畫於染香庵之梅花牕下，王鑒。

王圓照溪山雪霽圖軸

【絹本，淡設色。高二尺九寸七分，闊一尺六寸。】

戊申秋仲仿李營丘《溪山雪霽》，王鑒。

王圓照仿雲林山水軸

【紙本，水墨。高三尺五寸九分，闊一尺三寸。】

老樹芒煙接遠山，淺沙白石繞溪灣。小齋試展晴窗下，盡道雲林咫尺間。仿倪高士王鑒。

王圓照仿梅道人水竹山居圖軸

【紙本，水墨山水。高二尺七寸四分，闊一尺四寸五分。】余向藏梅道人《水竹山居圖》，純師巨然，妙有淡遠之致。後為少宰孫北海以《定武蘭亭》易去，時形夢寐。客牕清適，漫思其法，成此小景，請質之君御年翁。王鑒。

王圓照溪色棹聲圖軸

【紙本，淡青綠山水。高三尺六寸八分，闊一尺九寸四分。】

鳥飛溪色裏，人語棹聲中。辛亥夏日畫，王鑒。

王圓照仿子久富春山圖軸

【紙本，水墨。高四尺二寸二分，闊一尺八寸四分。】

子久《富春山卷》為其生平傑作，此圖擬之。癸丑初夏，王鑒。

王圓照溪山無盡圖軸

【紙本，水墨山水，惟人物、屋宇、橋樑微著赭色。高六尺六寸七分，闊三尺。】

余在長安見孫少宰所藏梅道人《溪山無盡》，純師巨然，妙有幽微澹遠之致，因擬其意，愧不能彷彿萬一也。甲辰九秋，王鑒。

王圓照仿古山水軸

【絹本，凡十二幅，皆高五尺一寸七分，闊一尺六寸一分。】

【第一幅，淡設色。】

行人返深巷，積雪帶餘暉。此右丞詩中畫也，不識此畫中有詩否。湘碧鑒。

【第二幅，水墨。】

北苑畫變化莫測，思翁所謂畫中之龍，信不虛也。此圖欲傚其意，愧未能夢見。王鑒。

【第三幅，青綠。】

壇高紅樹繞，院古白雲封。仿馬文璧，王鑒。

【第四幅，淡設色。】

余乙未年與張約庵使君聯舟南下，出其所藏《江貫道長卷》見示，妙有幽微澹遠之致，得縱觀兩月。忽忽將二十寒暑矣。此圖仿之，不免邯鄲學步之誚。何如，何如。湘碧鑒。

【第五幅，水墨。】

溪雲初起日沉閣，山雨欲來風滿樓。仿李唐筆意，鑒。

【第六幅，青綠。】

柳塘春水漫，花塢夕陽遲。以三趙筆法合為之，未識得似一二否。染香庵主。

【第七幅，水墨。】

范寬筆法原與董、巨相似，但雄壯過之。此圖為吾婁王奉常所藏，聞已為人易去。今擬其意，不求形似也。鑒。

【第八幅，青綠。】

仿趙文敏《雲壑松陰》。

【第九幅，淺絳。】

叔明《關山蕭寺圖》，向為王文恪公家珍藏，乃其生平得意之作。今秋得觀於拙政園中，遂仿此法。湘碧鑒。

【第十幅，淺絳兼青綠。】

子久《秋山圖》為京口張氏收藏，董文敏謂此大癡一生傑作。此圖擬之。鑒。

【第十一幅，水墨。】

黃鶴山樵《雲壑松陰》，余曾見於長安孫少宰齋已二十餘年矣。時形之夢寐，追思其意為之，不知合作否。湘碧鑒。

【第十二幅，淡設色。】

己酉新秋寓半塘精舍，大千道兄過訪，以尊翁公濟先生六十華誕在癸丑小春，預出絹素，索余拙筆，為是歲華封之祝，特仿古十二幀以應之。婁東王鑒。

王石谷仿趙大年水村圖軸

【紙本，青綠山水。高四尺一寸，闊一尺五寸九分，唐半園題書於本身。】

壬寅二月，虞山石谷王翬為子唐先生仿趙大年《水村圖》於毘陵唐氏之半園。

此余三十五年前，在毘陵贈友作也。故人宿草，卷軸零殘，不復記憶。即孚楊子偶於慈仁寺上購以視余，恍如夙世。昔李公擇嗜蘇文忠公詩，即斷稿殘幅，必補綴成帙以示公，公且忘其為何時作。余畫遠愧蘇詩，而楊子之好事，固不讓公擇矣。因為題識而歸之。時康熙三十六年，歲在丁丑二月二十五日，耕煙散人王翬。

江湖滿眼絕風波，那得移家畫裏過。暫借老慵終日看，臥遊寧止勝情多。

外生子唐待石谷作是圖畢，便儗攜去平陵，余留玩竟日因題。半園昭。

王石谷贈石門先生山水軸

【紙本，水墨。高三尺六寸九分，闊一尺九寸二分。三家題詠，書於本身。】

歲在己酉三月六日，虞山石穀子王翬畫。

辛亥秋九月八日，承石門先生枉顧山齋，盤桓信宿，臨行出此以贈。王翬又識。

十里谿塘水亂流，晴沙細草臥江鷗。試看一片春山色，雙燕差池逼枝頭。【隸書】，康熙己酉立秋後三日，西廬老人王時敏題，時年七十有八。

參差林影忽聞樵，松底茆庵隔澗橋。閑策短筇溪上立，不知塵世有喧囂。庚戌嘉平廿四日，題於染香庵，王鑒。

老去支筇已不勝，興來猶上最高層。長松落落微陰裏，只少斜陽掃葉僧。吳偉業。

王石谷古澗疏林圖軸

【紙籤自題】

摹宋人《古澗疏林圖》筆意。【隸書】烏目山人王翬。

【紙本，水墨。高一尺八寸四分，闊七寸八分。】

營丘、道寧寫寒林，多作俯枝橫亞，常含怒氣，垂垂交錯，筆力勁拔，曲若屈鐵，挺若張弩，即是其法。稍變為郭河陽，再變為倪元鎮，皆宗此家筆趣爾。癸丑八月，石谷題於維揚客舍。

王石谷霜柯遠岫圖軸

【紙本，水墨。高二尺三寸三分，闊九寸六分。】

九龍山人《霜柯遠岫》，己未三月夜坐吳氏園居戲作，石谷王翬。

王石谷疏林遠岫圖軸

【紙本，水墨。高一尺六寸二分，闊一尺一寸四分。笪江上題書於本身。】

石谷戲筆，庚申。

余藏有《疏林遠岫》，趙吳興真蹟，王生見而悅之，作斯圖以寄欣慕焉。江上外史。

王石谷枯木竹石圖軸

【紙本，水墨。高二尺一寸，闊九寸三分。諸家題詠書於本身。】

雲林生似未當家，李息齋獨擅長不許也。江上外史笪重光題石穀子《竹石圖》。

拳石何礧砢，籔篁亦森蔚。清風蕩幽襟，伊人在空谷。【隸書】

寒水流石間，疏篁吹北風。神韻邃終古，墨妙開洪蒙。靜對消永日，悠然造此中。礪山。

毫墨發靜趣，靈境出無心。研北清風來，翛然開我襟。南田。

竹木交接，似幽人攜手共語，於水石間任其枕漱。王概。

淒清淵潤，住此道成，食飲豈有味，計策豈有用耶。原舒觀。

王石谷嵩山草堂圖軸

【紙本，水墨園林景。高三尺九寸二分，闊一尺三寸五分。畢竹癡題，書於裱綾。】

嵩山草堂圖　戊辰二月廿一日仿盧鴻乙意於來青閣，石谷王翬。

余藏有唐六如《嵩山草堂圖》一冊，精妙宛如盧鴻乙當時所作。聞此冊自錫山華氏劍光閣中故物，頗珍愛自秘。今又得石谷所仿畫幀，以佐廣堪齋清賞，亦是人生之一大快事也。何幸如之。己酉冬夜擁爐識，竹癡畢瀧。

王石谷泰岳松風圖軸

【紙本，淡設色山水。高五尺四分，闊三尺二寸九分。】

《泰岳松風》　巨然有此圖，峰巒樹石筆法嚴重，不用細皴，全是摹仿董源。其鬱然深秀，具有太古之色，不以姿致取妍，愈見昔人構思精密，非後學所能擬議也。壬申夏五寫正堅翁先生，時值四十初度，並申九如之祝。虞山王翬。

王石谷臨山樵修竹遠山圖軸

【紙本，水墨。高二尺四寸八分，闊一尺二寸三分。】

昔文湖州有「暮靄橫看宋思陵」，題識卷首，觀其筆力，不在郭熙之下。於樹石間寫叢竹，乃自其肺腑中流出，又不可以筆墨畦徑觀也。子文、廣文出紙求畫修竹遠山，惜乎僕之筆力不能似郭，又敢彷彿湖州也哉。至若拙樸鄙野，縱意塗抹，聯可以寫一時之趣，姑塞廣文之雅意云。黃鶴山中人王蒙。

歲次甲戌九月望後三日，為宜翁先生臨於長安廎齋。海虞王翬。

王石谷盧鴻草堂圖軸

【紙本，水墨園林景。高三尺二寸二分，闊二尺。】

盧鴻《草堂圖》，唐人名蹟，余從吳閶借橅，復見黃鶴山樵臨本，因仿其意，請正晉老先生。虞山王翬，時甲戌仲春十日。

王石谷茅屋長松圖軸

【紙本，水墨山水。高四尺一寸七分，闊一尺三寸九分。】

茅屋全無暑，長松落翠陰。牕中讀書者，須會古人心。乙亥清和，石穀子王翬畫於長安寓齋。

王石谷仿董文敏山水軸

【紙本，水墨。高二尺九寸八分，闊一尺四寸二分。】

人家在仙掌，雲氣欲生衣。　　仿董華亭筆意，請正西齋老先生。乙亥九日，耕煙散人王翬。

王石谷仿范華原筆軸

【紙本，淡設色山水。高四尺七分，闊一尺四寸一分。】

芙蓉一朵插天表，勢壓天下群山雄。　　康熙歲次丙子臘月廿四日，仿范華原筆，劍門樵客王翬。

王石谷蕉竹樹石圖軸

【紙本，水墨。高三尺九寸七分，闊一尺三寸八分。】

山爽朝朝几上生，野堂圖史灑然清。何時許借西牕榻，閒聽蕉林夜雨聲。偶見六如居士小幀，戲仿大意。歲次丙子春正望前一日，耕煙散人王翬。

王石谷修竹幽亭圖軸

【紙本，水墨山水。高四尺五分，闊一尺三寸五分。】

紫袍穠襲御爐香，朝散常於白玉堂。拂地湘簾春晝寂，自家磨墨寫篔簹。讀松雪翁詩，風流可想，因書。丙子八月十六日，烏目山中人王翬。

王石谷仿大癡山水軸

【紙本，淺絳。高四尺一寸二分，闊一尺八寸四分。】

雲多不計山深淺，地僻絕無人往來。莫訝披圖便成句，柴門曾對翠峰開。　　歲次戊寅春仲坐雨燕臺邸舍，觀癡翁真蹟，戲仿大意，呈占非年先生清鑒，王翬。

王石谷寫白石翁詩意軸

【紙本,淡設色山水。高三尺一分,闊一尺二寸八分。】冷光濕翠相搏
處,曾向廬山六月來。　　歲次戊寅春仲補白石翁句,王翬。

王石谷溪堂詩思軸

【紙本,水墨園林景。高三尺四寸三分,闊一尺八寸八分。】

溪堂詩思【篆書】,歲次戊寅春三月望,仿雲西老人筆,海虞石穀子王翬。

王石谷九華秀色圖軸

【紙本,水墨山水。高四尺一寸七分,闊一尺八寸。】

九華秀色可攬結,吾將此處巢雲松。補太白語。癸未長至後三日,仿黃
鶴山樵筆,呈眉翁老父臺先生清玩。海虞耕煙散人王翬。

澄懷觀道宗少文,臨池學書王右軍。王侯筆力能扛鼎,五百年來無此君。
右倪元鎮題王叔明畫詩。叔明為趙吳興甥,乃自闢一門戶,若論蘊藉之富,
摹寫之精,實不讓其舅元鎮,語非誇也。次日又書。

王石谷古木奇峰圖軸

【紙本,淺絳。高三尺九寸四分,闊一尺三寸四分。】

李營丘《古木奇峰圖》,癸未七月廿又六日,山樓坐雨,寫贈長康道社兄。
耕煙散人王翬。

王石谷綠樹團陰圖軸

【紙本,淡青綠園亭景。高二尺,闊一尺六寸九分。】

綠樹團陰散晚涼,水扉開處看鴛鴦。坐來獨愛南風起,分得荷花茉莉香。
雲林詩,王翬畫,庚寅夏日。

王石谷仿叔明巨然兩家筆意軸

【紙本,水墨山水。高三尺七分,闊一尺九分。】

書畫堆邊活一生,論渠畫法偕書評。請看瘦硬通神處,純用顏筋柳骨成。
用文太史題畫句。

筆意磊落,則本叔明;山容渾厚,則法僧巨然。善摹古人者,原在脫化,
不求形似也。庚寅花朝後二日,耕煙柀人王翬。

【詩斗紙，高一尺一分，闊同本身。】

脫盡藩籬趣橫生，南宗北派任人評。漫將頓漸分冰炭，點入洪爐一火成。石谷此作巨然，叔明合為一家眷屬，非融會貫通，虛空粉碎，不能有此神詣。南田嘗謂：畫分南北，至石谷而合為一。極古來筆墨之至，齟齬不能相入者，石谷羅而致之筆端，融洽以出。斯真善言石谷者已。道光壬午臘月，唫樵出此見示，既用文韻題之，復為識之如此。心青居士。

王石谷秋樹昏鴉圖軸

【紙本，設色山水。高三尺七寸，闊二尺三寸二分。】

小閣臨溪晚更嘉，繞簷秋樹集昏鴉。何時再借西牕榻，相對寒燈細品茶。補唐解元詩，壬辰正月望前二日，耕煙學人王翬。

王石谷師範華原筆意軸

【紙本，淺絳山水。高二尺八寸二分，闊一尺四寸五分。】

門前翠影山無數，竹下寒聲水亂流。康熙甲午十月晦日，師範華原筆意，補蘇子美詩句。海虞耕煙散人王翬。

王石谷萬壑松風圖軸

【紙本，設色山水。高三尺四分，闊一尺三寸四分。】

萬壑松風圖　康熙乙未九秋，仿北苑筆請正雪江先生。海虞弟王翬。

戴安道云：巖岫高則云霞之氣鮮，林藪深則琴築之音清。其胸思幽曠，真堪為山靈寫照。適余此景，暗與符合，故錄於左。畊煙再識。

王石谷師弟合繪看梅圖軸

【紙本，水墨山水。高二尺四寸九分，闊一尺二寸五分。惲南田題書於本身。】

豔雪亭夜集，為晉老道翁寫《看梅圖》，虞山楊晉。

石谷王翬補修竹遠山。

板橋枯柳草堂開，溪畔山僮報客來。同坐寒煙松竹裏，雪中煮酒看庭梅。春夜秉燭對酒，觀烏目王山人製圖，灑墨如風雨。時子惠彈三弦，清歌繞梁，令人驚魂動魄。如此勝會，他時念此，不易得也。癸亥春正月廿九夜，壽平記。

王石谷師弟合繪竹牕勝集圖軸

【紙本，設色樹石兼人物。高二尺二寸八分，闊一尺一寸二分。勞在茲、蔣西谷兩題書於本身。】

《竹窗勝集》　歲次己卯送春日，為扶曦同學兄寫意。畊煙散人王翬。

桃溪徐玫畫茅堂几榻。

端陽日，水村楊晉補人物仙禽。

時洞庭勞澂在座見畫此圖，恍如置身於茂林修竹之間。喬木琅玕古，茅堂竹幾清。泉聲動微籟，人鳥兩忘情。辛巳佛日，蔣西谷觀因題。

王麓臺仿趙大年江鄉春曉圖軸

【紙本，青綠。高四尺二寸三分，闊一尺八寸四分，】

臣王原祁恭畫。

王麓臺富春大嶺圖軸

【紙本，水墨。高三尺一寸二分，闊一尺一寸二分。】

辛酉清和，仿大癡《富春大嶺》，似東嶼老長兄正。婁水弟王原祁。

王麓臺山水為孟白先生壽軸

【紙本，水墨。高三尺三寸二分，闊一尺七寸四分。】

余至維揚，客於延陵之館，識友竹兄，篤於氣誼之君子也。歲之十月，為尊甫孟白先生八袠壽，預作此圖奉祝。時康熙庚午七月朔日，婁東王原祁畫。

王麓臺松溪仙館圖軸

【紙本，水墨山水。高三尺一寸八分，闊一尺三寸七分。】

壬申秋日，蒓服年翁為雲襄先生稱祝南歸，仿黃鶴山樵寫《松溪仙館》請正。婁東王原祁。

王麓臺富春山圖軸

【紙本，水墨。高三尺九分，闊一尺九寸。】

癸酉清河雨牕，余作《觀大癡富春長卷》，歌適倫敘，年兄以素紙索畫，遂寫其意請正。王原祁。

【詩斗紙，高一尺一寸四分，闊同本身。】

大癡吹笛車箱去，粉本零殘半有無。好手今推王給事，人間重見富春圖。陳元龍。

富春山繪黃公望，生面重開王麓臺。應是長歌歌不盡，畫中詩見右丞才。孫岳頒。

詩成潑墨竟蕭閒，吞吐雲煙尺幅間。何必按圖尋子久，分明雨後富春山。胡會恩。

王麓臺仿大癡山水軸

【紙本，水墨。高二尺六分，闊一尺一寸八分。】

甲戌初秋，仿大癡筆，似序老表兄正。王原祁。

【詩斗紙，高一尺二分，闊同本身。】

青山萬疊何蒼然，石壁丹梯四望連。危峰去天知幾尺，陰崖礙日藏雲煙。朝朝暮暮遠山色，愛結茅廬在山側。山泉倒瀉聽潺湲，曲徑通幽杳無極。龍鱗古幹樹千章，白晝雲封蔽天黑。山花野籟四時榮，況復天高秋氣清。高枝低枝響蕭瑟，千葉萬葉鳴鏦錚。山人此時萬慮寂，茶鐺活火蟹眼生。那識塵寰幾今古，曉猿夜鶴誰相驚。嗟餘本是餐霞客，七載紅塵誤相隔。歸來便欲訪名山，選勝無虛謝公屐。太原墨妙果不群，寫盡胸中山水文。康樂詩篇柳州記，諮嗟此地真幽邃。可憐飛閣闃無人，誰脫塵纓迴高致。　丹次大兄出畫索題，率筆應命。廷文。

王麓臺雲山圖軸

【紙本，水墨。高一尺四寸三分，闊一尺九分。】

崇川客館遇雨，憶湖上雲山寫此。原祁。

王麓臺仿一峰山水軸

【紙本，淺絳。高三尺九寸二分，闊一尺六寸五分。】

乙亥重陽仿一峰老人，寄祝七叔父大人兼呈教正，姪原祁。

王麓臺寫少陵詩意軸

【紙本，水墨山水。高二尺六寸二分，闊一尺二寸。】

澗水空山道，柴門老樹村。

客中冬夜讀少陵詩，臺兄舉二語索畫，用雲林筆意寫之。麓臺祁。

王麓臺寫大癡得力荊關軸

【紙本,設色山水。高三尺九分,闊一尺四寸五分。】

荊、關、董、巨為元四大家祖禰,大癡畫人知為董、巨正宗,不知其得力於荊、關之處也。屺望姪問畫於余,以此告之,隨寫其意,當為識者訕笑矣。時康熙己卯長夏,麓臺祁識。

王麓臺仿梅道人山水軸

【紙本,水墨。高三尺二寸,闊一尺三寸八分。】

季書道世兄雅有筆墨之好。己卯冬日,余在邗阻風雪,急欲歸矣,而季書倦倦之意,難卻其請,呵凍為仿梅道人筆。麓臺祁。

王麓臺仿高尚書山水軸

【紙本,水墨。高二尺九寸五分,闊一尺四寸四分。】

客秋雨中,雲期道兄過談竟日,為作高尚書筆未竟。今復坐索,率爾續成,恐非古人面目矣。時康熙己卯三月下澣王原祁。

王麓臺仿梅道人山水軸

【紙本,水墨。高二尺三寸二分,闊一尺二寸六分。】

畫至南宋競宗豔冶,骨格卑靡,梅道人力挽頹風,成大家風味,所謂淡妝不媚時人也。己卯春日京江道中,寫此以質識者。麓臺祁。

王麓臺補雲林遂幽軒圖軸

【紙本,水墨山水。高二尺八寸一分,闊一尺三寸二分。沈獅峰題,書於本身。】

書年道契出所藏倪高士題良夫友遂幽軒詩並跋見示,筆法古勁,點畫斐亹,確係真本。但詩存而畫不可得見矣。書年屬余補圖詩意,以徵君墨蹟弁其首,亦名其軒曰遂幽,懸之室中,安見古今人不相及。愧余腕弱筆癡,不能步武前哲耳。康熙庚辰孟冬望前,麓臺祁識。

遂幽軒補圖【隸書】,康熙壬午閏夏,獅峰沈宗敬題。

【雲林詩箋,高七寸九分,闊四寸二分,裱於圖紙之上。其餘諸家題詠書於四圍裱紙,高南阜一題用背書右行法。】

　　□訪幽居秋滿林，塵喧暫可散煩襟。風回硯沼搖山影，夜靜寒蛩和客吟。
危磴白雲侵野屐，高桐清露濕窗琴。蕭然不作人間夢，老鶴眠松萬里心。　　良
夫友契復名其軒曰遂幽，讀書學道，歌詠先王於其中，延陵倪瓚為之詩並圖
以贈。至正癸卯九月十六日識。

　　遂幽軒寫故人心，畫去詩留寄託深。賴有右丞靈妙筆，圖成真不讓雲林。
岳頒題為書年老姪。

　　眉峰修嫵添新跡，殘雪蒼涼愛舊吟。好在捲簾閒坐看，洗天嵐翠濕秋林。
題為書年年道兄，陳元龍。

　　遂幽軒，邈何許。松風磴畔，白雲隈中，有高人，自儔侶。倪迂寫作兩超
逸，零落驪珠留健筆。畫圖已作神物飛，誰其補者王摩詰。蕭蕭野屋夾雙桐，
孫郎結構將無同。古人寄託今人在，想像秋山淡墨中。題奉書年老年道翁，
胡會恩。

　　為愛題箋勝異珍，幽軒坐臥自怡神。前身不是倪高士，雅韻難求第二人。

　　夢想雲林潑墨時，輞川家法竟兼之。知君喜得詩中畫，定作無窮畫裏詩。
題為書年年道兄，勵杜訥。

　　倪迂仙蛻後，手蹟隨飄風。筆法矯鵰鶚，詩格如逋翁。遂幽一卷盡，變
滅掃虛空。補者王右丞，矮屋覆雙桐。桐陰帶朝露，滴入岩牖中。修竹何便
娟，遠山亦空蒙。秀色近可餐，千載得兩公。如樂振古鐸，乃以配黃鐘。壬午
春二月，查升題。

　　清閟閣中留好句，右丞老筆寫雲煙。雙龍忽向延津合，具此方稱二妙全。
壬午春三月，張廷瓚題。

　　幽人卜築遂棲遲，高士留題潑墨時。神物幻塵偏易散，遙情奕代可相追。
爭看玅手超前輩，頓使清流起逸思。四百年來成合作，不誇摩詰畫中詩。康
熙壬午閏夏，獅峰居士沈宗敬題。

　　遂幽靜掃一齋閒，修竹雙桐護此間。愛古舊題存懶瓚，補圖新翠見秋山。
奕禧為書老年道兄題，壬午花朝。

　　煙雲過眼無留意，名畫通靈誰可悶。素絲斷作蝴蝶飛，秋蚓還餘幾行字。
王君潑墨為補圖，神冶不必重開爐。迂老詩中原有畫，妙墨直似追亡逋。莫
從書畫辨源流，古來道子疑朱繇。【吳道子畫多朱繇作】雲林見畫應失笑，一
角殘山被小偷。壬午二月，南沙汪繹題。

麓台山人雲林手，驅使雲山同關紐。中鋒直偪黃大癡，側勢取妍如敝帚。只此云林亦當輸一籌【雲林畫脫胎於黃，以側筆易中鋒，風味更覺蕭散】，區區餘子真何有。幽邃故紙傷淪亡，南郡留樹化去久。祇今摩挲見典型，中郎迥然虎賁走。瓣香欲拜苦蹣跚，起向畫前傾一斗。前度軒中秋正佳，薄日疏煙弄衰柳。

吳江畹農先生得此畫於岳丈人，珍惜殆過寶玩，行館攜遊，頻年不捨。向者不戒於火，幾為六丁取去，完補存之，奇愛更甚。持以屬題，並識顛末，遂用左手。右行書即其藜火燼影之餘，綴以刺刺，不嫌著穢太多耶。乾隆乙未九月，東海背題人高鳳翰左手書。

王麓臺溪山春靄圖軸

【紙本，水墨。高三尺一分，闊一尺三寸九分。】

庚辰秋日仿雲林《溪山春靄》，王原祁。

此圖余在維揚御青呂郡司馬寓樓所作，余入都後為吾州葉姓所得，聞其不戒於火，幾歸秦藏。不意此圖猶獲一觀也，再識歲月於左。癸巳秋日麓臺觀於谷貽堂並題，閱十四年矣。

王麓臺仿巨然山水軸

【紙本，水墨。高二尺六分，闊一尺四寸一分。】

辛巳秋日仿巨然筆，麓臺祁。

王麓臺四絕山水軸

【紙本，設色。高四尺二分，闊二尺三寸七分。】

吳門旅雁兩三聲，我去西江君北征。一片樓頭寒夜月，桃花流水隔年情。兩載相思南北分，孤舟淮浦忽逢君。離愁一夜連床話，湖岸西風浪接雲。意止圖成點染新，一山一水未能真。知君夙有煙霞癖，側理重貽拂舊塵。侵晨扣戶喜盤桓，無邮霜花入硯寒。促迫由來多疢癩，掛君素壁不須看。

戊寅夏秋敬立表叔讀書余齋，余為作《意止齋圖》長卷，甫成而北行，復購紙相待。歷年以來，彼此往來南北，僅於清淮一晤，今始得都門聚首，歡甚。連日過廧齋，堅索前約，呵凍遂成此圖。因題四絕以志我兩人離合之迹云。康熙辛巳小春下澣，王原祁。

王麓臺仿高尚書雲山圖軸

【紙本，設色。高三尺五寸六分，闊一尺七寸一分。】

此圖仿高尚書雲山，余丙子春雨牕所作。是日諸友俱集寓齋，聯唫手談，爭欲得之，不意歸於薈兒。年來往來南北，遂致庋閣，余亦不復記憶。今辛巳九秋，薈又將南歸，出此請題，余再加點染，並識歲月云。麓臺。

王麓臺仿曹雲西山水軸

【紙本，水墨。高二尺六寸，闊一尺三寸五分。余秋室題書於本身。】

白石孤松下，喬柯領竹枝。春回將布暖，莫負歲寒時。壬午冬夜漫筆示玉培，麓臺祁。

此麓臺仿曹雲西法，運筆峭拔，竹木堅瘦，非其本色，顧極有生韻，予竟日披對，殊忘身在塵世間矣。秋室漫題。

王麓臺江村曉霽圖軸

【紙本，淺絳山水。高二尺八寸八分，闊一尺五寸六分。】康熙壬午秋日，仿倪黃筆寫《江村曉霽圖》，王原祁。

王麓臺山水為石谷壽軸

【紙本，設色。高四尺，闊一尺七寸四分。陳乾齋題書於本身。】

石谷先生長余十載，於六法中精研貫穿，獨闢蠶叢。余弱冠時，其詣已臻上乘矣。先奉常延至拙修堂數載，余時共晨夕，竊聞緒論。辛未後，在京邸相往來，每晤必較論竟日。余於此道中雖係家學，然一知半解，皆他山之助也。辛巳為先生七袠大壽，余作此圖，恐以荒陋見笑大方，遲迴者久之。今閱二載，養屙休沐，復加點染，就正之念甚切，不敢自匿其醜。茲特奉塵左右，惟先生為正其疵謬，庶如金篦刮翳耳。康熙癸未初秋，王原祁畫並題。

松飀颼颼秋煙裏，老屋平橋暎溪水。玉堂老仙下直時，淡墨經營寄霜紙。幅間黛色羅千鬟，印君萬疊胸中山。霹煤著樹春莫莫，虹饕送雨聲珊珊。懸君高堂壽君酒，二老風流更誰偶。巽峰亭下一房書，靜對商顏娛白首。康熙乙酉長至前五日。題請石谷先生正之，南陔陳元龍。

王麓臺仿倪黃山水軸

【紙本，水墨、高三尺三分，闊一尺四寸九分。】

元四家皆宗董、巨，倪、黃另為一格，豐神氣韻，平淡天真。腕弛則懈，力著則黏，全在心目之間取氣候神，有用意不用意之妙。新秋乍涼，養屙休沐，偶然興到，便作此圖，然筆與心違，未能脗合，所謂口所能言，筆不隨也。康熙癸未中秋，麓臺祁題。

王麓臺仿山樵山水軸

【紙本，水墨。高三尺五寸三分，闊一尺七寸一分。】

余久不作山樵筆，此圖從暢春入直暫歸，興到偶一為之。歷夏經秋，方知山樵於騰那變化中取天真之意。柔則卑靡而剛則錯亂，必須因勢利導，任其自然，平心靜氣，若存若忘，方有少分相應處。余常謂畫中有心性之功，詩書之氣，可從此學養心之法矣。時康熙甲申仲冬，麓臺祁筆。

王麓臺仿梅道人山水軸

【紙本，水墨。高二尺九寸八分，闊一尺五寸一分。】

乙酉暮春扈從至雲間，為南老年世兄仿梅道人於舟次，婁東王原祁。

王麓臺仿董巨山水軸

【紙本，水墨。高二尺五寸，闊一尺四寸八分。】

余三次扈從歸吳門，必與惠吉表弟留連浹旬，揚風扢雅，筆墨之興，油然而生，每為侍直所阻。昨雨中翠華幸虎丘，余憩直子充齋中，惠吉冒雨過訪，復理前說。云：君子寓意於物，於此中寓意已久，必欲踐約。余勉為作董、巨筆法，癡肥習氣，未能剗削，恐不足以副其望也。康熙丁亥清和望後三日，王原祁。

王麓臺仿雲林山水軸

【紙本，設色。高二尺五寸三分，闊一尺三寸六分。】

丁亥清和扈從歸舟寫設色雲林

余年來一官匏繫，簪筆鹿鹿，夙夜在公，家無甔石，日在愁城苦海中，無以解憂，惟弄柔翰，出入宋元諸家，如對古人。雖不能肖其形神，庶幾一遇，亦寓意寬心之法也。麓臺。

王麓臺寫倪黃筆意軸

【紙本，設色山水。高三尺三寸八分，闊一尺四寸一分。】

敬六老表姪索余畫甚久，以待直暢春，不遑點染，蹉跎累月。茲榮發首途，寫倪、黃筆意，勉以馳賀。畫雖小道，然澹宕中有精深，小亦可以喻大也。奏最非遠，拭目以俟，再當竭其薄技耳。康熙戊子春閏，王原祁。

王麓臺學董巨神完氣足軸

【紙本，水墨山水。高四尺二寸九分，闊二尺二寸五分。】

學董、巨畫必須神完氣足，然章法不透則氣不昌，渲染未化則神不出，非可為淺學者語也。明吉問畫於余，特作此圖示之。慘淡經營，歷有年所，而終未匠心，方知入室之難，明吉勉旃。戊子臘月望日題，王原祁。

王麓臺秋山圖軸

【紙本，淺絳。高三尺二寸二分，闊一尺四寸三分。】

大癡《秋山圖》，昔先奉常云，曾於京口見之。時移世易，無從稽考，即臨本亦無此圖。余就臆見成之，亦有秋山之意，恐未足動人也。康熙戊子夏五，寫於海淀寓直，王原祁。

惲南田仿米敷文作霖圖軸

【紙本，水墨山水。高三尺二寸四分，闊二尺一寸七分。明曇題於本身。明曇為南田之父，此題亦南田所書。】

撫米敷文作霖圖，為元介老姪賀，南田客壽平。

白雲御泠風，知自帝鄉來。俄頃已萬里，橫過黃金臺。麗哉螭龍衣，搖曳上銀浦。岱嶽未肯藏，膚寸天下雨。元介姪孫成進士，口占誌喜，曲阿老人曇。

惲南田摹馬遠清江釣艇圖軸

【紙本，設色山水。高四尺二寸八分，闊一尺九寸三分。】馬遠《清江釣艇》在婁東王奉常家，壬戌之秋，客館借摹。

惲南田新柳圖軸

【紙本，設色。柳樹一株。高三尺五寸一分，闊一尺九寸。王良常題書於本身。】

灞橋煙裏拂長絲，翠夾隋河雨過時。誰道春風不相識，麗情曾乞義山詩。　　《新柳圖》御翁清鑒園客惲壽平。

僕嘗論作書：意到筆不到，乃入神品。南田圖新柳裁數筆耳，而蕭疏閑遠正多事外逸致。此種蹊徑正非食煙火人所能辨也。吾友沈太學驪瀴以無意獲之，豈非至幸。雍正庚戌十二月廿三日，良常王澍觀並書。

惲南田古木垂蘿高岩濺瀑圖軸

【紙本，設色山水樹石。高三尺二寸九分，闊一尺三寸四分。】

古木垂蘿高岩濺瀑圖

放筆藤花落研池，夜來移石有雲知。開軒長掛南山影，何必東籬泛菊時。毘陵惲壽平。

惲南田樹石圖軸

【紙本，水墨。高二尺八寸九分，闊一尺一寸八分。汪叔明題書於裱絹。】

房仲最愛余畫倪高士法，秋堂宴語，蕉雨梧風，虛齋致有爽氣。偶得此幅，研墨相屬，乘興立就，得意咮豪，如驚風驟雨，勢不可止，觀者灑然。即此以盡雲林，而雲林盡此矣。壽平。

此南田不經意之作，而跋語自詡若此，蓋一時興到，有得意於筆墨之外者。若疑為贋本，則盲人道黑白矣。叔明。

惲南田古松雲嶽圖軸

【灑金紙籤】

《南田翁古松雲嶽圖》。竹坪心賞。

【紙本，淡設色山水。高四尺七寸六分，闊二尺二寸六分。】

《古松雲嶽圖》　壬戌春仿北苑太守，南田園客惲壽平。

惲南田曾彎幽谿圖軸

【紙本，設色山水。高二尺一寸九分闊一尺。】

學趙善長曾彎幽谿，磵戶盤紆，蒼翠在目。筆致蕭散，自謂得離披荒落之趣，非時俗所能夢見也。己酉春日，東園惲壽平。

惲南田仿癡翁山水軸

【紙本，水墨。高一尺八寸八分，闊一尺三分。】

臘月八日。硯池冰漸，倚楄柑爐，展紙破墨，圖成。猶不失癡翁家法。但凍管未調，墨采多滯耳。東園壽平。

惲南田松風水閣圖軸

【紙本，水墨山水。高二尺一分，闊九寸二分。】

曉閣唫秋得句遲，抽毫點石帶雲移。藤花細落松風起，簾卷山牕讀易時。

若營大兄以小幀索《松風水閣圖》，秋夜秉燭得此，甚不合意。異日得佳紙，當別構奇境供知己臥遊。此幀聊取幛壁，南田弟壽平。

惲南田仿劉寀游魚圖軸

【紙本，設色。高二尺五分，闊九寸四分。】

菰葉翠相結，藻影青可憐。儵魚游其間，願得惠子兮，從我於濠上之觀兮。　　乙卯，余客湖濱，綠堤花岸，蒲灘荻港，於此流連，戲作斯圖，略得宋人劉寀遺法。青蕘釣隱，惲壽平。

惲南田仿丹丘樹石圖軸

【紙本，水墨。高一尺九寸九分，闊一尺二寸四分。】

春夜秉燭戲作丹丘樹石，與知者發笑，壽平。

石穀子補竹點苔，數筆淋漓，遂覺鬱然有靈氣。時丙寅初夏，南田又題。

惲南田臨宋人豆架草蟲圖軸

【紙本，設色。扁豆花、紡織、蜜蜂。高一尺六寸六分，闊一尺二寸四分。】

甌香館臨宋人本，壽平。

【詩斗凡兩紙，分裝本身上下。上幅高一尺九分，下幅高七寸五分，闊同本身。】

一竹齋中除豆架饌客有詠次韻博粲時己卯夏日矣

春郊已見餞青陽，種豆南園甲坼蒼。凝露只今看引蔓，卸花何日採盈筐。吟來杜甫詩偏好，傍去盧仝宅不妨。我亦欲尋茅屋賦，涼陰遲客設繩床。　宙亭紀蔭

乙卯九日再集一竹齋食除架荳莢仍用去年韻

草堂依舊曝秋陽，荳莢青青轉老蒼。還約故人同下箸，何須兼味更攜筐。交情只愛君家古，詩思何曾我輩妨。飯罷南郊閒坐好，菊花籬畔置繩床。　匡九

九秋天氣總重陽，黃菊開時豆莢蒼。笑指今朝余潤筆，仍招我輩賦維筐。菜羹風味長無恙，酌水交情淡不妨。茶苦飯香生事足，頻年吾道在繩床。　在衡

蘭唐聞說樂陽陽，煮豆高歌會老蒼。青蔓白花看引架，金風玉露報盈筐。觀頤有象吾生欲，食指徒歆世事妨。出走野人供野味，【入黃塘鄉，村人饋食菱芋甚歡飽】歸來得句倒繩床。　陳道柔

庚辰又食豆莢再次前韻

白花初結尚驕陽，幾度金風實倍蒼。先遣長須除引蔓，旋呼赤腳摘盈筐。又思主勸情何渥，不速人占吉未妨。風雨叩門君莫厭，多因念我失連床。　許在衡

豆棚冉冉望秋陽，掩仰藤蘿倍鬱蒼。風裊白花看引架，霜欺青蔓趁傾筐。牆頭過躅誰人共，門內聊吟別友妨。還泥來年飽秋實，可容添我坐匡床。　道柔氏陳鍊

氣清天朗屬隨陽，淅淅西風荳葉蒼。除架去年曾點筆，開尊此日復攜筐。池塘夢好時相賞，【匡九兄】絲竹拋來興未妨。【高陽夫子】還擬年年成好會，菜根心事愛同床。　同庚和

戊寅重九後三日偕許子在衡食一竹齋除架扁荳即事

為遠囂塵屋背陽，素心相對髮俱蒼。湖蓴漫憶詩千縷，籬豆猶消莢一筐。蔣詡徑開從客至，楊朱路逼笑人妨。鵝群左畔臨池處，落葉繽紛正滿床。　匡九氏襄巨草

離離荳莢帶秋陽，盡摘旋瞻天宇蒼。隔屋招呼來其餂，故人情誼倍承筐。廚東乞米憐子拙，研北長唫與命妨。此日灌畦童課少，且拋素綆寄銀床。　一竹齋主人宇肩

黃華無日不重陽，堂上追隨盡老蒼。纔摘紅荳攜綠酒，還尋白荳挈青筐。盤餐恰似田家味，肉食原於居士妨。除架同拈工部句，飯餘聯韻傍匡床。　喬孫氏同庚和。

吳漁山湖天春色圖軸

【紙本，設色山水，並饒水禽飛鳥之勝。高三尺八寸五分，闊一尺九寸五分。】

憶初萍跡滯婁東，傾蓋相看北海同。正是蠶眠花未老，醉聽鶯燕語春風。

歸來三徑獨高眠，病渴新泉手自煎。蘿菊未開霜未傲，多君先寄賣壺錢。

　　幬函有道先生僑居隱於婁水，予久懷相訪而未遂。丙辰春從遊遠西魯先生，得登君子之堂，詩酒累日，蓋北海風致不甚過矣。旦起冒雨而歸，今不覺中元之後三日也，而先生殷勤念我，惠寄香茗酒錢於山中。予漫賦七言二絕，並圖趙大年《湖天春色》以誌謝，墨井道人吳歷。

吳漁山擬古脫古軸

　　【紙本，水墨山水。高二尺六分，闊九寸九分。】

　　陶淵明「採菊東籬下，悠然見南山」，唐宋人和之者多，獨韋應物「採菊露未晞，舉頭見秋山」，真為絕和。畫之擬古亦如和陶，情景宛然，更出新意，乃是脫胎能手。小重陽日，墨井道人。

吳漁山仿梅巨兩家軸

　　【紙本，水墨山水，惟人面房屋略作赭色。高四尺五寸五分，闊一尺五寸。】

　　林深禽鳥樂，塵遠竹松清。　　癸丑清和朔日，用梅、巨兩家法為密庵老先生，延陵吳歷。

吳漁山夏山雨霽圖軸

　　【紙本，水墨山水。高二尺九寸六分，闊一尺二寸四分。】擬仲圭《夏山雨霽》，小春之初，墨井道人。

吳漁山寫雲林遺意軸

　　【紙本，水墨山水。高二尺五寸八分，闊九寸一分。】

　　雲開見山高，木落知風勁。亭下不逢人，夕陽淡秋影。寫雲林生遺意，墨井道人。

吳漁山靜深秋曉圖軸

　　【紙本，淺絳山水。高二尺九寸七分，闊七寸田分。】

　　王叔明靜深秋曉，往予京邸，所見寤寐不忘。乙亥在土洋追憶其著色之法，攜來練川，民譽見而嗜好之。今值其花甲，是圖有松栢之茂，恰當以壽。壬午年秋，墨井道人。

吳漁山竹石圖軸

【紙本，水墨。高三尺三寸八分，闊二尺三寸二分。】

待我清秋有閒日，抱琴來聽萬龍吟。花朝墨井道人畫。

國朝諸名賢合寫九秋圖軸

【紙本，設色花卉。高三尺七寸一分，闊一尺九寸一分。】

《九秋圖》　為東老年翁補芙蓉一枝，長洲宋駿業。

乙亥長夏，烏目山中人王翬補丹桂、翠薇二種。

邗上王雲添雁來紅。

南沙虞沅寫烏柏。【隸書】

雲間顧昉補秋羅。

野鶴楊晉畫菊花。

松陵吳芷補藍菊。

吳趨徐玫寫月季。

國朝諸名賢合寫歲寒圖軸

【絹本，水墨梅竹，設色松、菊、山茶、水仙。高三尺七寸五分，闊一尺六寸一分。】

辛酉仲冬十日，石谷王子從金陵過我松子閣，信宿話舊，因及衡圃老年翁，為當代藝苑宗工，不禁神往。石谷索余寫墨梅奉贈，並屬同人補雜卉數種，共訂歲寒之雅意云。潤州笪重光。

久要相訂未能忘。冷韻天生伴冷香，真是西湖風月地。孤山遙配水仙王。【湘江有水仙王廟】花本列仙居水上，【群仙不樂上天者，任居海中方丈，《水經注》】意同好友集尊前。小邾座位無爭得，卻與喬松立比肩。為衡圃年翁先生寫水仙一枝，耐久朋中，殊可兄楳友竹，小詩並政。繡水弟王概。

花枝歷亂集生綃，霜後秋容對寫描。莫訝晚香開更晚，相看好共歲寒交。壬戌秋暮，繡水王蓍補菊。【隸書】

寫管夫人飛白竹枝，石谷王翬。

南田惲壽平畫松。

虞山楊晉寫山茶一本。

【詩，斗絹本，高九寸一分，闊同本身。】

康熙戊辰長至前七日，集古藤書屋題畫。

西平譚瑄分得山茶

難得雪交飛處況當春未來時。藉爾一株紅豔，泠侵冰萼苔枝。

秀水朱彝尊分得水仙

的的疏花斜倚，青青秀葉新抽。彷彿廣陳舊里，王孫水墨雙鉤。

青浦王原分得梅

破夢上京春信，禁愁南客吟魂。三年憶別何處，月冷迢迢水村。

海寧查嗣瑮分得飛白竹

高出群花以外，蕭然自喜閒身。但論書法畫法，莫問何人主人。

仁和湯右曾分得菊

一莖霜葉寒碧，數顆香苞晚紅。記得年時折取，故園籬落西風。

錢塘龔翔麟分得松

本是駢株傴蓋摘，來斷股零釵。猶喜枝頭結子，歲寒伴我空齋。

　　予髫時雅慕蘅圃龔先生名，稍長，往謁之，蒙訂諸生交。花放月明，時一過從齋中，輒見此圖。未幾，先生赴召玉樓，金扉玉屑不可復得矣。越數歲，偶於市中復見此圖，披閱之下，不禁黯然欲淚。因即購歸懸之座右，如睹先生之丰采焉。丙子季夏五日，晴崖孫昶識。

國朝諸名賢合寫松竹梅圖軸

【紙本，水墨。高三尺九寸八分，闊一尺五寸。】

　　冷豔孤光是故知，撐腸鐵石賦何悲。凍開元濟初平夜，清到劉琨起嘯時。霽後關山聞舊曲，刻餘蠻嶺有新枝。玉樓飛合江南夢，縞袂霓裳徹夕吹。　甲辰修禊日寫，並錄雪月梅一律，耿庵金俊明。

　　種玉餐芝術不傳，金丹下手更茫然。陶公妙訣吾曾受，但聽松風自得仙。丙午初夏補松，並錄絕句一首，曲轅文柟。

　　約戶秋聲夜未降，滿天清樂夢湘江。酒醒何處覓環珮，斜月離離映小窗。金傳。

卷　十

陳章侯芝石圖軸

【紙本，設色芝草墨石。高二尺八寸二分，闊一尺五寸三分。】

老蓮洪綬畫於護蘭書屋。

陳章侯蕉蔭烹茶圖軸

【絹本，設色人物。高三尺九寸六分，闊一尺四寸。】

弗遲老人洪綬畫於靜者居。

陳章侯麻姑仙圖軸

【絹本，設色。高五尺四分，闊二尺八寸九分。】

谿山老蓮洪綬寫於惜蘭堂，嚴湛畫色。

龔半千木葉丹黃圖軸

【紙本，水墨山水。高三尺一寸二分，闊二尺三分。高江村題書於本身。】

木葉丹黃何處邊，樓頭高望即神仙。玉京咫尺纔相問，天末風生汎管絃。
乙丑霜寒日，半畝龔賢畫並題。

石骨崚嶒雨後山，秋溪寒溜響潺潺。竹松三徑嫌多事，愛此疎林屋兩間。
康熙戊黃九月題半千畫，江村高士奇。

龔半千隔溪山色圖軸

【紙本，水墨山水。高五尺一寸六分，闊二尺二寸五分。】小結書齋古
岸傍，隔溪山色對斜陽。年來不酌陶潛酒，淨几深宵焚妙香。　野遺龔賢畫。

吳梅村山水軸

【紙本，水墨。高三尺三寸五分，闊一尺八寸八分。】

丁未杪秋寫於獅林精舍，舜工詞兄一笑，偉業。

黃端木自寫尋親圖軸

【紙本，設色山水。高三尺八寸，闊一尺八寸二分。自題上有長印一，模糊不辨，徐武子題書於本身。】

考盤江界黔地，東距永寧原，出吐蕃，經烏撒，由七星關盤折而下，遞粵西而底南海。昔武侯南征至盤山即此，故曰盤江。夏秋水溢，其色紅綠，毒瘴突發，水勢奔湧，有轟雷轉石聲，行人不勝望洋而歎。勝朝方伯朱公組鐵成梁，洪功巨績，與伏波銅柱並垂不朽。余過此輒凜高深之懼。暨自滇西白鹽井奉二親歸里，回思囊日所歷勝概，迄今留目，仿弗寫此。戊申莫春，存庵黃向堅並識。

千重峻嶺可蹐攀，百丈洪流鐵索關。不是尋親黃孝子，誰傳此景畫圖間。八十翁徐樹丕。【隸書】

【詩斗紙，高八寸四分，闊同本身。僅吳廷康一題，其餘諸家題詠均書於裱紙。】

黃孝子自寫尋親圖【雙鉤篆書】，道光二十六年歲在丙午冬十月，題於語谿蔡氏待雪樓，桐城吳廷康。【隸書】

滇黔山斷開盤江，鐵組萬丈壓驚瀧。文彊尋親遠過此，瘴雲如墨圍虹梁。尋親得與親俱歸，追思昔景霜毫揮。危嶂日落哀狖叫，驛路風旋獞花飛。我憶侍親曾兩至，登高臨深夢猶悸。展圖頓觸鮮民悲，七字詩成千點淚。【嘉慶丁巳先大夫出牧滇南培侍遊兩過此】笑拈仁六兄屬題黃孝子存庵自畫《盤江鐵索橋圖》即正，道光乙巳三月，賓華弟元培。

自寫蠻荒道路艱，竟窮洱海奉親還。一麾觸我瀾滄夢，鐵索長橋萬里山。道光十年，予守永昌三度過此，乙巳六月琴涵董國華題。

群山陡峻渺難窮，況復干戈轉戰中。千古死生此名節，三年骨肉各西東。蒼天不負真男子，大地何從問乃公。但見盤江萬萬里，橫空鐵索互如虹。

浩然仗劍走邊關，不見老親誓不還。大幸一身出重險，何辭萬死入諸蠻。白頭無恙流離後，血淚猶傳指顧間。我愧與君同世系，閒來空寫座中山。

乙巳五月，笑拈六兄先生屬題即正，谷原黃均未定稿。

盤江之險，險莫過於此，視險如夷惟孝子。孝子者，姓黃氏，萬里尋親，一心矢誓，不得親，行不止。是時干戈正麻起，隻身出入戎馬裏。千危萬苦屢瀕死，其不死者乃天理。去從辛卯來癸巳，果奉雙親返鄉里。回憶艱難出門始，初不料今得如是。心非無恐竊有恃，區區之誠而已矣。歸寫此圖志悲喜，貌取奇山與怪水。洪波洶洶石齒齒，鐵索橋危履冰似。血流湑湑踵及趾，至今觀者愁逼視，猶有淚痕背透紙。吁嗟乎。天涯多少陟岵屺，王路馳驅勞未已。幾人能與斯人比，得弗披圖顙有泚。笑拈六兄大人屬題黃孝子存庵自畫《盤江鐵索橋圖》即請正定，乙巳初夏，海昌應時良。

萬古如傳陟岵情，不將庸行博奇名。盡收腳底峰巒險，竟使人間缺陷平。【孝子父孔昭，崇正時為雲南大姚令，兵阻不得返。孝子子身往尋，歷五百三十日，行二萬六千里，迎歸吳門侍養，又二十年。】城繞青蛉稀雁影，江盤白石有猿聲。分明寫出滇黔路，煙墨都凝血淚成。道光乙巳秋七月，笑拈六兄學博屬題即正，嘉定程庭鷺。

黃端木居庸疊翠圖軸

【紙本，水墨山水。高二尺八寸七分，闊一尺四分。】

《居庸疊翠》

斷崖萬仞如削鐵，鳥飛不度苔石裂。森然古木勢槎枒，六月太陰飄急雪。寒沙茫茫出關道，名利人稀征雁少。不知何處是家山，風吹草低月光小。出關紀遊，仿黃鶴樵者筆，向堅。

姜學在秋山亭子圖軸

【紙本，水墨。高二尺二寸三分，闊一尺一寸四分。】

秋山亭子，【篆書】

豆花棚下疏籬底，曾與諸君過草堂。別後只今多歲月，白頭風雨費思量。

一抹雲煙畫不成，夕陽橋外柳邊城。候門不見牽船返，蘆葉蕭蕭動水聲。右訪吳蘭谷，一為癸未，一為丙戌。

老屋欹斜竹逕深，避喧生怕俗人尋。望山橋下清吟者，賴爾敲門慰夙心。右贈皇甫廷益。

望山橋下偏西路，雪後春流滿釣磯。我有新詩就君質，醉中常踏月明歸。右贈程汝諧，萊陽潤翁姜實節。

徐俟齋山水軸

【紙本，水墨。高二尺九寸六分，闊一尺。】

辛酉小春畫於澗上草堂，俟齋徐枋。

蕭尺木山水軸

【紙本，水墨。高二尺六寸九分，闊一尺四寸。】

胡公九十好林居，三十年前老秘書。蠛蝱心潛羲頡學，凌雲大字光椒除。即今高臥紫峰閣，天下何人不式廬。氣卷靈春太液潤，道瀠棼緼青陽舒。燒蘭舊賜宮中燭，倚繡仍安下澤車。淇水洋洋數竿竹，頤期衛武歌璠璵。文章善後延松鶴，敬為胡公賦遂初。

曰從先生長余十二歲，別三十年，偶來金陵拜瞻几杖，年開九表，人景千秋，猶鐫小印，篆成蠅頭，神明不隔，真壽徵也。丁未九月，區湖七十二弟蕭雲從詩畫呈教。

張大風觀瀑圖軸

【紙本，水墨山水兼人物。高五尺四寸二分，闊一尺九寸四分。】

有筆有墨，以此幅紙甚佳。楮先生原居文房第一。庚子嘉平上元老人醉後。

程青溪山水軸

【紙本，水墨。高三尺三寸九分，闊一尺二寸七分。自題款下書一押，文不辨，石溪題書於本身。】

青溪道人畫於沚園舊居。

書家之折釵股、屋漏痕、錐畫沙、印印泥、飛鳥出林、驚蛇入草、銀鉤蠆尾，同是一筆，與畫家皴法同一關紐。觀者雷同賞之，是安知老斲輪有不傳之妙耶。青溪翁曰：「饒舌饒舌。」辛亥正月同友人觀於幽棲之大歇堂，石道人識。

八大山人山水軸

【紙本，水墨。高四尺二寸九分，闊一尺七寸六分。】

山從圖上見，溪即鏡中回。為覺和上，八大山人。

釋石濤雲到江南圖軸

【紙本，設色山水。高四尺五寸二分，闊一尺五寸四分。】

雲到江南疊幾重，黃昏不響廣陵鍾。當年武帝思無路，山海神仙何處逢。清湘遺人極廣陵，之大滌堂下並識。

釋石濤對牛彈琴圖軸

【紙本，水墨。高三尺五寸九分，闊一尺五寸六分。】

對牛彈琴圖，【隸書】

柳風颾颾白石磽，玄晏先生騁玄賞。何來致此觳觫群，三尺龍唇困軼掌。麻姑海上栽黃竹，成連改制無聲曲。仙宮岑寂愁再來，烏特白牯俱不俗。瑩角翹翹態益工，寢訛齕飼函真宮。朱弦弛緪大雅絕，箏篡世反稱絲桐。桐君漆友應難解，金徽玉軫究何在。老顛寧為梁父唫，□革詎作雍門嘅。此調不傳聽亦靡，刻畫人牛聊復爾。一笑雲山杜德機，閉門自覓鍾期子。【曹子清醾使原韻。】

何年畫手顧虎頭，誤墨染成烏特牛。手揮五弦者誰子，知非無意良有由。趙瑟秦箏滿都市，白雪陽春輸下里。海上移情若個知，乘閒奏向牛丈耳。平原軟草眠綠雲，或寢或訛耳不聞。惟牛能牛天自定，愧我人籟離其真。今古茫茫《廣陵散》，世間寥聞夜未旦。更張且和牧豎歌，彈出南山白石爛。【楊耑木太史原韻。】

成連去後鍾期往，大地茫茫誰識賞。忽來妙手寫入神，開卷新奇各鼓掌。朱弦不肯混絲竹，寧向田間理一曲。主伯亞旅若□聞，質之牛耳聊免俗。曲聲休論工不工，五音端本先調宮。但使相公能問喘，和平自許出孤桐。反覆圖中得真解，非山非水別有在。髣髴倪迂耷日心，縱伴煙霞亦悲嘅。嘅歎何人遏靡靡，癡腸不斷我與爾。收囊同返夕陽村，舊識依然橫笛子。【和曹】

清風洗耳一掉頭，清泉竟有不飲牛。值得攜琴向之鼓，我與牛意兩自由。由他燕駿無人市，千金拚碎宣陽里。洋洋灑灑滌心胸，忽使清音入俗耳。何期妙筆生煙雲，點染俳諧成異聞。初疑憤世戲為此，諦視方知面目真。分明熱鬧清涼散，長夜偷歌旦復旦。違時只恐相公嗔，翻道陽春調熟爛。【和楊】顧維禎幼鐵。

古人一事真豪爽，未對琴牛先絕賞。七絃未變共者誰，能使玄牛聽鼓掌。一弦一弄非絲竹，柳枝竹枝款乃曲。陽春白雪世所希，舊牯新犢羞稱俗。背

藏頭□似不通，徵招角招非正宮。有聲欲說心中事，到底不爨此焦桐。牛聲一呼真妙解，牛角豈無書卷在。世言不可污牛口，琴聲如何動牛嚦。此時一掃不復彈，玄牛大笑有誰爾。牛也不屑學人語，默默無聞大滌子。【和曹】

　　非此非彼到池頭，數盡知音何獨牛。此琴不對彼牛彈，地啞天聾無所由。此琴一彈轟入世，笑絕千群百群里。朝畔暮犢不知音，一彈彈入墨牛耳。牛便傾心鏺破雲，琴無聲兮猶有聞。世上琴聲盡說假，不如此牛聽得真。聽真聽假聚復散，琴聲如暮牛如旦。牛叫知音切莫彈，此彈一出琴先爛。【和楊】清湘大滌子若極戲為之。

釋石濤雲山圖軸

　　【紙本，設色。高一尺四寸一分，闊九寸六分。】

　　清湘大滌子極壬午三月，烏龍潭上觀桃花寫此。

　　寫畫凡未落筆，先以神會。至落筆時，勿促迫，勿怠緩，勿陡削，勿散神，勿太舒，務先精思天蒙山川，步武林木位置，不是先生樹，後布地，入於林，出於地也。以我襟含氣度，不在山川林木之內，其精神駕馭於山川林木之外。隨筆一落，隨意一發，自成天蒙，處處通情，處處醒透，處處脫塵，而生活自脫天地牢籠之手，歸於自然矣。大滌子江土阻風題此。

　　用筆有三操：一操立，二操側，三操畫。有立、有側、有畫，始三入也。一在力，二在易，三在變。力過於畫則神，不易於筆則靈，能變於畫則奇，此三格也。一變於水，二運於墨，三受於蒙。水不變不醒，墨不運不透，醒透不蒙則素，此三勝也。筆不華而實，筆不透而力，筆不過而得，如筆尖墨不老則正好下手處。此不擅用筆之言，唯恐失之老。究竟操筆之人，不背其尖，其力在中，中者力過於尖也。用尖而不尖，地力得矣；用尖而識尖，則畫入矣。舟過真州，友人慫事筆索余再題。

釋石溪層巒疊壑圖軸

　　【紙本，淺絳山水。高三尺七寸五分，闊一尺二寸五分。】

　　層巒與疊壑，雲深萬木稠。驚泉飛嶺外，猿鶴靜無儔。中有幽人居，傍溪而臨流。日夕譚佳語，願隨鹿豕遊。大江天一線，來往賈人舟。何如道人意，無欲自優游。癸卯秋九月，過幽閒精舍，寫此以志其懷焉。天壤石溪殘道者。

釋石溪山水軸

【紙本，淺絳。高二尺八寸七分，闊一尺二寸三分。】

年來學得巨公禪，草樹湖山信手拈。最是一峰孤絕處，晴霞齊映蔚藍天。牛首堂頭石道人。

釋石溪山水軸

【紙本，設色。高三尺四寸四分，闊一尺一寸七分。】

尋山聊破暑，深谷隱僧家。竹木迷幽逕，老柯噪夕鴉。無人烹石髓，有客伴雲霞。坐對雙溪水，千峰落影斜。石溪殘道者。

釋漸江仿雲林山水軸

【紙本，水墨。高三尺七分，闊一尺一寸八分。】

一息林泉滯累清，出山便爾措紛紜。緣斯擊節昔人語，痼疾煙霞眇見聞。庚子臘鐙下寫於澄觀軒中，漸江仁。

釋目存深雪蹇驢圖軸

【紙本，設色雪景山水兼人物。高二尺二寸八分，闊一尺五寸三分。】

身名不問故人知，老大猶能不廢詩。最愛亂山深雪處，蹇驢輕策每歸遲。戊申長夏，仿李營丘，橫山樵叟蒲室叡。

王忘庵浦邊立鶴圖軸

【紙本，設色。高一尺九寸一分，闊一尺三分。】

獨立浦邊鶴，白雲常相親。丁巳秋日，忞公屬為竹里先生壽，王武。

王忘庵水仙圖軸

【絹本，水墨。高三尺七分，闊一尺一寸七分。】

尋花人到亦疑仙，裊裊凌波落日前。最是微風送香雪，分明群玉出藍田。往見趙子固畫水仙，卷長二丈餘，千萼萬葉，俯仰盡致。自題云「三年乃成」，則知古人用意如此。近為真定相公收藏，而題句少異，豈余所見另為一本耶。時丙寅小春既望，王武寫並識。

查梅壑古栢圖軸

【紙本，水墨。高四尺七寸，闊一尺四竹七分。】

《古栢圖》，士標寫意。

查梅壑松竹溪山圖軸

【紙本，水墨。高四尺四寸五分，闊一尺四寸二分。】

松竹留因夏，溪山去為秋。士標。

笪江上仿元人筆意軸

【紙本，水墨樹石平坡。高一尺六寸三分，闊九寸九分。王翬兩題書於本身。】

石谷此圖仿元人筆意，余變其法，戲臨一過，為燕谷年世兄博笑。笪在辛。

余偶仿元人高逸一種，為江上御史所賞，戲臨此幅，筆致飄瀟，矯然出群，視余圖何止十倍勝也。讚歎因題。壬子十月晦日，烏目山下人王翬。

元人粉本不可見，遊戲臨摹有此圖。王郎筆墨高天下，御史風流絕代無。王山人與江上翁，以筆墨稱忘形交，觀此遊戲仿學，真能得元人三昧。筆不到處，致有高韻，正非近日庸史所能夢見。壽平題。

笪江上遠山庭樹圖軸

【紙本，水墨。高三尺三寸六分，闊一尺一寸九分。】

遠山經雨後，庭樹得秋初。丙戌春日，江上笪重光。

笪江上舟過生風圖軸

【紙木，水墨山水。高二尺三本四分，闊九寸三分。】

漁舟過去水生風。康熙十四年，江上笪重光偶畫。

禹慎齋雙孩戲棗圖軸

【紙本，設色花竹人物。高三尺六寸，闊一尺九寸二分。】

康熙壬戌，寫於古香齋，廣陵禹之鼎。

沈獅峰祝壽山水軸

【紙本，水墨。高二尺八寸五分，闊一尺五寸三分。紙色完善，惟題句上微有破損。】

甲戌之秋，為三長兄四十初度，曾作畫為壽，有「梅崔如兄弟，迂癡亦弟兄」之句，蓋謂元四大家是一家眷屬。屈指已二十□□，昨同慶□□燕邸五十餘日，臨別依依，復□畫贈行。今逢六十誕辰，不獲率諸子姪捧觴三山官署，仍以筆墨遙祝嵩齡，雖滯迹閒曹面目如故，而泉石生涯，性之所近，未知能與年俱進否也。康熙甲午秋，弟敬拜識。

高澹游仿唐子畏山水軸

【紙本，設色。高三尺六寸二分，闊一尺八寸九分。】

並世求高士，披圖得隱淪。渾忘多事日，自樂考槃身。塢里人家靜，溪邊鷗鳥馴。雖非武陵洞，何處有風塵。辛亥中秋，仿唐子畏筆並題，德園高簡。

高澹游仿巨然山水軸

【紙本，淡設色。高一尺七寸二分，闊八寸一分。】

仿巨然筆法，高簡。

黃尊古漁父圖軸

【紙本，水墨山水。高三尺五寸八分，闊一尺四寸六分。博問亭題書於本身。】

《漁父圖》，進士柳宗元撰

莊書有《漁父篇》，樂章有《漁父引》，太康潯陽有漁父，不言姓名，太守孫緬不能以禮詞屈國。有張志和，自號為「煙波釣徒」，著書《玄真子》，亦為《漁父詞》，合三十二章，自為圖寫。以其才調不得，恐是當時名人繼和，至今數篇，錄在樂府。近有白雲子，亦隱姓字，爵祿無心，煙波自逐。常登舴艋舟，泛滄波，挈一壺酒，釣一竿風，與群鷗往來，煙雲上下。每素月盈手，山光入懷，舉杯自怡，鼓枻為韻，亦為二十一章，以繼煙波釣徒焉。戊寅嘉平三日畫並書，虞山黃鼎。

予號「東皋漁父」，尊古寫此相贈，何啻百朋之錫也。問亭。

張篁村萬木奇峰圖軸

【紙本，水墨。高四尺一寸八分，闊二尺七寸一分。御題書於本身。】

《萬木奇峰》　臣張宗蒼恭繪。

槎枒樹出石嶙峋，深秀盤中絕四鄰。碧澗清潭成麗矚，蒼葭白露想伊人。樓頭何異陶弘景，谷口宛同鄭子真。肥遯長年圖畫裏，安知世上有蒲輪。丙子初夏，御題。

張篁村雪景山水軸

【紙本，設色。高三尺五寸五分，闊一尺二寸一分。】

雍正辛亥九月廿日，子宣學先生屬寫。篁村張宗蒼。

華秋岳雪柳山禽圖軸

【紙本，設色。高四尺五寸一分，闊一尺二寸。】

新羅小老七十五，僵坐雪牕烘凍筆。畫成山鳥不知名，色聲忽從空裏出。

華秋岳秋菊圖軸

【紙本，設色。高四尺二寸七分，闊一尺四寸七分。】

驚商激清籟，蘇氣流泠節。微陰淪靈曜，徵露貫融結。文砌蔽芬莽，朱英糝秋雪。浮韻浸孤貞，紛葐縕靡鬱。遠鄙蔑淄澠，洞暢粹幽屑。俯影戀恬綏，舒華倭暇逸。丁卯冬十二月二十五日，新羅山人坐解弢館，呵凍寫此，並錄前作。

華秋岳山鼯啄栗圖軸

【紙本，設色。高四尺五寸二分，闊一尺七寸八分。】

樹暗不斷煙，厓蜂時墮蜜。藜床荔垣蘚交結，檜雨篁陰難見日。松梢風過落藤花，仰看饑鼯啄山栗。辛丑冬日寫，秋岳華嵒。

華秋岳鍾馗秤鬼圖軸

【紙本，設色人物樹石。高四尺二寸七分，闊二尺九分。】

壬申秋七月，於解弢館擬唐人筆意。新羅山人。

文南雲山水軸

【紙本，水墨。高二尺二寸四分，闊一尺一寸九分。】

塵海自茫茫，人生何僕僕。百年駒過隙，滄桑變陵谷。所以貴出世，斂形若土木。抗志視雲表，隨分住山麓。身外餘瓶鉢，一飽願已足。古德有風

規，標準如照燭。吾子少從師，便見多福竹。腰包上靈巇，受戒斷酒肉。公案看飛鴨，始知悟後哭。閒臥半床雲，高掩三間屋。掃地頻縛帚，驅除蜂蠆毒。遍誦貝多文，志趣已超俗。更讀聖賢書，何須論背觸。花樹或春栽，藥苗亦偶蓄。燈前焰影雙，月下行來獨。匆匆剛四旬，轉眼歲月促。宜舫尋真樂，南雲寄畫菊。當遣長須奴，更致泉一斛。

於蕃師兄為在久、聖月二長老之孫，不趨世路，退然自遠，與余遊從頗密。余愛其有志讀書，每出山必過其精舍，如此者已二十餘年。於蕃亦已四十，行將閉關讀書，其好學之志，非尋常庸妄人可及。余嘉其能自成立，不為外物所轉，因作是圖，並用少陵《課伐木》韻，賦一詩呈教，留為香影僚清玩，不值一笑也。時丁卯十一月望前，南雲山人文點識。

王隨庵仿子久秋山圖軸

【紙本，水墨。高三尺八寸九分，闊一尺五寸四分。】

山腰樹杪幻雲煙，野水溪橋石徑連。割取一峰深秀色，可堪移入米家船。甲申暮秋，為立誠年親翁寫此，戲仿黃子久《秋山圖》。老眼昏蒙不能彷彿，古人一二，聊博大方笑正，並書舊時題畫一絕。婁東八十二叟王撰。

王日初仿高尚書山水軸

【紙本，設色。高一尺八寸，闊一尺五寸六分。】

落景轉疏雨，晴雲散遠空。乙丑小春，仿高尚書筆於東莊草堂，婁水王昱。

【詩斗紙，高六寸九分，闊同本身。】

日初筆墨多仿倪黃，此橅房山作。空靈澹宕，秀色可餐，變王治、米襄陽之面目，而得其神理。使高尚書見之，便應把臂入林。戊寅春孟書於生水草堂，歸愚沈德潛。

王日初仿趙吳興王叔明兩家山水軸

【紙本，設色。高二尺八寸五分，闊一尺一寸。】

「王侯筆力能扛鼎，五百年來無此君。」乃云林題品叔明語也。叔明為趙吳興甥，其筆墨脫胎於趙，而易其面目，自成一家，宜為時輩所推重。此圖本仿叔明而兼具吳興氣韻，蓋溯其淵源之所自耳。時丙寅長至日，樵雲山人王昱寫題。

蔡松原山水軸

【紙本,淡青綠。高三尺五寸九分,闊一尺四寸一分。】

青鞋布襪稱閒身,六十餘年自在民。水墨曾經多淡蕩,峰巒渾厚見精神。平生自奮追前輩,垂老誰知步後塵。一笑買山空有願,不須惆悵此清貧。乾隆歲丁卯秋九月之望,朱方老民蔡嘉並題。

方環山山水軸

【紙本,水墨。高三尺一寸一分,闊九寸。】

百年人事勞,自顧少暇逸。到手五十春,瞥眼幾凶吉。朱顏白髮生,變態等遞驛。笑彼千里魚,哀此七年疾。不見花就酣,肯忘時向戍。曾云蕩我胸,數椽容我膝。詩書為曲糵,朋友皆膠漆。不愛春城華,但賞秋田實。乾隆乙丑秋九月望後四日,環山方士庶並題。

皇六子古栢垂藤圖軸

【紙本,設色山水樹石。高二尺四寸八分,闊一尺三寸四分。】

癸卯夏日,為絅齋先生作,皇六子。

高西園菊石圖軸

【紙本,設色。高二尺九寸,闊一尺三寸八分。】

戊辰之春。不知百穀圖中見,錯認桃源香水流。南阜老人左手並著句。

【詩斗紙,高九寸二分,闊同本身。】

燮自興化來通州,謁个老人,即竊取其墨梅四幅,皆藏弆不輕出者,老人笑而不責也。老人最重西園高先生筆墨,無以慰其意,遂令奴子往返千里,取高公賭墨鞠花以獻。至燮自呈所為詩字畫各有數種,直是王愷珊瑚,不足當季倫鐵如意一擊也。板橋弟燮。

王蓬心仿高房山山水軸

【紙本,淺絳,高三尺八寸八分,闊一尺三寸一分,王夢樓題書於本身。】

仿高房山。

高彥敬尚書畫在逸品之列,雖學米家父子,乃遠宗北苑。而降格為墨戲者,蓬心深入北苑之室。其仿房山,正如菩薩應願作梵天主也。文治。

王蓬心仿李營邱山水軸

【紙本，設色。高三尺八寸八分，闊一尺三寸一分。王夢樓題書於本身。】

仿李營邱。

癸丑春日仿宋元諸家，恭呈靜枰大中丞大人鈞鑒。婁江王宸謹寫，時年七十有四。

水國冬常暖，經寒春始回。煙迷黃鵠渡，雪壓伯牙臺。舟小沖江去，鴉多挾雨來。不須矜白戰，祇取老懷開。　　除夕大別山雪眺近作，因蓬心為靜枰大中丞大人仿李營邱雪景，並錄於幀首，敬求誨正，文治。

潘蓮巢仿石田秋山高士圖軸

【紙本，設色。高三尺六分，闊一尺一寸五分。王夢樓題書於本身。】

石田先生《秋山高士圖》　壬子八月七日恭壽臨。

鳥外雲中一草亭，此山千古鎮青青。朝暉暮靄知多少，容我芒鞵半日停。　　一杯苦茗林陰下，盡日聽他謖謖風。坐久無言渾欲睡，忽驚天樂奏空中。　　蓮巢此畫深得秋山高潔之趣，非日住山中者不能作。夢樓。

潘蓮巢臨董文敏沒骨山圖軸

【紙本，淺絳兼淡青綠。高二尺五寸，闊一尺一寸六分。王夢樓題書於本身。】

落日遠將霜葉赤，薄雲低壓晚峰青。　　舟次薛澱望、馬鞍諸山，仿張僧繇《霜林圖》，元宰。癸丑五月雨後臨，恭壽。

香光此畫全似鷗波，蓮巢臨仿又直逼香光，宜為如長老所愛玩也。文治記。

潘蓮巢仿董文敏山水軸

【紙本，設色。高三尺八寸，闊一尺二寸八分。王夢樓題書於本身。】

仿董文敏，奉寄心農學長先生鑒正，蓮居士恭壽。

一株老樹立山根，萬里清江直到門。自棹瓜皮閒艇子，坐看歸鳥返煙村。　　蓮巢近日作畫，深得力於香光煙雲來往之妙。此幅迺余為心農大兄代索者，尤其經意之作。庚戌小春，文治記。

畢焦麓仿高彥敬雲山圖軸

【紙本，水墨。高二尺六寸八分，闊一尺一寸九分。諸家題書於本身。】

仿高彥敬雲山焦麓。

此余壬辰年所仿米筆也，適有友人持示，草草數筆，得諸先達題跋琳琅，深為有愧，重加皴擦歸之。時丁卯中秋後十日，畢涵識，時年七十有六。

筆墨蒼潤，絕似香光老人仿小米之作，茶山外史城。

此幅頗似宣歙間山水，夏雨欲來煙嵐出沒之狀，更生居士亮吉。

聞之昔賢云，「畫仿米家，須略加圭角，所以避大理石屏風之誚也。」焦麓此幅得之。劉躍雲識。

董文恪松壑雲泉圖軸

【紙本，水墨。高三尺六寸二分，闊一尺七寸六分。】

《松壑雲泉》　丙子又九月望前一日，仿曹雲西筆意，請杏川學長兄先生正，東山董邦達。

董文恪仿張貞居秋嵐瀑泉圖軸

【紙本，水墨。高三尺六寸四分，闊一尺六寸五分。】

張貞居《秋嵐瀑泉》，略兼王黃鶴。奉呈芝翁同學老先生用發清粲，東山弟董邦達。

錢竹初仿井西山水軸

【紙本，水墨。高四尺二寸六分，闊一尺四寸九分。】

香溫茶熟非塵境，愛竹看山有道心。寫入剡藤聯贈遠，定知相憶白雲深。嘉慶戊午臘月，呵凍擬井西老人，並題小詩，奉寄梧門先生清賞，蘭陵錢維喬。

張夕庵仿李希古山水軸

【紙本，設色。高四尺一寸六分，闊一尺三寸六分。】

嘉慶己卯四月，潤州張崟仿李希古。

□□先生索畫，因檢此軸，奉呈大教，時冬十月既望，張崟。

奚鐵生巖居秋爽圖軸

【紙本，淺絳。高三尺五寸九分，闊一尺五寸三分。】

仿井西老人《岩居秋爽圖》，嘉慶丙辰小春，蒙泉外史奚岡。

奚鐵生仿子久南山圖軸

【紙本，水墨。高三尺九寸八分，闊一尺三寸五分。】

黃子久《南山圖》，純師北苑，筆意蒼厚。王司農麓臺有摹本，近藏余家，因漫擬其法，為穆庵都轉大人雅賞，奚岡。

奚鐵生山水軸

【紙本，水墨。高二尺九寸二分，闊一尺四寸五分。】

空山無塵逕屈盤，峽束怒流百道寒。支筇訪隱忽竟到，讀書聲隔青林端。蒙泉外史奚岡。

奚鐵生仿南田五清圖軸

【紙本，淡設色，松、竹、梅、水月。高四尺三寸三分，闊一尺八分。徐惠二題書於裱綾。】

元人有《五清圖》，雲溪外史嘗橅之，丁巳春三月，冬華庵主奚岡。

流水桃花去問津，夥山山下有鄉親。墨華恣灑谿藤幅，口道庭珪我後身。寒鴉古木畫重摿，俯首雲林面目存。橅得五清圖一□，瓣香不獨在檀園。乙未春三月十三日，問邊徐楙題於吳中百花庵。

冬花庵主是吾師，奪得南田筆一枝。珍重五清圖一幅，清光恰是大來時。乙未初冬惠兆壬。

黃秋盦龍洞訪碑圖軸

【紙本，設色山水。高一尺六寸九分，闊七寸八分。】

龍洞【篆書】

龍洞在濟南城東南三十里，登山之麓，峰迴路轉，削壁崚嶒，宛若屏幛。東峰巔建方塔，壁上置石甕，後有龍潭，禱雨輒應。宋元豐二年，封龍洞神為順應侯，有勅牒碑。壁刻「勅龍洞壽聖院」六大字，傳為東坡書。洞在西峰絕壁前，搆小亭，秉炬入里許，達後洞，洞內刻佛像，元延祐五年，僧普光造。後洞壁間刻《魏天平年驃騎大將軍汝陽王□叔造像銘》，崖間墨書「開皇三年苟朏及淳化元年」等字。亭後，元豐二年何拱辰篆「誠應巚」三大字，及韓鐸、張頡等題名。獨秀峰刻「大乘師演老嵒」六大字，及范仁、高元溥、張勘等題名。康中丞茂園祈雨葺祠築亭壁下，四面看山，眼界曠朗，謂江南無此勝境也。嘉慶二年正月，偕陽湖孫、王兩君，嘉定錢雨山，同里江秬香，

濟寧李媿此山，過此信宿，搨取諸碑。曉月晨煙，山光靜妙，院後山澗，噴珠瀉玉，莫窮其源。聞春桃乍放，嵐翠尤佳，冀他日花時再遊也。黃易。

湯貞愍石圖軸

【紙本，水墨。高一尺九寸二分，闊九寸二分。】

粥翁有石癖，戊申新秋，暑無可避，逃之管城，日唯畫石為事。鶴翁欲學余畫石，余畫則來觀，不自知其神往而魔著也。此紙云購之禾中，藏有年矣，一旦遂為粥老塗抹，豈不惜哉。

上皇山石，八十一穴。皺瘦透秀，克兼四絕。寶晉百夫，琴隱一筆。惜填海之未能，更補天而乏術。然則與瓦礫其奚別？予嘗畫石題此，鶴翁愛之，並囑書之。

湯貞愍山水軸

【紙本，水墨。高四尺四分，闊一尺二寸六分。】

暢好風光入畫圖，清溪碧巘老潛夫。生來不識紅塵路，除卻攤書一事無。道光戊戌秋八月，武進湯貽汾作於白門琴隱園。

湯貞愍藝花雙隱圖軸

【紙本，設色山水兼人物。高二尺一寸三分，闊八寸三分。】

湖山雙影瘦，伉儷一心清。偕隱名花妬，聯吟好鳥賡。鹿車嗟我晚，三徑尚榛荊。甲辰四月為劍秋詞兄、心壺世姊作《藝花雙隱圖》，即請正之。貽汾並題。

【詩斗紙。高七寸二分，闊同本身。僅趙蓉舫一題，其餘諸家題詠，均書於裱紙，微有蠹損。】

《藝花雙隱第一圖》，劍秋詞兄屬題，趙光。

山滌湖光分外妍，水雲夫婦並詩仙。西湖處士無顏色，只種梅華亦可憐。道光二十四年甲辰八月六日，晨起□請劍秋先生一笑，嘉興□□□七十七歲老者張廷濟。

劉樊桃樹同仙根，和靖梅花偕隱老。何似霜花耽晚節，課童攜甕趁秋栽。

秋水秋山處士家，圖書相對樂無涯。嬌兒代母將鉏去，一樹春風種杏花。奉題劍秋姻長《藝花雙隱圖》，即請是正，梅花風第一九書農胡敬。

鹿車雙挽水雲村，蔣竹澆花晝閉門。閨閤唱酬聞趙管，神仙夫婦認劉樊。題應劍秋宗兄先生雅屬，少海弟仲洋。

花隱推吾子，閒賡偕老篇。課僮翻菊譜，雅伴得梅仙。門外山光淨，庭前秋色妍。不將塵世網，舉案樂陶然。　　劍秋先生仁兄大人屬題並正，梅石弟念曾。

暖向東風屋數間，搴條弄蘂兩心關。相呼白月鴉鉏共，不放紅香燕几閒。春入抱，笑開顏，耦耕何似鹿門山。憑他多少笙歌院，廿四重簾十二鬟。調寄《鷓鴣天》，劍秋詞丈屬題正誤，嘉善黃安濤。

汪君慕巘壑，不踏九衢塵。樂志有女士，著作已等身。玉臺足千古【心壺夫人撰《玉臺藝文志》】，吾儕徒冠巾。何當攜婦稚，來結西湖鄰。助君補花史，共作耕桑民。道光乙巳清和下浣，武林寓舍題奉劍秋先生雅教即正，警石錢泰吉。

手結團瓢傍水涯，過牆新柳已藏鴉。山連鶯嶺宜雙隱，人與黃花共一家。倚竹風欺羅袖薄，劚苓雨墊角巾斜。何當容我東鄰住，半畝平分學種瓜。劍秋吾宗詞長正之，陽湖弟昉。

微霜昨報豔楓林，黃菊沿籬已散金。為羨先生偕隱處，蘆簾紙閣共聯吟。

水光涼浸碧芙蓉，相對西湖第幾峰。不異鷗波亭子上，白蘋未採補秋容。道光己酉冬仲望前二日，將有甬東之行，倚裝匆促，秉獨題奉劍秋先生雅照並祈正句，南屏僧六舟達受未簰槁。

雅羨娜嬛侶，□司定兆機。孔朱安小隱，陶翟共東籬。逸調吟紅葉，閒情采紫芝。勤殷為護惜，秀茁發瓊枝。劍秋賢阮伉儷雅正，竹隱農。

湯貞愍山水軸

【紙本，設色。高三尺五分，闊九寸七分。】

得一知己，可以無憾【隸書】，壬辰冬日，寫呈古餘先生社長法鑒，湯貽汾。

湯貞愍田舍圖軸

【絹本，設色。高三尺八寸三分，闊一尺六寸七分。】

倉盈屋補息勞筋，婦子熙熙一室春。一樣光陰田舍好，不知世有別離人。瓦盆翻倒會新春，短褐長裾共率真。一樣光陰田舍好，不知世有折腰人。　　道光癸卯祀竈日，武進湯貽汾作於白門琴隱園並題。

湯貞愍山水軸

【紙本，設色。高二尺六分，闊一尺二寸九分。】

庚寅中冬，雪牕寫寄椒堂先生詞壇誨正，湯貽汾。

湯貞愍歲朝清供圖軸

【紙本，設色瓶花、酒罇、魚菓。高四尺三寸五分，闊一尺五寸。】

稚蘭先生觀察大人清鑒，貽汾。

湯貞愍梅花圖軸

【紙本，水墨。高四尺九分，闊一尺九寸三分。】

勺園五兄大雅屬，湯雨生。

湯貞愍縞衣仙子圖軸

【紙本，水墨梅花。高三尺七寸七分，闊一尺二寸五分。】

臂痛目昏，久不拈管。子愉觀察先生寄紙，命為縞衣仙子寫照，媿乏清妙之筆，不足補壁也。貽汾。

戴文節秋谿泛櫂圖軸

【絹本，設色。高四尺五寸五分，闊一尺七寸一分。】

畫家以點涪為眉目，米氏落茄從北苑濫觴，是北苑以點苔見長矣。然《秋山行旅圖》不用點涪，即江南半幅董源畫也。於此見古人書畫不拘一格，今人為畫譜所狃，轉失廬山真面耳。余未見董筆，見王廉州便面仿《秋山行旅》是如此，因拓之為《秋谿泛櫂》。道光庚子秋日，畫請葯珊大兄雅鑒，醇士戴熙。

戴文節巏谷春回圖軸

【紙本，設色山水。高三尺一寸五分，闊一尺五寸七分。】

巏谷春回得氣先，楳清松古竹便娟。良辰樂事開新釀，斟酌輕寒薄暝天。道光二十八年十二月畫，請芝軒相國老夫子鑒賞，門下士戴熙並題句。

戴文節秋山晴爽圖軸

【紙本，淺絳山水。高四尺二寸一分，闊一尺一寸八分。】

《秋山晴爽》　張浦山論麓臺少蓑畫，最得要領。其紀《秋山晴爽圖》，謂渲染後以火熨之。時史遂疑少蓑力過紙背者恃此，不知力過紙背，但從氣韻深厚中得之，若驗其背，未免刻舟求劍。士夫作畫要是餘力遊戲，急欲其澆，遽用火攻，倪迂範緩，終未必然耳。笙魚六兄弱冠留心六法，出楮屬畫，漫寫此圖乞正，並記數語。咸豐丙辰十月，醇士戴熙。

戴文節珊枝翠篠圖軸

【紙本，水墨古木竹石。高四尺二寸六分，闊一尺九寸八分。】

珊枝翠篠，擬項孔彰。丙辰二月，醇士戴熙。

戴文節雙松圖軸

【紙本，水墨。高三尺二寸六分，闊一尺四寸五分。】

松舊葉方青，新葉已發，故詩人詠松不僅曰茂，而必曰承體物之精，千古無二。戊申仲冬，棣如學士五旬稱觴，作此介之，錢唐戴熙。

戴文節仿雲林山水軸

【紙本，水墨。高三尺二寸九分，闊一尺六寸。】

乙卯暢月，儗雲林意，眉生六兄大人屬，醇士戴熙。

雲林畫如初寫《黃庭》，恰到好處。沈啟南少時學雲林，其師在旁曰「過矣，過矣，恰好，其難哉。」醇士自題。

戴文節仿山樵山水軸

【紙本，水墨。高四尺二寸四分，闊九寸七分。】

元四家用筆，惟山樵最沉著。麓臺一生學大癡，其力透紙背處，仍從山樵腕下討消息耳。心泉禪兄以為何如。道光二十七年六月，醇士戴熙作於春夢盦。

戴文節秋山旅館圖軸

【紙本，設色。高二尺四分，闊一尺四寸四分。】

《秋山旅館》　郭范遺意。咸豐二年壬子十一月，井東居士戴熙寫。

方子望公車北行，道出沸上，屬寄既堂仁兄。鶖翎遠致，聊博一哂云爾。醇士手記。

戴文節雲山圖軸

【紙本，水墨。高一尺八寸一分，闊一尺一分。】

《雲山圖》　擬董叔達，渾淪氣象。庚戌重九作此，以當登高。鹿床居士戴熙並記。

越三日，持贈孫愷卿，熙又書。

戴文節山水軸

【紙本，水墨。高四尺一寸六分，闊一尺。】

陶詩「崚嶒聳逸峰」，此「逸」字非泉明不解下，所謂仁者見仁也。翼南大兄屬畫。時道光二十九年二月，醇士戴熙作於澄懷園榘室。

戴文節仿大癡山水軸

【紙本，水墨。高四尺一寸一分，闊一尺九寸九分。】

大癡畫不可數覯，聞張貞居「峰巒渾厚，草木華滋」八字，而大癡如在眉睫間矣，故曰託於文字者無窮。戊午二月朔旦，醇士戴熙作。

戴文節空亭飛瀑圖軸

【紙本，水墨。高四尺一寸六分，闊一尺七寸二分。】

山徑繚曲石齺齬，灌木蔽空接煙楚。衣蘚纏藤走鼫鼠，空亭承之夏無暑。下俯飛瀑作人語，二人不語共延佇，悠悠忽忽乃吾侶。　　己未二月畫，為琴舫仁兄大人屬，醇士戴熙。

戴文節仿雲林山水軸

【紙本，水墨。高三尺四分，闊一尺一寸三分一寸。】

雲林數百載來獨立無偶，玩其真蹟，了不異人，顧其氣味乃在無筆墨處出現。不佞貪多愛好，轉工轉遠，安得如康崑崙琵琶十年，不親樂器，然後有少分相入也。己未五月，雨牕漫題，秋舫四兄屬，井東居士戴熙作。

戴文節溪亭林影圖軸

【紙本，水墨。高三尺一分，闊一尺四寸五分。】

《溪亭林影》　己未八月仿柯敬仲，醇士戴熙。

卷十一

唐宋元明名畫大觀冊

【紙絹不一，凡十八幀，其中本身無款者，以藏經紙簽書作者姓氏，圖名，黏於畫左匡。鶴泉題書於裱紙，收藏印記，間有模糊不辨。】

【第一幀絹本，設色人物。高一尺一寸三分，闊七寸四分。無款。】

【籤題】唐周昉《老子玩琴圖》。

周昉，字景元，京兆人。嘗寫《仲尼問禮圖》及《行化老君像》。此圖渾樸古厚，衣紋如鐵線，大似王摩詰《伏生授經圖》。

【第二幀絹本，設色花卉草蟲。高八寸七分，闊一尺九寸六分。無款。】

【籤題】五代黃筌《草蟲花卉》。

黃筌，字要叔，成都人。刁處士入蜀，授之竹石花雀，又學孫位、李升，曲盡其妙。後主嘗命於殿壁畫四時花竹鬼雉，一一肖真。此幅寫草蟲備極生動，非深於天趣者不能也。

夷股不知休，下為螻蟻食。譬如鷸蚌爭，迺使漁人得。　鶴道人戲題。

此與前幅俱有「緝熙殿寶」，當為宋高宗內府所藏。

【第三幀絹本，設色花鳥。高一尺一寸五分，闊一尺五寸九分。無款。】

【籤題】宋宣和殿《雙安圖》。

五國城中客，氈廬徹骨寒。南朝圖端應，可憶上皇安。

【第四幀絹本，設色山水。高八寸五分，闊一尺二寸七分。無款。】

【第五幀絹本，設色山水。高八寸八分，闊一尺一寸五分。無款。】

　　【第六幀絹本，設色洗馬圖。高一尺六分，闊一尺八寸四分。小款二字書於左腳款下，印記模糊不辨。】

　　　韓幹。

　　【第七幀紙本，水墨山水。高八寸九分，闊二尺。無款。】

　　【題簽】宋燕穆之江村閣圖。

　　【第八幀絹本，設色草蟲。高八寸七分，闊一尺九寸四分。無款。】

　　【題款】崔白生孫圖。

　　萊服生兒芥有孫，眼看玉筍又盈門。清風亮節無難事，只要常能皺菜根。同治甲子仲冬月，題崔白生孫圖匡源。

　　崔白，字子西，濠梁人。工畫花竹翎毛，體制清瞻。宋熙寧初，命與艾宣等畫御辰鶴竹，白為首出，後恩補圖畫院藝學，自以性疏闊，不就。此圖摹寫入微，確是北宋一派。後有政和半印，曾為道君皇帝所賞。其「丹誠」印及「耿信公」兩印，則耿駙馬鑒藏章也。

　　【第九幀絹本，設色文殊洗象。高一尺一寸八分，闊一尺九寸。周密、徐有貞兩題書於對題紙，尺寸同畫。】

　　　吳興錢選。

　　人物不難於工致縝密，而難於流動活潑；設色不難於艷麗雕刻，而難於清雅不俗。錢君此作，蓋兼得之矣。汝南周密識。

　　余曩歲見唐人周昉有《文殊洗象圖》，最為高古，近復從王中丞齋頭得見錢玉潭此卷，精妙不減周昉，而文雅殆欲過之。每一展閱，未有不令人擊節歎賞者也。東海徐有貞。

　　錢選，字舜舉，號玉潭，雪川人。初與趙子昂，有「吳興八駿」之號。及子昂被薦，登朝諸公皆相附取宦達，獨舜舉齟齬不合，流連詩畫以終其身。嘗見龍眠有《文殊洗象圖》，此又稍作變化耳。

　　安歧，字儀周，其先朝鮮人。精於賞鑒，著有《墨緣匯觀》。

　　【第十幀絹本，設色人馬。高一尺二寸四分，闊一尺九寸一分。】

　　延祐二年春日，畫於上都寓舍，吳興趙孟頫。

　　【第十一幀絹本，設色馳馬。高九寸其恩，闊一尺四寸二分。】

　　　吳興趙雍。

　　【第十二幀絹本，青綠山水。高九寸八分，闊一尺六寸一分。】

　　皇慶元年九月上浣寫於晚香亭武塘盛懋。

【第十三幀紙本，水墨芙蓉。高一尺二寸，闊一尺八寸一分。無款，三家題詠書於本身。】

已惜紅娥□墨妝，更憐青女染玄霜。木花也作芙蓉看，自與芙蓉細比量。伯成。

歌罷秋風□□□，御羅蹙繡翠雲□。石闌露氣清如□，記得尋詩葉上題。希孔。

浣華溪上秋風急，方里橋西野水明。窈窕一枝誰與贈，篇詩題寄錦官城。

【第十四幀紙本，墨竹。高一尺二寸二分，闊一尺五寸三分。劉名卿題書於本身。】

墨池飛出雨琅玕，林屋穮晴共倚闌。不送軒轅裁鳳璿，小窗留得一枝看。方外史張雨。

雨洗南山潤筆巒，濕雲藏翠護琅玕。聲搖淇澳秋風早，影落湘江夜月寒。樂府披煙裁鳳管，谿家帶雪剪魚竿。我生亦有王猷癖，不用敲門到處看。劉名卿題。

【第十五幀紙本，設色山水。高一尺一寸，闊一尺八寸三分。吳奕、朱存理兩題，書於本身。】

茅亭閟清畫，逍遙坐來久。欲把索琴彈，江風激人手。弘治二年冬十月，吳奕。

雲白山青綠□陰，一溪流水落花深。相逢林下無餘事，閒把瑤琴愜素心。朱存理。

【第十六幀紙本，水墨山水。高一尺五分，闊一尺七寸一分。】

《暮樵歸侶圖》，唐寅畫。

【第十七幀藏經紙本，水墨山水人物。高九寸五分，闊一尺七寸。】

仇英實父為守中邵先生寫壽。

【第十八幀點金箋木，水墨蘭竹石。高一尺一分，闊一尺四寸七分。】

畫於碧梧境中湘蘭，馬守真。

【跋紙一幀，尺寸不錄。】

畫凡十幅，作者自李唐逮朱明，藝苑名筆，堪只千古。題識則周草窗、徐武功，以及王元美、耿會侯、孫北平、梁正定。收藏珍重，印記宛然，眾美備具，蔚為巨觀。今歸山陽鮑氏十萬卷藏書樓中，往往發光怪，信奇采之必曜已。同治三年六月養屙蕭寺，長雨闌風，困人殊甚。小山廉使出以見視，頓

覺眼明心快，所苦若失，真不翅清涼繳也。亟書數語歸之，不敢久置几案間，政防丁甲攝取耳。故城賈臻寄龕書。

　　吳縣潘曾瑩觀。

歷代名筆集勝冊

　　【絹本，凡十八幀，每幅以紙籤標題，作者姓氏黏於畫左，對題藏經紙，耿信公書，尺寸同畫。】

　　【第一幀方幅，設色人物。高七寸九分，闊八寸九分。無款，左角朱文方印一，模糊不辨。】

　　【籤題】王齊翰。

　　王齊翰，善人物，氣度不凡，迥出風埃物表。其勘書諸圖，徽宗藏之內府者，皆首尾標題，重加珍賞。審此信為宜然，當不止與德謙輩並驅爭先，即方駕顧、陸諸人，夫豈多讓。襄平愚子耿信公識。

　　【第二幀紈扇，設色花鳥。高七寸九分，闊八寸四分。無款。】

　　【籤題】徐崇矩。

　　傳寫物態，蔚有生意。徐崇矩豈惟不墜祖風，直可領袖後學。襄平耿昭忠題。

　　【第三幀紈扇，設色山水兼人馬。高七寸五分，闊八寸一分。無款。】

　　【籤題】陳居中。

　　陳居中《柳塘牧馬圖》，雖纖細如蠅，悉具乘風破浪之勢。昔評云「布景設色，不亞黃宗道」。今觀其氣韻生動，精神物態，全形縑素間。即謂超軼前人，豈為過當。襄平愚子耿昭忠書。

　　【第四幀方幅，設色蘆花水鴨。高八寸二分闊八寸五分。無款。】

　　【籤題】黃要叔。

　　黃要叔《鳩竹圖》，余素珍之。此頁氣韻精神，悉與合一，繪事至此，深入三昧矣。昭忠識。

　　【第五幀紈扇，設色山水。高七寸六分，闊八寸。】

　　天末歸帆何處宿，釣舡猶在蓼花傍。

　　【籤題】宋高宗。

　　清曠蕭疏，具絕俗抗塵之致，由其脫略毫楮，筆愈簡而氣愈遠，景愈少而意愈長。如詩中淵明，琴中賀若，非碌碌輩所能望見。蓋宋高宗出其天縱，

遊神筆墨之表，胸中造化不覺勃勃腕間。畫家用意布置，惟恐不多者，視此能無自失。耿昭忠識。

【第六幀紈扇，設色山水。高七寸五分，闊七寸七分。】

秋江煙暝泊孤舟。

【籤題】宋高宗。

高宗畫意趣天成，尺幅中能曠遠縣邈，極晦明隱顯之態，誠畫院諸人所不能逮。題識炳然，允稱神品。襄平耿昭忠書。

【第七幀紈扇，設色蘆花鬥雀。高七寸六分，闊八寸。無款。】

【籤題】黃居寀。

黃居寀能世其家，學點染具簡澹野逸之致。《畫史》以「黃家富貴」評之，未必無譏。千山耿信公。

【第八幀紈扇，水墨牧牛。高七寸三分，闊七寸五分。無款。】

【籤題】李晞古。

川原清曠，林木蕭疏，暮靄煙霏，狀出歸牧時景象。審此風格，當是李晞古匠心渾化處。耿信公。

【第九幀方幅，設色一犬。高八寸四分，闊八寸五分。右角鈐長方半，印文闕不辨。】

慶元丁巳歲，李迪畫。

【籤題】李迪。

唐之趙博文，五代之張及之，宋之趙令松，皆以畫犬擅名。今觀李迪《韓盧圖》，筆力雄健，能得其敦厖態度，無搖尾乞憐之狀，殆與令松輩爭相後先。耿信公書。

【第十幀方幅，水墨人物。高七寸，闊七寸四分。無款。】

【籤題】梁楷。

梁楷初師賈師古，而筆力秀勁，譽擅出藍，宜其不落院格，為一時珍重也。耿信公。

【第十一幀紈扇，設色山水。高七寸三分，闊七寸九分。無款。】

【籤題】馬遠。

馬遠此圖，用筆流逸，景物疏爽，幾脫畫院習氣矣。信公。

【第十二幀方幅，設色孔雀小鳥。高七寸六分，闊九寸九分。】

馬麐。

【籤題】馬麟。

此圖花木禽鳥，極其精工。《畫髓》評云：「遠欲其子得譽，多於己畫題作馬麟」，夫豈其然。千山信公。

【第十三幀紈扇，設色山水。高七寸三分，闊七寸九分。無款。】

【籤題】蕭照。

筆墨淋漓，有蒼莽古野之致。蕭照與李晞古可稱心印之合，耿昭忠題。

【第十四幀方幅，水墨山水。高七寸五分，闊七寸六分。無款。】

【籤題】閻次平。

次平筆法蒼老，過於其父，《畫史》評云：「彷彿李唐。」余謂直堪並駕。襄平耿昭忠書。

【第十五幀方幅，設色山水。高八寸，闊八寸一分。閻次於。】

【籤題】閻次於。

閻次於畫法與次平誠堪伯仲。信公。

【第十六幀紈扇，設色仙女跨鳳。高七寸九分，闊八寸二分。無款。】

【籤題】周文矩。

風格高妙，飄飄然有凌霄絕塵之姿。是蓋周文矩胸中迴出天機，故落筆超乎物表，張、吳、顧、陸，何難繼踵。襄平耿昭忠題。

【第十七幀紈扇，設色仕女浴嬰。高七寸二分，闊七寸七分。無款。】

【籤題】周文矩。

周文矩《浴嬰圖》，神彩風致，各臻妙理，自可前追古人，後無來者。襄平耿昭忠。

【第十八幀紈扇，設色仕女。高七寸二分，闊七寸八分。無款。】

【籤題】周文矩。

纖秀端研，審屬周文矩妙蹟，千山耿信公。

歷代名筆集勝冊

【絹本，凡十二幀，皆紈扇。每幅以紙籤標題，作者姓氏圖名，黏於畫左。】

【第一幀，工筆設色，人物樓臺兼山水。高九寸二分，闊口寸八分。無款。左角下半印，殘闕不全。】

【籤題】李昭道龍舟競渡。

【第二幀，水墨山水，高八寸，闊八寸五分。無款，無印。】

【籤題】關仝西巖暮色。

【第三幀，設色仕女嬰兒。高七寸二分，闊七寸二分。無款，無印。】

【籤題】周昉宮庭戲彩。

【第四幀，設色群羊，一人執竿驅策。高七寸六分，闊七寸九分。無款。】

【籤題】周行通牧羊圖。

【第五幀，水墨山水。高八寸，闊八寸一分。無款，中邊一印，模糊不辨。】

【籤題】許道寧風雨歸舟。

【第六幀，設色一牛散牧，兩童坐地，仰視樹雀。高七寸二分，闊八寸。無款。】

【籤題】朱羲散牧圖。

【第七幀，淡色山水。高七寸四分，闊七寸九分。無款。】

【籤題】趙令穰水村煙靄。

【第八幀，墨魚綠藻。高七寸六分，闊八寸。無款。】

【籤題】劉寀，群魚戲藻。

【第九幀，設色雙鳥，並立石上。高八寸一分，闊八寸四分。無款。】

【籤題】徐熙池上雙禽。

【第十幀，設色山水。高七寸，闊七寸一分。右邊藏印，半方模糊不辨。】馬遠。

【籤題】馬遠山村策杖圖。

【第十一幀，設色鶺鴒蘆草。高七寸三分，闊七寸六分。無款。】

【籤題】崔慤鶺鴒圖。

【第十二幀，設色山水。高七寸八分，闊八寸二分。無款。】

【籤題】楊士賢，修竹幽亭。

歷代名筆集勝冊

【絹本，凡十二幀，每幅以紙籤標題，作者姓氏圖名黏於畫左。中有三幀對題，尺寸同畫。】

【第一幀，紈扇，青綠工筆山水，兼纖細樓臺、舟橋、人馬。高八寸三分，闊八寸八分。無款，對題紙本。】

【籤題】李昭道漢宮遠眺。

李昭道《漢宮遠眺圖》，丁雲鵬題識。

【第二幀，方幅，設色山水，一人牽牛而行。高七寸五分，闊七寸二分。左邊隱約見小款二字，對題紙本。】

戴嵩。

【籤題】戴嵩山村放牧。

《山村放牧圖》，無款，亦無標題，僅有項墨林「秘玩」印識。畫筆真實不虛，不在劉松年下。竹朋識。

【第三幀，紈扇，水墨山水。高八寸八分，闊九寸一分。無款，左邊一印，模糊不辨，對題紙本。】

【籤題】范寬山陰積雪。

范寬《山陰積雪圖》，雲鵬鑒賞。

此幅據丁南羽題為范寬所作。考《聖朝名畫評》，謂寬好畫冒雪出雲之勢，尤有氣骨。《畫史》稱其師李成，又師荊浩，山頂好作密林，與此畫皆合。而布局造意，色色匠心，猶可想見其縱目四顧，躊躇滿志時也。李佐賢題。

昔年曾見中立巨幅茂松疊嶂，山頭小樹濃密，皴法厚甚。此《積雪圖》削繁為簡，當是教外別傳也。六湖題。

【第四幀，方幅，設色長臂猴，三立枯樹上，懷中攫鷺。高九寸四分，闊八寸八分。無款。】

【籤題】易元吉臂猴攫鷺。

【第五幀，紈扇，設色雙孩，以線牽蟹，立於花石傍。高八寸四分，闊八寸四分。無款。】

【籤題】蘇漢臣，雙孩玩蟹。

【第六幀，紈扇，水墨枯水、竹石。高九寸，闊七寸。無款，兩題皆書於本身。】

□風老樹邊，□□□拳石。□□碧琅玕，歲寒不改色。從此交誼深，一一稱有德。拙齋。

竹□瀟更鮮，樹色老欲槁。雖無春風姿，□有冰雪操。歲月今以晚，飛□何日□。須堅金石心，相期永為好。建安曹昱。

【籤題】文同古木修篁。

【第七幀，紈扇，設色人馬。高七寸二分，闊七寸八分。無款。】

【籤題】陳居中獵騎圖。

【第八幀，方幅，設色山水。高七寸七分，闊八寸一分。無款。】

【籤題】劉松年，隔水村居。

【第九幀，紈扇，設色兩人對坐撫琴。高七寸七分，闊七寸八分。小款二字書於樹木上。】

和之。

【籤題】馬和之聽琴圖。

【第十幀，方幅，設色鵪鶉一，俯而啄食。高六寸六分，闊七寸六分。款字書於左角下。】

成忠郎李安忠□

【籤題】李安忠蘆荻鵪鶉。

【第十一幀，紈扇，設色山水。高七寸五分，闊七寸七分。無款，右邊半印模糊不辨。】

【籤題】閻次於松林古渡。

【第十二幀，紈扇，設色一人坐樹根，行於波浪中。高七寸六分，闊七寸八分。無款無印。】

【籤題】李伯時乘槎圖。

歷代名筆集勝冊

【絹本，凡十二幀，皆紈扇。每幅以紙籤標題，作者姓氏圖名黏於畫左，中有四幀對題。】

【第一幀，水墨山水。高七寸一分，闊七寸五分。無款。左上角半印，文闕不辨。對題絹本，尺寸同畫。】

【籤題】夏圭山樓觀。

仙丹傳頂壽無涯，豈許蜉蝣浪得知。行到水邊尤可愛，立居松上更相宜。賜宋直殿。

【第二幀，水墨山水。高七寸五分，闊七寸六分。無款。】

【籤題】夏圭遙岑煙靄。

【第三幀，設色人物。高八寸，闊八寸一分。無款。】

【籤題】劉松年松陰談道。

【第四幀，設色山水。高七寸三分，闊七寸四分。無款。對題青絹本，泥金書，尺寸同畫。】

【籤題】馬世榮五雲樓閣。

參差樓閣半天中，萬頃寒濤百尺松。下界沉沉凝望久，五雲深處一聲鐘。

【第五幀，設色山水。高七寸六分，闊八寸一分。無款。】

【籤題】趙大年松岡暮色。

【第六幀，設色池塘仕女。高七寸六分，闊八寸一分。無款。左角下半印，文闕不辨。】

【籤題】王詵蓮塘泛艇。

【第七幀，設色樓臺仕女。高七寸五分，闊五寸四分。無款無印。】

【籤題】蘇漢臣桐陰玩月。

【第八幀，淡色山水。高七寸三分，闊七寸七分。無款無印，對題絹本，尺寸同畫。】

【籤題】許道寧青山白雲。

青山曉兮白雲飛，青山暮兮白雲歸。青松茂兮明月輝。了不了兮誰得知。

【第九幀，設色人物仕女。高七寸五分，闊七寸六分。無款。】

【籤題】趙伯驌荷亭對奕。

【第十幀，水墨山水。高九寸四分，闊七寸一分。無款。】

【籤題】燕肅深山塔院。

【第十一幀，設色山水兼樓臺人物。高七寸八分，闊八寸三分。無款無印。】

【籤題】陳清波春曉圖。

【第十二幀，設色人物。高七寸八分，闊八寸。無款無印，對題方幅絹本，高七寸七分，闊一尺五分。右角下一印，模糊不辨。】

【籤題】楊威耕獲圖。

耕賦

昔后稷之教民耕也，播種兮惟時，畫田兮為井。農之務兮勿休，歲之豐兮有慶。若然則耕為天下之急務，食係天下之大命。遂陳之《無逸》之篇，播以《良耜》之詠。且夫春陽脈動，雨足一犁。嘉穀盈簞，浸水之湄。粒粒茲萌，萬頃千畦。是時也，布穀催耕，草嫩犢肥。東作方殷，相土所宜。或鞭牛而耕春，或把鋤而翻泥。或襪襦於別墅，或桔槔於前溪。逮夫綠野陰濃，麥秋天氣，競拔新秧，歡呼插蒔。井布棊兮，芃芃生意。然而良苗之秀方敷，稂莠之害易肆。拔而去之，惟恐不亟。夫之耘兮，竹笠簑衣；婦之饁兮，壺漿簞食。潦則

泥淖之塗足，旱則轆轤之街尾。至若稻花盈疇，風搖翠浪；寶穡西成，農夫之望。今之刈獲兮有期，向之辛勤兮萬狀。向之下田兮負耒而耕，今之出門兮腰鐮而往。拾穗則許兒童，築場則賴丁壯。或積粟以計歲糧，或炊秫以供曉餉。或為酒以介壽眉，或薦新以荅神貺。噫嘻，粒粟之飽，我農之功。一輸於債戶而無幾，再趣於官賦而已窮，三督於兵餉而盡空。手執耒耜，而有雷腹之餒；身居田野，而無斗粟之舂。安得天下游手之夫，盡轉而為務本之農。

歷代名筆集勝冊

【絹本，凡十二幀，每幅以紙籤標題，作者姓氏圖名黏於畫作中。有五幀對題，尺寸同畫。】

【引首紙一幀，高九寸五分，闊一尺九寸。】

勝賞【篆書】道復。

【第一幀紈扇，設色雲月仕女，空處以青色填之。高七寸七分，闊七寸五分。無款，對題紙本。】

【籤題】趙千里玩月圖。

趙千里臨王摩詰畫，王真跡在余家，董其昌題。

觀此可想古人渾穆氣象，覺實父、徵仲輩璀璨之氣未除。道光丁酉羅天池觀。

世傳千里偽品，多用金碧。此幅淡中有韻，別饒光采，固非俗工作能夢見。李佐賢。

【第二幀方幅，設色山水兼樹石。高七寸六分，闊七寸六分。隸書，款字書於右角下。】

馬遠。

【籤題】馬遠聽秋圖。

【第三幀方幅，設色人物樹石。高七寸八分，闊七寸三分。無款，對題紙本。】

【籤題】李晞古秋堂客話。

晞古妙繪，較馬夏更勝一籌。明唐六如得其雋永，失其厚實。

李晞古於徽宗朝入畫院，建炎間為待詔，賜金帶，年近八十。此幅沉著痛快，而自饒秀色。經蕉林相國籤題，羅六湖復稱其較勝馬夏，洵不誣也。同治丁卯冬日，李佐賢題。

【第四幀方幅，設色嬰孩一。高一尺三分，闊九寸七分。無款，左角一印，模糊不辨。】

【籤題】蘇漢臣戲雀圖。

【第五幀紈扇，設色嬰孩百人。高八寸九分，闊九寸十分。無款，上邊一方印，左邊一長印，皆模糊不辨。】

【籤題】蘇漢臣百子圖。

【第六幀紈扇，設色山水。高七寸三分，闊八寸。無款。對題灑金青箋，董文敏題款下一印模糊不辨。】

【籤題】劉松年田園樂。

劉松年《田園樂》，其昌觀。

此畫經思翁定為松年筆。按，松年於紹熙時為畫院待詔，賜金帶。《杭州志》稱其山水、樓臺、人物神氣精妙，時稱絕品。觀此可見一斑。李佐賢。

【第七幀紈扇，設色仕女。高七寸三分，闊七寸八分。對題，紙本。】

庚戌歲孫玨畫。

【籤題】孫玨毛女圖。

此幅與劉松年可稱伯仲，仇實父尚當退避三舍。

畫款在右，「庚戌歲孫玨畫」六字，細如蚊腳蠅頭，畫筆工麗而兼深厚，自是能品。而名不傳於畫譜，可見古人湮沒不彰者多矣，豈獨畫史也哉。竹朋。

【第八幀方幅，設色一鷹立枯樹上。高一尺一寸一分，闊七寸五分。僅書一押，左角一印，模糊不辨。】

押。

【籤題】宋徽宗秋鷹圖。

【第九幀紈扇，設色一牛與牧童游泳水中。高七寸四分，闊七寸六分。無款無印。】

【籤題】朱羲浴牛圖。

【第十幀紈扇，設色芍藥。高七寸四分，闊五寸八分。對題紙本。】

虞師文。

【籤題】虞師文紅藥。

俗眼多為南田所障，當以此為換骨金丹。

【第十一幀方幅，水墨山水亭臺。高五寸九分，闊七寸五分。無款。】

【隸題】李迪楊柳樓臺。

【第十二幀紈扇，設色山水兼仕女。高六寸六分，闊六寸七分。無款，右邊半印，模糊不辨。】

【籤題】周文矩仙女圖。

【跋紙一幀，高一尺一寸四分，闊一尺七寸八分。】

古人高尚之志時，寄興於詩文繪畫中。然其間情性各別，才藝亦有不同。或留心於山水，或適意於花鳥，或寫生於人物宮室，各各趣向迥異，然而興致則一也。余齋居，雖有長條大幅，而未能盡古人之概，思得尺縑寸素，綴以為卷冊，以便明牕棐几展閱，一以領前賢風致，一以寫我心幽思。往來二十載，始得成茲冊，共得十二幀，雖未敢價擬連城，亦可稱集翠為裘者矣。裝成並識。永樂壬辰歲二月，楊士奇。

日鑒堂史明古家秘藏。

歷代名筆集勝冊

【絹本，凡十二幀，每幅以紙籤標題，作者姓氏、圖名黏於畫左。中有九幀，李竹朋以藏經紙對題，尺寸同畫。】

【第一幀紈扇，青綠樓台山水，高七寸一分，闊七寸二分，無款，左邊有葫蘆半印，文闕。】

【籤題】趙伯駒仙山樓閣。

仙山樓閣不署款。按，《珊瑚網》載趙千里有是圖，紅峰翠巒，瑤臺瓊島，飄渺霞際。此圖彷彿似之，或即屬伯駒筆，抑或宋人仿本，皆未可定。其沒骨山樹，清潤新妍，界畫樓臺，纖微呈露，固非近代畫史所及。竹朋李佐賢。

【第二幀方幅，設色鸜鵒立木盆上。高七寸三分，闊七寸三分。無款。】

【籤題】黃筌鸜鵒飲水圖。

《鸜鵒飲水圖》神氣如生，《分宜嚴氏書畫目》有黃筌《金盆浴鴿圖》，或即此幅之藍本歟。竹朋。

【第三幀紈扇，設色人物。高七寸五分，闊七寸八分。無款。】

【籤題】李唐採花圖。

《採花圖》布景清疏，用筆嫻雅，亦自可觀。

【第四幀紈扇，設色小鳥二，立蘆花上。高七寸四分，闊八寸。無款，右邊一印，模糊不辨。】

【籤題】黃居寀山鳥啄食。

【第五幀方幅，設色山水。高七寸八分闊七寸九分。無款。】

【籤題】馬遠松陰玩月。

松間明月，石上清泉，畫中有詩意。筆墨簡老，則與馬、夏為近。竹朋。

【第六幀紈扇，設色子母犬，秋葵蛺蝶。高七寸五分，闊八寸六分，無款。】

【籤題】趙令松花陰犬戲。

《花陰犬戲圖》，動植神情俱肖。其靜細幽雅，具見宋人本領，未可以小景而忽之。

【第七幀紈扇，設色修竹仕女。高七寸，闊七寸五分。無款。】

【籤題】周文矩，天寒翠袖。

天寒翠袖薄，日暮倚修竹。寫杜工部詩意，筆亦雅潔。

【第八幀方幅，設色人馬各一。高八寸二分，闊一尺一分。無款，左角上一印，隱約可辨。】

【籤題】趙孟頫相馬圖。

【第九幀紈扇，設色梅竹寒雀。高七寸七分，闊七寸九分。無款，右邊長方一印，模糊不辨。】

【籤題】李迪寒雀爭梅。

【寒雀爭梅圖】亦數百年物，粉墨已脫，而神致猶存。

【第十幀紈扇，設色人物。高八寸九分，闊九寸九分。款書右邊，殘闕不全。】

□□□燕□盛畫。

【籤題】燕□盛鑾輿渡水圖。

《鑾輿渡水圖》款題燕□盛畫。考《畫譜》並無其人，然用筆細如毫芒，一絲不亂。且人物神情畢現，自非近代作偽者所能。左方有「大觀」壺盧印，尚餘其半，知曾入徽宗鑒賞，自繫北宋人真蹟。惟惜如此法繪，而名不傳於後世，士之湮沒不彰者，何可勝道，豈獨畫史也哉。李佐賢跋。

【第十一幀方幅，設色殊紅山茶。高七寸九分，闊七寸九分。】

吳炳。

【籤題】吳炳山茶圖。

吳炳款在左下角，微茫幾不可辨。按炳，毗陵人，紹興畫院待詔。《圖繪寶鑒》稱其折枝花鳥，巧奪造化，采繪精緻富麗。此畫山茶設色濃厚，經久不脫。宋畫之可貴者，正在此。竹朋。

【第十二幀方幅，設色人物。高六寸九分，闊六寸七分。無款，左角一印，模糊不辨。】

【籤題】盛懋探梅圖。

【跋紙兩幀，每高九寸四分，闊六寸七分。】

道光癸卯正月念日，余八旬生辰，一時親知皆有饋贈，悉謝不敢納，惟門下生浙省張君叔未饋余周之貌叔鼎一、宋元畫幀十二。揆彼之意，鼎取其壽同金石，畫軸取其天地、山川、樹木精神常在，尤為壽之徵。昔董思翁云，黃公望九十而貌若童顏，文徵仲八十而書蠅頭楷法，余何德以堪此？然此畫冊結構、精神、章法，各極其妙，且嘉真為數百年前之物，更為希世之珍焉，因喜以誌之。道光甲辰正月，頤性老人元重裝記之並跋。

明人名筆集勝冊

【絹紙各半，凡十二幀，尺寸微有不同，載於每幅之首。

藏經紙籤。】

明人墨妙　能品。

【第一幀絹本，水墨山水。高八寸四分，闊七寸九分。】

靜庵。

【第二幀絹本，設色山水兼人物。高九寸，闊九寸一分。】

隨意讀《周易》、《國風》、《左氏傳》、《離騷》、太史公書，及陶、杜詩，韓、蘇文數篇。

【第三幀絹本，設色山水兼人物。高九寸九分，闊八寸三分。】

仇英實父製。

【第四幀絹本，青綠山水兼人馬。高八寸六分，闊八寸三分、】

王聲畫。

【第五幀絹本，淡設色山水。高八寸七分，闊六寸二分。款下一印，模糊不辨。】

宋石門為眠佛僧，臨荊關之餘，亦背仿青煒。

【第六幀絹本，設色山水。高八寸六分，闊八寸三分。】

仿趙大年荷鄉清夏華亭趙左。

【第七幀紙本，青綠沒骨山水。高八寸七分，闊六寸六分。】
趙左。

【第八幀紙本，設色山水。高八寸五分，闊六寸一分。】
野色散遙岑，繁陰帶平楚。大癡未是癡，老我仍學我。其昌。

【第九幀紙本，水墨山水。高八寸五分，闊六寸。】
仿吳仲圭筆卞文瑜。

【第十幀紙本，水墨山水。高八寸五分，闊六寸。】
己丑小春寫似端翁詞宗卞文瑜。

【第十一幀紙本，水墨山水。高八寸，闊九寸六分。】
積翠山中寫似去問社兄政之，蕃。

【第十二幀紙本，水墨山水。高八寸一分，闊五寸八分。】
項聖謨。

明人名筆集勝冊

【絹本，凡十幀。每高九寸五分，闊九寸一分，間有不齊。】
【第一幀設色山水。】
閣影凌空壁，松聲助亂流。泰昌改元仲冬，為緒詞丈寫。盛茂燁。

【第二幀設色山水。】
庚申冬日寫，為緒卿詞丈。劉原起。

【第三幀設色山水。】
萬曆庚申秋，戲仿大癡筆，呈緒卿詞丈。李士達。

【第四幀設色山水。】
泰昌冬日，寫於雁蕩山，莊似緒詞丈。無界。

【第五幀設色山水。】
天啟改元，為緒卿詞丈。張復，時年七十有六。

【第六幀設色山水。】
庚申冬日寫，似緒卿詞丈。欽式。

【第七幀設色山水。】
庚申仲冬，為緒卿詞丈寫。陳煥。

【第八幀設色花石鬭雞。】
庚申秋日寫，王維烈。

【第九幀設色樹石孔雀。】

無競王維烈，似緒卿詞丈。

【第十幀設色松鶴花石。】

庚申夏日摹古小景，清懶道人維烈。

明沈石田東莊圖冊

【紙本，凡二十一幀，設色山水兼人物。每高八寸九分，闊二尺六分。無款無印。每幅半畫半題，李少卿篆書圖名於左。】

【藏經紙籤。】

沈石田先生《東莊圖》，董香光題跋，李少卿篆書，計二十一幅，文治書籤。

【引首紙一幀，尺寸同上。】

石田先生東莊圖　文治

【第一幀】

東城。

【第二幀】

西谿。

【第三幀】

拙修庵。

【第四幀】

北港。

【第五幀】

朱櫻徑。

【第六幀】

麥丘。

【第七幀】

艇子浜。

【第八幀】

果林。

【第九幀】

振衣岡。

【第十幀】

桑州。

【第十一幀】

全真館。

【第十二幀】

淩豪。

【第十三幀】

南港。

【第十四幀】

曲池。

【第十五幀】

折桂橋。

【第十六幀】

稻畦。

【第十七幀】

耕息軒。

【第十八幀】

竹田。

【第十九幀】

緒古堂。

【第二十幀】

鶴洞。

【第二十一幀】

知樂軒。

【跋藏經紙兩幀，每高八寸九分，闊一尺八寸三分。僅董文敏兩題以下跋紙六幀，尺寸微有不同，茲不盡錄。】

白石翁為吳文定公寫《東莊圖》二十餘幅，李少卿篆，稱為雙絕。余從王百穀聞之，向藏長興姚氏，數令人與和會，不獲見，今歸修羽收藏，遂得披閱，以快生平積想。觀其出入宋、元，如意自在，位置既奇絕，筆法復縱宕，雖李龍眠《山莊圖》、鴻乙《草堂圖》，不多讓也。修羽博雅好古，已收鴻乙

《草堂十幅》，今又得此以副之。嘉時勝日，神遊其間，何羨坐鎮百城哉。賞玩不足，聊題數語，以弁其首。董其昌書，丁巳三月十有九日識。

白石翁為吳文定寫《東莊圖》，原有二十四幅，文休承所藏，因官長興，失之。後為修羽千方縱蹟，得二十一幅，余已化去，即沈翁長跋，亦不可見矣。辛酉八月，京口重觀記，此以俟訪之。董其昌。

此石翁動心駭魄之作，薈萃唐宋元人菁華，而以搏象之全力赴之。香光題識，比之盧鴻乙《草堂》、李龍眠《山莊》，其歡喜讚歎，真欲五體投地矣。李少卿篆書直紹斯、冰絕軌，其質直處覺鷗波尚遜一籌，西涯、衡山無不遠在下風。噫，近世無通篆隸者，未易一一為俗人道也。此冊舊為吾郡培風閣張氏作收，不知何以流傳揚州。今復為燿卿購取歸潤，豈非楚弓楚得乎。原本廿四幅，今存廿一幅。或以為惜，不知修羽先生千方縱蹟已不可得，香光所見，亦僅此而已。古今至寶照耀人間，即少留缺陷，亦復何憾哉。乾隆五十七年壬子春正月，觀於蒼筤館因記。放下齋居士王文治。

癸丑秋八月，余歸自西江，時抱疾甫愈，省女孫玳梁於揚州。孫壻汪詣成欣然持此冊示余，蓋詣成已於燿卿處購得之矣。此冊為石翁最上乘之畫，而李題董跋皆精妙無匹，前跋言之詳矣。唯是吾潤張氏之物，燿卿自揚州得之，未幾何時又復自潤歸揚。煙雲過眼，從古如斯。楚弓楚得之說，誠為我見未除。余向者之言，不過隨順世諦而已。詣成方少年，而留意法書名畫，頗勝他嗜。惜玳梁腕弱，不能臨仿耳。文治又記。

乙卯春二月，余客揚州，詣成裝池此冊甫竟，將歸之夕，又得重觀。翰墨之緣，良非易事。文治。

右白石翁為吳文定公所作《東莊圖》也。國初藏吾鄉張氏培風閣，後不知流落何所。幼曾見張禹村盦所臨圖冊後，只署名，未及其所本。禹村筆墨固不能肖，而結構蹊逕、運筆用墨，是時即疑非白石翁不能。今經數十年始得見真蹟，乃知翁之高大樸雅，渾噩沉摯，即在凡手摹之，已覺其迥異常品，何況睹茲妙墨乎。真驚心駭目之觀也。吾鄉左氏藏翁為楊文襄作《盧墓圖》，其高古不減此冊，奈散失過半，而主人秘不與人觀。雖知珍而不知其所以珍，所以異乎秭生之珍也。秭生之所以珍，乃在天朗氣清、明牕淨几，擇其人之好古明六法者，共賞之歎之，題之詠之，所以異乎左氏之珍之也。歲乙亥夏四月，過秭生瀆川方至堂，出此冊共賞，即題於後。自歸依室主張崟。

　　吾吳白石翁墨妙著名於時者有二：一為《話雨圖》，一為《東莊圖》。皆為吳文定作。而《東莊》尤煊赫，李少卿之題、董文敏之跋，當時稱為三絕。《話雨》吾見之於歙州汪心農齋中，以未得見《東莊》為憾。今京口馮君秫生購得之，攜來吳門，因獲假觀，留三松堂，晤對十日歸之。既歡服秫生之博雅好古，又自念老眼獲觀奇蹟，翰墨緣深，為可慶幸也。嘉慶戊寅暮春中浣，榕皋潘奕雋，時年七十有九。

　　道光元年九月望前二日，金鐀孫爾準觀。

　　此冊蘊藉駘宕，全以韻勝，脫盡先生平時峭厲本色。香光謂其「如意自在」，洵為確論，更不能贊一辭矣。自秫生購得此冊，余遂獲快觀數次。每一展對，如逢姑射仙人，覺人世面目語言無非塵俗，深思熟讀，屢進益深。聞張夕庵曾藉此冊觀橅累月，既以喜秫生之不吝，又不知夕庵胸次更作如何意境也。道光元年重九前四日，後學顧鶴慶敬志於瀆川方至堂。

　　白石翁此冊，每一展玩，令人寢食俱忘，可以奪神移慮。又為徐武功寫園林冊及《耕織圖卷》，皆生平傑作，悉為吾宗惺齋名蹟也。羅天池記。

　　春陽乍烈，滿道歊塵，閱此如遊極樂世界，一翦清涼，殊念故園五畝也。道光壬午三月十四日，南海吳榮光題。

　　道光二年壬午孟秋十二日，過興勝寺，謁惠甫世叔，出此見示。因獲觀生平未睹之寶，亦何幸也。竹葉亭生姚元之記。

　　白石翁與吳文定最相知善，王元美曾藏所贈文定行長卷，幾五丈許，推為平生第一筆。當時與《東莊圖》評較，惟以分幅各體，乃甲彼而乙此。今贈行圖既不可見，此冊當為吾家魯靈光、琅琊之後，又添一段佳話矣。道光癸未春杪，李宗瀚題記。

　　道光丁酉，芸圃水部招遊皆山草堂，獲觀此冊，因識眼福，且締墨緣。福州梁章鉅。

明沈石田山水冊

　　【紙本，凡十幀。第一幀至九幀，每高一尺，闊一尺四寸五分。第十幀高九寸六分，闊一尺三寸七分。】

　　【第一幀，設色】

　　沈周。

　　【第二幀，水墨】

遠城溪水送歸舟，舟上題詩散百憂。歸去便拚斜日裏，綠萍洲渚起飛鷗。
沈周。

【第三幀，水墨】

青山出氣卻成雲，漠漠雲山兩不分。試待雲開山出色，芙蓉洗眼照秋曛。
沈周。

【第四幀，設色】

橫塘荷花美於玉，採花女兒爭唱曲。聲高調激風露多，兩兩鴛鴦不成宿。
沈周。

【第六幀，水墨】

愛此倪迂小筆奇，淡煙疏墨百年姿。中郎已矣虎賁在，我自低頭人不知。
沈周。

【第七幀，設色】

【第八幀，設色】

沈周。

【第九幀，水墨】

【第十幀，設色】

門前有雪深後足，踏凍歸來冰滿須。已喜梅花報消息，小橋頭露一斜枝。
沈周。

明文待詔瀟湘八景冊

【紙本，凡八幀，水墨山水。每高一尺，闊一尺四寸五分。每幅角上鈐
押字印一，文不辨。藏經紙籤。】

文待詔水墨山水真蹟八幅，戊戌春仲錢載題。

【第一幀，遠浦歸帆。】

孤帆落日明，青山□□□。遙遙萬里情，□落青山外。徵明。

【第二幀，煙寺晚鐘。】

日沒浮圖昏，遙鐘出煙嶺。應有未眠人，冷然發深省。徵明。

【第三幀，瀟湘夜雨。】

濕雲載秋聲，萬籟集篁竹。江湖白髮長，獨擁孤篷宿。徵明。

【第四幀，山市晴嵐。】

雞聲茅屋午，靄靄墟煙白。市散人亦稀，山空翠猶滴。徵明。

【第五幀，漁村夕照。】

曬網白鷗沙，沖煙青篛笠。欸乃一聲長，江空楚天碧。徵明。

【第六幀，洞庭秋月。】

月出天在水，平湖淨於席。安得謫仙人，來聽君山笛。徵明。

【第七幀，平沙落雁。】

征鴻戀回渚，欲下還驚飛。葦深繳繒繁，歲晚稻梁微。徵明。

【第八幀，江天暮雪。】

密雪灑空江，雲冥天浩浩。寧知風浪高，但道漁簑好。徵明畫並詩。

明仇實父山水人物冊

【絹本，凡十幀，皆設色，人物仕女俱備。每高九寸，闊一尺三寸九分，每幅對題紙界烏絲格，尺寸同畫。】

【第一幀，梅花驛使。】

【石榴花】折梅逢使，煩寄到金陵。是必見那芳卿，將咱言語記須真，一一的說與它聽。自別來到今，急煎煎遣不去心頭悶。似楊花覆去翻來，如芳草削盡還生。【其二】憑高眺遠，望不見石頭城。重山障，亂雲凝，茫茫都是別離情。只落得淚眼盈盈。恨不能生羽翎到妝臺，訴與恁，千般恨。有誰人知我幾微，唯明月照人方寸。

【漁家傲】教人幾把欄干憑，也只為恁。恁怎知我日夜相思，更忘飡廢寢。恁怎知近日多愁悶，漸覺帶圍寬褪。說與它，我決不學王魁幸。說與它，你莫學蘇小卿。說與它，酒氾金尊我也無心去飲。說與他，弦斷琴瑤我也無心再整。說與他，我怕聽雞鳴鐘聲報黃昏送五更。那時節我的愁悶轉增。【其二】想殺恁初相見志誠，想殺恁笑來迎，想殺恁體素麗兒俊，想殺恁花月下好句聯賡，想殺恁叫他小名低低應，想殺恁對蒼天共盟，想殺恁臨期執手苦叮嚀。這衷腸事略略訴，恁知己話也難說與君聽。正是匆匆萬般說不盡，煩君去傳與我多情。它若聞必然淚零，只怕它淚痕有盡情難盡，只落得兩處一般愁悶增。

【尾聲】梅花香裏傳春信，報導江南一種情，莫學凍蕊寒葩心上冷。

【第二幀，楊柳樓臺。】

【步步嬌】樓閣重重東風曉，玉砌蘭芽小。垂楊金粉銷綠暎河橋，燕子剛來到。心事上眉梢，恨人歸不比春歸早。

【醉扶歸】冷淒淒風雨清明到，病懨懨難禁這兩朝。不思量寶髻插桃花，怎禁他繡戶埋芳草。無情挈伴踏春郊，鳳頭枉繡弓鞋巧。

【皁羅袍】堪歎薄情難料，把佳期做了流水萍飄。柳絲暗約玉肌消，落紅惹得朱顏惱。情牽意掛，山長水遙；月明古驛，東風畫橋。冤家何事還不到。

【好姐姐】如今瘦添楚腰，悶懨懨離情懊惱，落花知淚都做一樣飄。知多少花堆錦砌猶堪掃，淚染羅衫痕怎消。

【香柳娘】隔簾櫳，鳥聲隔簾櫳，把人驚覺。夢回蝴蝶巫山杳。我心中想著，我心中想著，雲散楚峰高，鳳去秦樓悄。怕今宵琴瑟，怕今宵琴瑟，你在何方弄調。奴守紗窗月曉。

【尾聲】別離一旦如秋草，畫棟樑空落燕巢，可惜妝臺人易老。【鳥聲】

【第三幀，柳堤畫舫】

【素帶兒】窺青眼，漸葉葉嚬眉效淺妝，渾一似想著故人張敞。搖颺萬里長翠，織就新愁縈斷腸。偏宜向朱門羽戟，畫橋遊舫。

【升平樂】惆悵。藏鴉未穩早攀揉，贈離別空與人忙。隋隄漢苑多非是，舊日風光堪傷。三眠春夢謾悠揚，有誰問灞陵無恙。倚闌凝望，消得幾番暮雨斜陽。

【素帶兒】淒涼古道傍，青青數行。消魂處驀聽幾聲鶯簧，蕭郎信渺茫。謾留下長條繫馬樁，空悒怏，傷春瘦腰宮樣。

【升平樂】輕狂。花飛似雪，乍高欲下，隨風飄蕩。拋家路傍，無拘管市橋村巷。端詳。香球滾滾散苔牆，好飛向繡簾朱幌。送春南浦，遺蹤化作翠萍溶漾。

【尾聲】流水遊魚吹浪響，舟橫野渡春晝長，勾引得蟬聲噪晚涼。

【第四幀，竹院壺觴】

【步步嬌】昨夜春歸今朝夏，時序如飜掌。相思惱斷腸，只怕愁病無情減卻容光。血淚漬成行，點點滴在青衫上。

【山坡羊】綠陰陰竹梢初放，碧澄澄荷錢較長。紅潑潑榴花漸舒，白茫茫麥隴飜銀浪。雨乍晴，園林梅子黃。時物換，物換人何向。種種思量，椿椿惆悵。淒涼。半開窗，半掩窗。悲傷。半思郎，半恨郎。

【五更轉】納稼時，離鸞帳。到如今，又插秧。南鱗北雁頻來往，自沒一紙書來慰奴懷想。向晚來空倚定危樓望，朝雲暮雨和誰講。除非夢裏相逢，和你徘徊半晌。

【園林好】覺來時愁魂半床，那人兒依然在兩廂，只落得千般悒怏。端的是怎推詳，端的是怎推詳。

【江兒水】睡起嬌無力，窮愁莫可當。聽叮咚風戛簾鉤響，清溜溜竹夾茶煙颺，碎紛紛日暎晴絲蕩，溷攪碎離人情況。縱有良工畫不就，相似模樣。

【玉交枝】綠窗虛朗，晝寥寥共誰舉觴。芭蕉弄影搖書幌，一霎時過了端陽。夢魂驚破追楚襄，眉兒淡了思張敞。待見它山長水長，情長意長。

【玉胞肚】南薰薦爽，這花影卡看過牆。聒噪些蛙鼓蟬琴，蕭索了蜓板蜂簧，心中怏怏。無明無夜費思量，倩託誰人遠寄將。

【玉山頹】精神惚悅，這滋味何曾慣賞。覷花鈿粉面流脂，透酥胸汗雨揮漿。燈花鵲噪，到此都成虛誑。命薄多磨障。意傍徨，停針無緒鴛央。

【三學士】花愁酒債，何時了償，經幾度飯廢茶荒。葳蕤懶傅何郎，粉寂寞羞添賈女香。心為遠懷縈百丈，魂銷處逐去檣。

【解三醒】錦葵開有誰宴賞。記昔日歡娛在畫堂。今日裏浮瓜沉李沒心想，盈盈淚浴蘭湯。稱徹涼款步出洞房，悶數歸鴉立小廊。聲嘹喨，採蓮歌何處晚渡橫塘。

【川撥棹】舉目誰親傍，對三星禱夜央。俏冤家杳隔在瀟湘，俏冤家杳隔在瀟湘。幾時得榮歸故鄉，辦虔誠禱上蒼，奈愁城未肯降。

【□□子】瘦損龐兒淺淡妝，怪暮鼓晨鐘特地忙。早知道今日恓惶，早知道今日恓惶，爭似當初不識強。待相忘，不敢忘；待相從，路渺茫。

【澆澆令】蜻蜓飛兩兩，燕子語雙雙。偏我海誓山盟都成謊，飜做了五更頭夢一場。

【尾聲】擲金錢卜歸的當，只怕回來鬢已霜，怎能勾身生兩翅到伊行。

【第五幀，穿針乞巧】

【二郎神】人別後正七夕，穿針在畫樓。暮雨過紗窗，涼易透。夕陽影裏，一簇寒蟬衰柳。水綠蘋香人自愁，況輕拆散鸞交鳳友。【合】得成就真個勝似腰纏跨鶴揚州。【其二】風流恩情，怎比牆花路柳。幾待月西廂攜素手，爭奈話別匆雨散雲收。一種相思，分做兩處愁。雁來時，音書未有。【合】得成就真個勝似腰纏跨鶴揚州。

【集賢賓】西風桂子香韻幽，奈虛度中秋。明月無情穿戶牖，聽寒蛩聲滿床頭。空房自守，暗數盡譙樓更漏。【合】如病酒，這滋味，那人知否。【其

二】功名未遂，姻緣未偶，其慼在眉頭。惱亂柔腸卒未休，朱顏去也難留。明珠暗投，不如意十常八九。【合】如病酒，這滋味那人知否。

【黃鶯兒】霜降水痕收，迅池塘已暮秋。滿城風雨還重九，白衣人送酒。烏紗帽戀頭，思憶那人一似黃花瘦。【合】強登樓，雲山滿目，遮不盡許多愁。【其二】惟酒可忘憂，奈愁腸不禪酒。幾番血淚拋紅豆，相思怎休。淒涼怎守。老天知道和天瘦。【合】強登樓，雲山滿目，遮不盡許多愁。

【琥珀貓兒墜】綠荷蕭索，無可蓋眠鷗。淺碧粼粼露遠洲，羈人無寐冷颼颼。【合】添愁，悄一似宋玉賦高唐，對景傷秋。【其二】無情紅葉，偏向御溝流。詩句分明求配偶，此情亦與我心投。【合】添愁，悄一似宋玉賦高唐，對景傷秋。

【尾聲】一年好景還重九，正橘綠橙黃時候，且把金尊開懷斷送秋。

【第六齣，舉杯邀月】

【八聲甘州】玉盤金餅，看漸離滄海飛上瑤京。冰輪不定，輾破素秋韆頃。陰晴不改清虛體，圓缺常如一樣明。是誰將瓊樓玉宇修成。【其二】奈高處不勝清冷，想素娥應悔誤餌長生。青天碧漢，夜夜怎禁孤另。銀蟾不管離別苦，玉□難醫寂寞情。有誰憐，桂枝零落銀屏。【賺】一片陰精，占斷乾坤萬古情。偏廝趁詩壇酒社，俊雅人太輕盈。蓋世間風雲都總領，普天下煙花大主盟娉婷。從頭細數風流處，萬般堪聽。

【鮮三醒】論春月最宜佳景，總一團和氣盈盈。佳人笑道歡心稱，怪秋月但傷神。照樓臺歌管聲偏細，暎院落鞦韆夜轉深。移花影，真個是惱人春色，好夢難成。

【油葫蘆】論夏月可人心性，對蓮池紅妝臨鏡。柳梢頭纔上天街靜，又早人約黃昏。

【解三醒】論秋月四時偏勝，到中秋分外精神。詩人不盡南樓興，鬧絲竹，奏清聲。銀盤彩漾蓮花白，金粟香浮桂子清。寒光瑩，真個似玲瓏七寶，表裏通明。

【油葫蘆】論冬月倍加清耿，與馮夷六花爭勝。玉團瓊屑交相暎，占盡了天地澄清。

【解三醒】秦樓月與簫聲並冷，緱山月共笙韻雙清。西江月醑曹瞞恨，牛渚月汛袁宏。梁國月賦音塵絕，長安月練搗秋風萬戶砧。人間境，最堪憐是曉行殘月，茅店雞聲。

【油葫蘆】峨池月妖嬈倍增，羅浮月夢醒參橫。瑤臺月舞清鸞影，更有個海棠月高燭燒銀。

【解三醒】初生月蛾眉淡勻，將曉月弓彎西嶺。上弦月參差匣露些鏡，暈華月擁翔雲。南浦月彩雲夢斷歌蘇小，廣寒月一曲霓裳舞太真。重思省，總不如西廂待月，斷送鶯鶯。

【油葫蘆】梨花月溶溶滿庭，楊柳月低照樓心，翻躚舞影。梅梢月下香成陣，梧桐月朱門犬吠金鈴。

【解三醒】是恁的萬般清景，算都是明月擔成。月如無限常圓滿，卻不道世間輕。今人不見當時月，今月曾經照古人。心無盡怎能彀把姮娥喚，應問個分明。

【尾聲】月團圓，人歡慶，天上人間一般情，但願常把金尊和月飲。

【第七幀，畫樓待燕】

【桂枝香】畫樓頻倚，繡床凝思，靜聽午夜更籌。數盡一春花雨，心中自思，心中自思，與你何時相會。使我芳容憔悴，薄情的約在元宵，後朱明又到奚。

【不是路】燕子飛飛，掠水來尋梁上棲，這的是鳥無知。尚尋著危巢舊壘，可以人兒不鳥如。昏沉起，那堪亂亂愁千縷。悄似朦朧一夢裏，何如是看看瘦削溫香體，甚藥能治。

【長拍】淡淡湘山，淡淡湘山，悠悠漢水，頃刻間暮雲遮住。這是五行八字命，運中合受分離。對鏡自支頤，怎禁它一點點粉容銷膩。兩麔愁眉不盡苦，分明是霧擁高峰難展舒空。教人立化做瞭望夫石，又不知天涯浪蕩子知也不知。

【短拍】簪解螭頭，簪解螭頭，釵分鳳尾不成雙，見了傷悲誰與訴。淒其總有鸞箋象管，難寫我萬愁千緒。若遇多才傾倒，似花向春，如皓月重輝。

【尾聲】鵲聲噪，行人至，從此同行共止。再不放你，獨自離家不肯歸。

【第八幀，秋林旅騎】

【曉行序】霍索起披襟，見書窗下有殘燈，把行囊束整，跨馬登程。傷情。半世隨行琴和劍，幾年辛苦為功名。從頭省，只贏得水宿風餐，戴月披星。

【錦畫眉】冥冥霧淡雲輕，蕭寺漸遠，猶聞得隱隱鐘聲，離卻邯城。遙觀野外煙凝，銀行落，斗柄初沉。玉露冷，衣襟濕潤。懊恨。牢落在江河上，身一似浪裏浮萍。

【簇林鶯】黃花綻，滿地馨，見人家半啟扃。只聽得馬蹄兒，趷的趷蹬穿荒徑。睡犬早驚，哀猿忍聞。只見兩兩三三牧童騎犢，過了荒郊徑。數郵亭，長亭共短亭，過了又一亭。

【黃鶯兒】伐木響丁丁，傍幽林，取次行。又聽得敗葉兒漸零，索落隨風韻。疏星尚耿，殘月尚明。碧溪清淺，梅橫疏影。算前程，山程共水程，一程過了又一程。

【螃蟹令】霧斂雲收，曙色漸明，隱隱約約遠山青。我只聽得忽喇喇澎湃波濤怒，響潺潺石澗水聲。白蘋岸，紅蓼汀，暗想眠鷗宿鷺驚。

【一封書】芳草渡岸濱，野渡無人舟自橫。江潮定，水平兼葭浦，濕帶痕。漁翁尚臥在蘆花深雪裏，瀟瀟灑灑，五湖煙景有誰爭。白蘋岸，紅蓼汀，暗想眠鷗宿鷺驚。

【馬鞍兒】怪石似劍排空陣，連雲棧，怎生登？嶄岩峻嶺崎嶇，戰戰兢兢，迤邐無人詢問。西風吹鬢，帽簷半傾。東方潑眼，紅日漸升。前途且喜村莊近。

【皂羅袍】酒旗竹籬掩暎，買三杯五盞，少助精神。素壁中間畫劉伶，竹筯和磁甌相稱。香橙螃蟹，正當此景。菊花新酒，可宜宴飲，教人止不住思鱸興。

【撝葉兒】名韁利鎖苦相縈，背雙親離鄉別井。何時名位到公卿，受艱辛，登山驀嶺。忽聽得晨雞三唱，直待曉鐘鳴，好傷情，回首望家鄉淚暗傾。

【水紅花】漸覺日高丈五，聽離巢鳥亂鳴。見古邽纏枯藤，冷清清深秋光景。一灣流水繞孤村，小橋橫人煙寂靜。八九間茆簷草舍，三兩行雁南征。嘹嘹嚦嚦，叫聲頻也囉。

【尾聲】趲絲鞭敲金鐙，到得皇都始安寧，直待衣紫腰金方稱心。

【第九幀，鷺汀放棹】

【小措大】暗潮拍岸斷，江風掃蘆花。鷗鷺破煙，飛落汀沙。見漁舍兩三家，在夕陽下，一簇晚景堪畫。悶無語，時將珠淚灑。愁轉加，瘦損丰姿只為它。事縈心鬢添白髮，蹉跎負卻年華。

【不是路】暗憶秦樓一別後，蛾眉誰與畫。沉吟久徘徊，無語自嗟呀。酒初醒，恨無眠，欹枕衾衣冷，夢初斷蓬窗月影斜。看看曉，那堪迤邐蘭舟駕，事冗如麻。

【長拍】疊疊離情，疊疊離情，重重憂恨，羈旅怎生禁加。家鄉遙遠，楚水洶湧闊，迢遙去程無涯。斜日暎紅霞，傍水村深處，酒旗高掛。淺水灘頭，有鷺立，見枯樹噪寒鴉。來往櫓聲呀啞，正野塘水漲，浪急蒹葭。

【短拍】紅蓼灘頭，紅蓼灘頭，白蘋岸側曲灣灣，水繞人家。還再赴京華，怎訴得許多般瀟灑。異日圖將此景，我直待歸去鳳城誇。

【尾聲】煙光暎，夕陽下，漸覺荒村暮也。借旅邸今宵一睡，呵。

【第十幀，漢宮春雪】

仇英實父製。

【惜寶蟾】點檢梅花，見南枝春信，漏泄今宵。雪模糊，可堪半壓寒梢。依稀暗香動，且浮疏莖嫩又嬌。正無聊著意看花，卻又被花相惱。【其二】清曉眉黛慵描，整殘妝無語向花微笑。惜花人此時音信寥寥，憑欄天寒縞袂薄，風輕繡帶飄。自今朝一撚腰肢，寬掩翠裙多少。

【忒忒令】任雪花梅英鬥巧，憔悴人暗傷懷抱。此情若與天知道，離恨比天更高。果若是天知道，和天也瘦了。

【五供養】青山頓老，誰收拾滿地瓊瑤。蒼茫冬暮景，舉目總蕭條。笑我因花起早，聽滿耳林禽喧噪。不報些兒喜惹煎熬，北風吹面利如刀。

【好姐姐】一交黃昏靜悄，孤另另銀缸相照。把燈兒謾挑，和衣剛睡著。誰驚覺聲寒指冷難成調，偷弄飛瓊碧玉簫。

【川撥棹】難猜料，自來這讀書人心性喬。早殢上金屋嬌姿，早殢上金屋嬌姿，頓忘了臨邛故交。漢相如恩愛薄，卓文君緣分少。

【錦衣香】闌珊了錦字詩，差操了瑤琴調。釵分了交股金，帶折了連環套。鳳頭簪蹀屑玲瓏那得堅牢，桃花源上不通潮。傷心總是雨葉風條，連枝樹近來也生成恨種愁苗。魚雁無消耗水闊山高，紅絲繫足誰把冰刀霎攪。

【漿水令】只索把蒼穹禱告，一任它被傍人笑嘲。名香夜夜對天燒，憂情未訴，意攘心勞。從前事都忘卻，只求眼下他來到。鴛鴦被，鴛鴦被，重薰麝腦。銷金帳，銷金帳，謾飲羊羔。

【尾聲】愁容等得生歡笑，說甚麼暮冬天道，翻成做月夕花朝。

嘉靖癸卯春三月既望，隆池山人彭年書。

卷十二

明徐青藤畫冊

【高麗紙本，凡三十六幀，皆水墨，山水、人物、花卉、鳥獸俱備。每高八寸八分，闊一尺一寸三分。】

【紙籤一。】

青藤墨寶　吳墨井藏。

【紙籤二。】

天池山人真蹟【篆書】。

【第一幀，仕女。】

英雄既死美人來，姊妹花從紙上開。惆悵芳魂留不住，空傳硯瓦是銅臺。天池山人寫《二喬圖》並題。

【第二幀，柳燕。】

渭作。

【第三幀，蝦蛤。】

精理通毫末，物情無遁藏。平生江澥心，遊戲翰墨場。實理擬虛昧，老饕放筆狂。筆禿蛤紋亂，筆尖蝦鬚長。蝦鬚可作簾，貝錦亦成章。昔人戒蔞蔓，睹此成感傷。俛仰六合間，曲鉤乖義方。青藤道士戲作蝦蛤兩種並題。

【第四幀，雙魚。】

如綢鱮魚如櫛鮒。髻張腮呷跳縱橫。遺民攜立岐陽上，要就官船膾具烹。青藤道士畫並題。

鰍魚不能屈曲如僵蹶也。繿音計，即今花球。其鱗紋似之，故曰繿魚。鯽魚群附而行，故稱鮒。舊傳敗柳所化，或因其形似耳。

【第五幀，雙猴泉石。】

青藤作。

【第六幀，翎毛。】

枯木寒禽，徐渭作。

【第七幀，山水。】

法梅道人，徐渭。

【第八幀，牡丹。】

牡丹為富貴花主，光彩奪目，故昔人多以鉤染烘托見長。今以潑墨為之，雖有生意，終不是此花真面目。蓋余本寒人，性與梅竹宜，至融化富麗風若牛馬，宜弗相似也。

【第九幀，山水。】

米虎兒《瀟湘白雲圖》意，徐渭作。

【第十幀，貓蝶。】

《耄耋圖》，青藤製。

【第十一幀，蘭花。】

雨中蘭，徐渭寫。

昔人多畫晴蘭，然風花雨葉益見生動。白玉蟬云：「畫史從來不畫風，我於難處奪天工。」可得其三昧矣。此則不知為風為雨，粗莽求筆，或者庶幾。天池山人識。

【第十二幀，山水。】

石湖煙雨，青藤道士。

【第十三幀，魚鳥。】

濤靜天風鑢羽聲，柳枝激動水波生。雀兒偏趕魚兒散，未解天潤浩蕩情。青藤作。

【第十四幀，園亭景。】

綠天話雨，青藤道士。

【第十五幀，芭蕉梅花。】

凍爛芭蕉春一芽，隔牆焰笑老梅花。世間好物難兼得，揀了魚兒又喫鰕。青藤道士。

【第十六幀，人物樹石。】

高岩石瀨瀉秋空，謖謖松濤萬壑風。此意幽人能領略，泠然如在七絃中。青藤道士。

【第十七幀，月竹。】

明月何團團，來照翛然影。化作千萬身，移向空山並。漏聲浸以微，知否霜花冷。十丈紅塵中，誰其解尋省。戲作月竹並錄舊句。

【第十八幀，人物】

林間煖酒燒紅葉，石上題詩掃綠苔。文長。

【第十九幀，山水。】

天池石壁，渭作。

【第二十幀，梧竹。】

消夏荒齋拮俸修，蒸人暑氣我能收。請看墨暈和雲起，冷雨涼風竹樹秋。青藤道士戲作。

【第二十一幀，人物。】

《拜石圖》，徐渭製。

【第二十二幀，松鼠。】

渭製。

【第二十三幀，山水。】

木葉點秋風，虛亭映遠空。波光流不定，山色有無中。青藤道士。

【第二十四幀，人物。】

徐青藤。

【第二十五幀，山水。】

扁舟一葉下瞿塘，巫峽千峰插劍芒。髣髴猿啼深樹裏，披圖我亦淚沾裳。寫《蜀江圖》並題。

【第二十六幀，雞。】

雞，吾語汝：膈膈膊膊何所能，修尾青綏復金距。爾時東天日未升。一片雄心任軒舉。引爾吭，振爾羽，但喚早朝人，莫喚紅窗女。青藤道士畫並題。

【第二十七幀，人物。】

終日忍饑西復東，江湖滿地一漁翁。釣竿欲拂珊瑚樹，未掣鯨魚碧海中。天池山人徐渭筆。

【第二十八幀，荷花水鳥。】

天池作。

【第二十九幀，山水。】

十里江皋木葉疏，凍雲漠漠影模糊。野夫偶讀宣和譜，為寫寒塘雪霽圖。文長。

【第三十幀，梅花。】

春山晴雪，渭寫。

【第三十一幀，花卉草蟲。】

天池戲作。

【第三十二幀，遊魚。】

我非莊惠儔，亦能知爾樂。墨池水自深，天機任潛躍。天池山人徐文長畫並題。

【第三十三幀，虎。】

爾貌猙獰，爾力縱橫。空山一吼，百獸震驚。伏於紙上，揮之如甋。我非逼欄王子，亦非下車馮生。不過破紙敗墨，與君爭一日之能。徐渭製。

【第三十四幀，仕女。】

乍解寒蒲束縛，忽聞落落琴聲。向乃無腸公子，今為甲士橫行。爾何擁劍相持，婢學螳蜋拱手。圖成笑擘雙螯，且壓黃花美酒。晨起採菊，有客餽蟹，小婢納諸破籠，比見已橫行滿地矣。戲作此圖，以存一哂。天池山人徐渭。

【第三十五幀，山水。】

溪山宜野服，白髮明秋水。日暮幽思多，微風樹聲起。青藤寫。

【第三十六幀，佛像。】

一葦而來，只履而去。既要西歸，何苦東渡。畢竟疲於津梁，不如蒲團小住。青藤寫。

【跋紙一，高七寸六分，闊九寸六分。】

此冊開視，心目為快。家人在旁，亦復齊聲拍手，嘖嘖稱妙。豈阿哉。趣勝耳。筆勢飄舉矣，卻善控馭；墨氣淋漓矣，卻不澡漏。至其才情之雄闊，意境之變化，又能一氣鼓鑄而萬有牢籠，真腕有造化者。開闊心胸，推倒豪傑，可為田水月。贈井東居士，戴熙題。

【跋紙二，高九寸四分，闊一尺二寸四分。】

奇情古趣，一羽一枝，皆成珍秘。萃此總冊，豈非巨觀。天池能事盡於是矣。何紹基觀於寧蘭山館。

青藤畫筆真絕奇，人所不畫我畫之。傖父紛紛直取鬧，大書青藤名敢盜。世無賞者此輩窮，豈知真蹟歸吳公。咸豐壬子六月十一日，湯雨生揮汗題於白門琴隱園。

【跋紙三，高九寸四分，闊一尺二寸一分。】

予見青藤墨蹟甚夥，真贗各半。真者縱橫跌宕，仍復思精法密，非尋常橅仿家所能夢見。是冊元氣淋漓，墨采煥發，包羅萬象，自成一家。不獨庸史無從臨摹，即使青藤自臨，亦不能若斯之神妙不測也。文章本天成，妙手偶得之。不信然與。舩庵夜坐滌硯題此。時月上窗櫺，梅影如畫，真覺清韻逼人矣。星齋潘曾瑩識。

【跋紙四，尺寸同上。】

青藤畫，余見凡三本：一為李小湖前輩所藏，一為方子箴前輩所藏。小湖本，字頗工而畫最草草，似非其經意筆。子箴本匆匆一觀，時復陰雨，未得審視。惟此本借觀最久，反覆展玩，愈久而愈歎其妙。豪放之筆，縱逸之氣，千巖萬壑，揮灑而成。名士美人，情態如見。一獸一禽，一蟲一魚，一花一草，落落數筆，惟妙惟肖，神乎技矣。自是身有仙骨，世人固無從得金丹也。國朝畫手如八大山人、清湘老人猶恐不及，何論餘子。因識數語，不勝欣幸。欲借子箴本與此一較優劣，乃子箴秘惜過甚，竟不獲借，亦可惜也。平齋兄處尚有青藤直幅，亦其得意作。收藏之富，賞鑒之精，佩服佩服。時同治壬申初夏，子青張之萬書於拙政園遠香堂。

【跋紙五，高九寸三分，闊一尺二寸。】

奇哉造物無不有，化工獨出青藤手。青藤作畫能通神，筆鋒鬱律蛟螭走。渲紅染碧全不用，墨汁淋漓噴數斗。淺深濃淡各有態，無乃煙雲生捥肘。紙長徑尺卅六幅，一讀一回開笑口。秋毫不足比神妙，五指儼作獅子吼。想見當年灑翰時，磅礴解衣酣縱酒。白鹿文成轉自傷，青蠅謗起誰為剖。平生奇氣不可遏，寄託丹青十有九。三百年來無此作，如登泰嶽小培塿。漫雲法脈少真傳，落落數人躋其後。苦瓜和尚大滌子，老蓮先生陳洪綬。復有板橋鄭道人，願在門前作走狗。【板橋有「青藤門下走狗」畫印。】同治辛未孟夏之月，歸安沈秉成題。

仲復夫子自退樓老人處假此冊歸，屬摹之久，病不能搦管。今夏臨得二十頁歸之，自笑捥弱，貌似且難，況神似乎。不櫛書生沈嚴永華敬識。

明周恭肅詩畫冊

【紙本，詩畫凡三十幀，每高一尺七分，闊一尺八寸一分，畫上無款。每幅張叔未用紙籤，摘取詩意，各題八分書四字，黏於畫左。】

【引首紙本，高一尺一寸二分，闊一尺八寸八分。界烏絲格。】

明吳江周恭肅公詩畫冊

原冊詩畫各十六幀，為公之曾孫季侯侍，御諡忠毅、諱宗建寶藏之品。丙戌冬得詩畫各三，丁亥夏得袁小修、葉文忠、何稚孝、王百穀、蔣申葆原詩跋五，今年七月得詩畫各十二。又曹元甫原跋一。道光八年戊子十一月九日，嘉興張廷濟藏並識。

【首幀紙，高九寸九分，闊一尺三寸九分，設色半身畫像。】

明吏部尚書吳江周恭肅公畫像【隸書】道光二十年庚子十月十七日，嘉興張廷濟時年七十三。

【第一幀，水墨山水。】

【題籤】江郭虛亭。

【第二幀，詩。】

《虛亭》一首

虛亭帶江郭，日出滄江流。客袞驚淒風，舉目望南州。南州復不遠，欲往川無州。為問雲中雁，湖田亦有秋。用。

【第三幀，設色山水兼人物。】

【題籤】清秋長笛。

【第四幀，詩。】

《聞笛》

寒星磊落愁不平，為攜長笛悲秋清。江妃掩面解佩泣，山鬼照火黃狐鳴。雲門古樂嗟無及，后夔已去絲絃急。夜半淒淒不可聽，陰風吹雨蒼涯濕。用。

【第五幀，設色草蟲。張叔未跋，即書於紙籤。】

【題籤】山龍補袞。

恭肅詩集題蟲豸一卷。詩有云：「華蟲山龍在帝服，肖翹何止無殊殰。」此畫有四足蟲，吾邑地土名潛龍，公殆寫此以寓補袞之意。其有諷於分宜與。叔未張廷濟偶筆。

【第六幀，詩。】

太師作律吹崛谷，蕩蕩春陽垂九陸。鳴鴻中澤懷嫠獨，蜻蛉蛙黽皆茂育。華蟲山龍在帝服，肖翹何止無殰殰。神鸞赤雀我所欲，蠶繭紛綸真局促。獲麟慎勿傷其足，雲堂熱火汗青竹。書生右手能紀錄，天馬之歌何必續。用。

【第七幀，設色山水兼人物。】

【題簽】飛泉空翠。

【第八幀，詩，曹良金、張叔未題於本身。】

《泉》一首

飛泉落空翠，日夜赴寒荒。厚地奔雷動，陰崖白雨涼。神功餘洗鑿，秋氣薄衣裳。有廟龍門上，人思拜禹王。周用。

雪練飛花觸石頭，怒雷日夜震清秋。會看漸入平川去，依舊無聲作穩流。曹鏌。

吳江曹良金，弘治癸丑進士，為部郎時，以折辱中貴人，左遷東昌府通判。疏劾臨清監守太監，武宗從之，召還，遷興化府同知。都司劉全瑾族也，恃勢不法，舉其罪，降千戶。曹之湖廣，全又復舊職，聞之歎曰：「時事至此，何事為？」遂乞歸，與顧應祥、文衡山作詩文遊，卒年九十三。曹為恭肅同鄉先輩，且同善詩畫，自是文章道義深契之交。此冊題詩，凡五幀，詩情澹遠有妙理，其所居，積土為山，植桐其上，故自號「桐邱」云。道光十一年辛卯十一月十七日，嘉興張廷濟叔未甫。

【第九幀，設色山水兼人物。】

【題簽】江上懷人。

【第十幀，詩，曹良金題於本身。】

《江上有懷》

水國懷人夜，雲沙渺洞庭。江山聊對酒，風雨獨佔星。樹繞官城綠，秋憐客鬢青。雙魚將尺素，寂寞媿波靈。用。

撒髮滄洲看白蘋，好風吹酒岸紗巾。江鷗亦愛忘機客，飛近舡來不避人。鏌。

【第十一幀，設色山水。】

【題簽】京口歸舟。

【第十二幀，詩。】

《京口晚眺》一首

地坼東崕日，山懸北固樓。百年雙旅鬢，萬里一歸舟。水白魚龍國，霜黃草樹秋。江湖從此遠，應有廟堂憂。用。

【第十三幀，設色山水兼人物。】

【題簽】清溪楓葉。

【第十四幀，詩，曹良金題於本身。】

幾日清溪上，書回問草堂。旅吟誰慰我，楓葉半林霜。用。

平沙渺渺飛群鷗，涼風亂灑蘋花洲。道人清坐不歸去，靜中愛看江山秋。岩前秋色淨如洗，紅樹蕭蕭白雲裏。白雲一片度江飛，影落寒潭濕秋水。天涯一望開塵襟，鳶飛魚躍思沉沉。可能著我入詩社，移舟來作悲秋吟。鏷。

【第十五幀，設色山水兼人物。】

【題簽】萬峰松雪。

【第十六幀，詩，曹良金題於本身。】

為將酒力倚孤筇，相對西來雪萬峰。何物此時憐凍屐，歲寒應有北山松。用。

凍合西湖雪片飛，北風吹冷透深衣。多情自與梅花約，吟不成章未得歸。鏷。

【第十七幀，設色山水。】

【題簽】江亭秋思。

【第十八幀，詩。】

《秋思》一首

黯口湘雲斷九疑，娟娟山月照蛾眉。西風楊柳渾搖落，莫向江亭賦別離。用。

【第十九幀，設色人物樹石。】

【題簽】山市初更。

【第二十幀，詩。】

《夏夜獨坐》一首

赤雲墮水殘暑清，沉沉山市聞初更。道人緩帶罷新浴，陰壑松風吹月明。用。

【第二十一幀，設色山水兼人物，張叔未跋即書於紙簽。】

【題簽】黃犢春耕。

白川尚書最喜畫牛，朱竹垞太史所題之幅尚在吳江後，更有周青士、梁玉立、徐立齋諸題，特髣本甚多，且可亂真。三年前，仲子湘視余一幅，亦春犁景，曾索余題詩其右。叔未張廷濟。

【第二十二幀，詩，曹良金題於本身。】

《春畊》

再拜農師問薄田，願從香火乞今年。人間五月無新穀，憽媿豳風第一篇。用。

阡陌東西似掌平，老農生計在深耕。田乾自恐秧難插，試聽林鳩喚雨聲。鏷。

【第二十三幀，水墨山水兼人物。】

【題簽】溪南載雨。

【第二十四幀，詩。】

門外荒田白鳥饑，逶迤城郭曉煙微。行雲卻愛黃花濕，故向溪南載雨歸。用。

【第二十五幀，設色人物。】

【題簽】老農獨歎。

【第二十六幀，詩。】

《老農歎》一首

徒聞故老說清官，秋穀垂花白雨寒。肉食何人能念我，牛衣風滿闕朝餐。用。

【第二十七幀，設色山水兼人物。】

【題簽】秋江遠望。

【第二十八幀，詩。】

美人何處躡仙霞，江上孤蓬卷暮沙。一尺魚書將不到，芙蓉開老雨中花。用。

【第二十九幀，設色山水。】

【題簽】金山舊夢。

【第三十幀，詩。】

《望金山寺》一首

金山一到中流寺，海月江雲客夢遲。為憶南崖仙石上，雨苔綠遍舊題詩。用。

【跋紙，凡十四幀，前九幀明人題跋，王百穀、葉文忠、袁小修、何稚孝、蔣申葆五家跋後，張叔未用另紙界烏絲格書每家姓氏、爵里，接於跋紙之後。惟曹元甫一跋，叔未即書於本身。後五幀自叔未至邦樞止，均界烏絲格，尺寸間有不同，茲不盡錄。】

恭肅公在世廟時，郁為名臣，文章政術之暇，留心繪事，小圖大軸，流傳海內，獲之者如寶玉大弓。非獨以人重耳，況其雲仍能不珍秘。此冊共十六幀，山水、人物、花木、禽蟲，無不悉備。筆法俊放，設色絪縕，往往可逼江夏吳。然偉時一見俗狀，而公絕去畦畛，無少畫家卑庸之習。信知哲人英彥，度越常倫，雖翰墨遊戲，而清雄特達之氣，未嘗不存。汝賢好古博識，不忘繩武，周氏九鼎，其在茲乎。後學王穉登敬題。

長洲王百穀，卒於萬曆四十年壬子，年約八十。周忠毅成進士在四十一年癸丑，年三十二。王此跋未可定為何時。跋云：「汝賢好古博識，不忘繩武。」其為忠毅之父，或伯叔行未可知。至品此畫，謂逼追吳肖仙而能絕去畦畛，洵推真鑒。道光十一年辛卯十一月十五日，叔未張廷濟。

王右軍清真絕俗，雅負經濟，而世人但知其書；杜少陵感時念亂，一腔忠愛，而世人但知其詩。此以小秕掩其大節者也。吳江周恭肅公忠猷偉績，表表在人耳目，世所共曉，而詩文簡潔奧雅，卓然宗工，乃不列作者之林。此以大節掩其小秕者也。余從其曾孫季侯侍御讀公集，深懷賞歎。今觀此冊，公之繪事，又精絕如此。然則世之不能盡公，不獨詩文矣。夫子固云：「君子不貴多能」，又云「遊於秕」。多則累，遊則忘。公殆遊而忘焉，宜其不以此成名也。季侯文辭匠心獨詣，足成一家言，而世人但稱其西颱風節，得毋復類公乎。吾姑書此，以俟福清。葉向高。

福清葉文忠公，字進卿，萬曆十一年進士。三十五年擢禮部尚書兼東閣大學士，四十二年告歸。神宗崩，光宗立，特詔召還。未幾，熹宗立，復賜勅趣之。天啟元年十月還朝，復為首輔。此跋與《恭肅祠堂記》當在四年未告歸在朝時所作。文忠善處大事，中外倚重。自公歸後，善類一空。明祚傾頹，不能復挽。讀此寶墨，不徒為首忠一人痛也。道光十一年辛卯十一月十五日，叔未張廷濟。

恭肅公少學畫於沈石田，已而奇進出蹊逕之外，石田曰：「吾不如也」。其後功業文章彪炳一時，而繪事始掩。今觀此十六幅，筆法靈活，如攝燈取影，巧侔造化。人工之極，復歸自然，慧業於此見一斑焉。季侯云公乘興所

作，忽然揮灑而未及竟者，尚數百幅藏於家。十日一水，五日一山，此自畫家不受拘迫之妙，但不知公何以經世之餘，營綜百變，而一段瀟灑之趣，勃勃十指中。若此秀媚精進，古之人何可及也。予於是乎有感。後學袁中道敬書。

公安袁小修中道與兄宗道、宏道並有才名，時稱三袁。小修十餘歲作《黃山雪》二賦五千餘言，長益豪邁。萬曆三十一年始舉於鄉，又十四年乃成進士。天啟四年，官南京吏部郎中，卒。此為忠毅題，當是最晚年筆。道光十一年辛卯十一月十五日，叔未張廷濟。

恭肅公作山石與樹木，本出入北苑、叔明與仲圭間，而皆變其意口疾揮疏放以為快，蓋能不為工而工者。退焉至其自書詠畫詩，亦惟抒胸中所寓，皆不得以定物求之。常與吾季侯反覆誦其《江上》等篇，如「一尺魚書將不到，芙蓉開老雨中花」。慨然想白露兼葭，秦風在目。前輩大事業人，興寄何如曠遠。此非世人仕宦法，即非世人詩畫法，請勿輕評量可也。天啟元年初夏，後學當塗曹履吉謹識。

曹元甫僉事此跋，為恭肅之曾孫忠毅作，時為天啟元年初夏。忠毅由仁和縣擢御史，正為顧存仁、王世貞、陶望齡、顧憲成請諡，追論萬曆朝小人，數錢夢皋、康丕揚、亓詩教、趙興邦亂政罪。是歲冬，客氏出宮復入，首疏極諫風節正屬之時。曹又，字提遂，當塗人。萬曆丙辰進士，官至河南提學僉事。有《博望山人稿》二十卷，畫山水，師倪迂，筆力高雅，時推逸品，故道恭肅之畫品極精確。道光十一年辛卯十一月十七日，嘉興張廷濟尗未甫。

少保青田十一鶴，學士細描墨千斛。王公貴人有至好，品格風流在人目。太宰畫筆若有神，近情遠勢皆清真。蒼勁突兀寫古色，緊爽紆徐貌野人。有時放筆疾飛鳥，意超神逸更不少。青天月出長松低，白日波平遠江小。自詩自題自落筆，詩乎可畫畫可律。作家那得問淵源，老手一絲點疏密。巘廊之上紳簪纓，選人選務紛如林。坌塵旁午靜止水，霄漢咫尺開遙心。峻節閎材公逝矣，可作天歸在爾爾。神羊著冠公曾孫，出此遺蹟視賤子。公詩更有古人風，詞清旨韞姿態空。悶晦不肯爭詞雄，嗚呼公乎謙且沖，嗚呼公乎謙且沖。天啟二年十月望日，晉江後學何喬遠頓首拜引。

晉江何穉孝，萬曆四十四年進士，除刑部主事。天啟二年，進左通政。鄒元標建首善書院，朱童蒙等劾之。何言《書院上樑文》，實出臣手，當並罷。進通政使，以戶部右侍郎致仕。劉侗《帝京景物略》，泰昌初，京師建首善書院於宣武內城下，御史周宗建董之。天啟二年十一月開講，至四年六月罷講。

御史倪文煥等詆為偽學，碎碑毀主，焚棄經史典律，何為忠毅作此詩，正清流講學之時，然東林鉤黨，刊捕株連，禍胎已定。當潛而勿用之時，必知有亢；當履霜之時，必知有戰。是以君子謹於微。道光十一年辛卯十一月十九冬日至之日，叔未張廷濟。

真能出世人，胸中獨有泉石；真能濟世人，眼中獨有農桑。讀前輩恭肅周公所題畫詩十六幀，皆泉石農桑語。人知其濟世，不知其真能出世也。予猶愛《老農歎》云「肉食何人能念我，牛衣風滿闕朝餐」「春耕詩人閒，五月無新穀，慙愧《豳風》第一篇」。大似淵明勸農，而意尤警動。它如「道人緩帶罷新浴，陰壑松風吹月明」，「一尺魚書將不到，芙蓉開老雨中花」，「行雲卻愛黃花濕，故向溪南載雨歸」。諷誦一過，恍如置身雲海矣。自吟自畫，韻曠神逸，殊似高人幽客。而公乃身歷津要，以太宰出入日月之際，其胸中眼中，卻瀟灑乃爾。因知前輩不獨學問勳業不可及，即一詩一畫皆隱隱逗露全身，不為苟作。繇今想之，知其非世味中人也。公孫侍御季侯先生，以糾逆璫最先，得禍最慘，可謂不愧祖武。而長生丈又能以文行世其家，奉此幀如天球寶刀，公有後矣。公畫得北苑精意，書遒逸有孫過庭風，皆可傳，則吾師葉、何二公葉著之，不具論。晉江後學蔣德璟頓首拜書於殊勝寺中。

晉江蔣申葆少保，天啟二年進士，崇正十五年擢禮部尚書兼東閣大學士。十七年三月二日去位。福王立於南京，召入閣，自陳三罪，固辭。明年六月，唐王立於福州，與何吾騶、黃景昉並召。又明年，以足疾辭歸。九月王事敗，蔣病卒。此跋為忠毅之子長生作。長生，諱廷祚，崇正元年正月即入都，首疏訟忠毅冤，再請全卹，又發閹黨郭鞏姦罪。南旋，詣鎮撫司招魂歸，而立祠豎坊營葬。葬之前數日，易棺以朝服殮，忠毅顏色如生。以三品蔭入國子監，輔臣懸內閣中書缺以招，長生不就。復故宅隱居以終，從祀忠義孝悌。生於萬曆二十二年，卒於康熙十六年，年七十四。此跋云書於殊勝寺中，殊勝為平望古剎。【翁友海村孝廉平近輯《平望志》，已以此蹟錄入志中。】豈甲申歸後過吳江時所書歟。此詩畫冊為恭肅巨作，而曾元兩世首忠至孝，珍護祖澤，寶逾球琳。今上距作畫時已將及三百年，而余三處搜購，遂成全璧。忠孝英爽，實式憑之矣。道光十一年辛卯十一月十九日冬日至之日，嘉興張廷濟叔未甫。

竹樹灣環護舊廬，爛溪寒影照眉鬚。【戊子之冬，余偕王旭樓鯤過謝天港，登周尚書恭肅公舊第，得拜公畫像。】朝端恩怨無牛李，身後忠貞有顧廚。那

便驥心甘棧櫪，且隨鷗夢到江湖。天留卅幅人間世，字字颳風入畫圖。忠孝全家有後昆，猿哀鶴弔忍重論。丹心豈下南冠淚，【恭肅公之曾孫季侯侍御，諱宗建，天啟六年魏閹遣緹騎，逮治，俄入之，李實疏中下詔，獄毒訊，竟坐，納熊廷弼賄萬三千斃之獄。】碧血空招北寺魂。【崇正元年侍御之子孝翁，諱廷祚，字長生。入都，伏闕訟冤，請全屍，詣鎮撫司招魂。南旋，建祠樹坊，易棺以朝服殮。福王時侍御追諡忠毅。孝翁卒於康熙十六年，年七十四，從祀忠義孝悌祠。】可歎破巢成瓦礫，總珍故紙重珸璠。題標無恙群公筆，合灑清尊告墓門。

　　明吳江周恭肅公詩畫三十幅，為公之曾孫忠毅、元孫孝翁世藏寶墨，有王百穀、曹元甫、袁小修、葉文忠、何穉孝、蔣申葆諸公題記，謹賦二詩。時道光十一年辛卯十一月十七日，嘉興張廷濟叔未甫。

　　公之同輩曹良金名鏷，有詩五首。

　　別開生面謝鉛華，人物江山貌不差。卻怪當時文矩在，狀元飜遣屬吳家。山儀海度百僚師，染翰閒當退食時。畫法若將銓法例，重輕內外要相宜。思賢苦憶夫容老，求瘼深知稼穡難。不獨畫神詩亦聖，墨池照澈寸心丹。縑緗世守有文孫，碧蓥空招獄底魂。想見傳家無長物，搏膺公自叫天閽。勝朝諸老風流甚，評泊閒將六法求。不分山河成瓦裂，且從劫火認銀鉤。卅二明珠兩墜淵，去來離合總前緣。護持畢竟勞神物，劍合延津會有年。叔未年姻丈先生大教，海鹽朱葵之。

　　先君子積遺名繪，尚有千種，恭肅公筆，未之有也。此冊係公劇蹟，又為公曾孫忠毅、元孫長生藏物，尤珍重。道光壬辰十二月四日，海鹽吳秉權識。

　　吳江陸瓠尊翁筠，昔貽余葉文忠、何穉孝題周恭肅公畫之詩二，袁小修、王百穀、蔣申葆跋公畫之文三，有年矣。丙戌冬，平望戚藻村來貽余公詩畫，為《蟲豸》、為《老農歎》，為《江上有懷》各三。次年夏，攜與陸共讀，知詩跋五，果與是畫相屬，易以歸。而亟詢諸戚，因知戚已先以公詩畫各十二售諸揚州項子房源，項又售他處，不可蹤蹟矣。戊子秋，送次兒慶榮赴杭州鄉試，過舊友董懷素處，則詩畫各十二並曹元甫履吉一跋在焉，以銀十二餅得之。合而分，分而合，恭肅忠毅之靈，若默有相之者。而原冊之詩畫尚缺其一，王旭樓鯤、翁海村廣平、徐芝楣、王聽泉錫璜、仲子湘、孫松泉琇、戚藻村秀文，俱為余搜訪，尚未之得。

是冊之詩，皆載公集，卷一《虛亭》，卷二《聞笛》《蟲豸》一卷，卷三《泉》《江上有懷》《京口晚眺》，卷九《秋林夕照》《雪嶂秋思》《夏夜獨坐》《春耕雲》《老農歎》《秋懷》《望金山寺》，是先有詩而後畫者。其云《蟲豸》一卷，必公當時先畫《蟲豸》一長卷，如詩中所云蜻蜓蛙黽之類，迺作此長歌，而此特寫一山龍，即書此詩於後耳。雜寫景物，原無次第，余今即以集中詩之次為次，現在尚缺一詩一畫，意中固希一遇之。而公集中詩之可入畫者正多，異日得士夫佳手寫補，亦大韻事。

畫詩中有畫之畫，而詩不書於畫本，前明隆、萬以前畫冊，往往有之。今年七月，余於嘉善閔竺峰廣文年登處，買得姚雲東侍御綬畫山樹，詩云「水邊林下淨無塵，景色非奇意自真。獨坐不將聞見累，底須摩詰為傳神。」又畫橫松，上立雙鶴，詩云「松風比月鶴同清，況復引吭時一鳴。三弄能分流水意，九皋不閟聞天聲。浮印善相通仙術，衛蝕【一字當是懿字】乘軒遠俗情。子落林梢人未寢，苦吟佳句送殘更。皆詩畫各一紙。姚，天順中進士，卒於宏治八年乙卯，年七十四。其生在永樂二十年壬寅前。恭肅五十四年詩畫相埒，而姚畫之二詩《穀庵集》皆不載，故附錄於此。道光十有一年太歲在辛卯十一月十二日，嘉興張廷濟叔未甫識，時六十四歲。

詩畫各書一紙，難保異日無凌亂舛錯之虞。摘取詩意，每幅各四字，為江郭虛亭、清秋長笛、山龍補袞、飛泉空翠、江上懷人、京口歸舟、清溪楓葉、萬峰松雪、江亭秋思、山市初更、黃犢春耕、溪南載雨、老農獨歎、秋江遠望、金山舊夢十五題，用八分書，書於裝紙之右緣。十九日廷濟又記。

季世陵夷社，楓江忠孝門。胸中起河巒，筆底立乾坤。青史千秋重，丹豪百代尊。多君求合浦，幅幅綻珠痕。庚子中秋敬觀為叔未親翁三兄大人書四十字，嫺愚弟查奕照，時年八十一。

余少受經於吳江周雲海先生濤，先生恭肅公後人也，手王百穀、葉文忠、袁小修、何穉孝、蔣申葆五公字跡畀余，蓋書恭肅公畫後，畫已佚，而字跡僅存者。既余徙居秀水，與嘉興張叔未友，每出觀諸蹟，輒以未得公原畫冊為悵。歲丁亥，叔未攜示公詩畫幅各三，蔣跋所引《老農歎》之畫在焉，審知為所跋之原畫，余遂舉五字跡以贈。閱一年，叔未又於武林獲公詩畫各十二，據五蹟中所云公畫十六幀，止缺其一，然五蹟止言公畫，未言公詩亦十六幀也。閱畫本藏印，知曾入高江村詹事家。是周氏藏五字跡百數十年，未言公詩與畫也；高氏藏公詩畫冊百數十年，未知公詩畫冊後有五字跡也。翰

墨精靈，珠還劍合，余夢想六十年，今迺得見。公原畫原跋，匯為寶冊，豈非詩畫中一大因緣乎。叔未於古今石刻貯蓄鉤稽，不遺餘力，而於前輩名蹟之零散，亦力求匯合以為快。古人有知，其亦解顏於天宮紫府中歟。道光九年中秋前一日，瓠尊陸筠識，時年七十有六。

匏庵翰墨時罕偶，丹青轉輸石田叟。何如白川尚書清且賢，文章經濟藝事能兼全。興發淋漓看潑墨，畫意詩情妙創獲。繪出天然景逼真，肯向大癡雲林尋陳迹。溪南夜雨課春畊，丹楓葉落逢秋晴。虛亭靜坐聽吹笛，空林月出報初更，一一譜入詩無聲。美人江上嗟遲暮，戀闕深情託毫素。蝸爭牛角笑盈廷，袞職雖勤竟何補。老臣憂國悲無端，《豳風》《無逸》陳艱難。沉吟五月新穀句，肉食詎卹人飢寒，遺墨至今耿未乾。江湖廊廟屢回首，豐碑遺愛留人口。西臺接武有文孫，回天欲展擎天手，排擊權璫如叱狗。傷心忍誦前朝史，獄中同日諸君子。地下無慚恭肅公，一門華嶽雙峰峙。嗚呼是冊珍藏幾百年，故家喬木隨雲煙。張翁嗜古有神契，遺珠碎璧收拾今重圓。世間至寶定不遭紅羊，何況忠孝大節流芬芳。吳江水清袁江濁，孔雀縱便饒文章，風霾雨雪難滌鈐山崗。題應叔未先生教即正，小異馬華鼎具稿。

夫百世不可作，傳之者名臣；一藝何足珍，重之者碩望。是以鼠姑花繪，梁相國得以擅名；鶴侶圖成，薛少保因之見詠。則有集成一品，官長六曹。摹來涑水清臒，系同益國；吟到吳江冷落，里識爛溪。怨李恩牛，絕無黨錮；盟鷗狎鶴，別有襟懷。於是當文章經濟之小閒，揮山水風月之勝技。似贈似荅，自寫自吟。畫為無韻之詩，詩作有聲之畫。傳幾家衣鉢，吳肖仙乃有替人；較一著輸贏，石田翁從而避席。此明吳江周恭肅公詩畫冊所由世寶也。合《豳風》以成譜，作魏笏之傳家。方謂即佛即仙，見公風韻；一水一石，護公精靈。豈意雲礽之澤方綿，鍛鍊之災忽作。西臺獬豸，飛餘隻簡秋霜；北寺犴狴，痛甚一天炎雪。茄花委鬼，訝狐鼠之何來？義膽忠肝，乃鋣將之竟折。嗚呼悲矣。當是時，元禮黨魁，孔融家破。問通靈之顧畫，定入誰齋。想貯軸之王垣，但捫虛壁。迨至雞竿影立，鶴表魂招。梁吉猕之鼓檛，冤聞廷陛；顏平原之兵解，葬改衣冠。亦足稍慰孤忠，痛懲群豎。已而祠仰碑螭，門憐羅雀。邪蒿隆棟，空傷水火於朝端；石馬銅駝，又閱滄桑於世上。蓋自忠毅被禍，而詩畫遂不可蹤蹟矣。然而蚌胎雖徙，交浦無不還之珠；龍跡自騰，延津有必合之劍。我伯父叔未先生，自得袁、葉諸公原詩跋後，勤加羅訪，廣為購搜。以為迹似雲煙，得一夔而已足；何圖價逾珙璧，竟全豹之能窺。用是加

以標題，兼之吟詠，繼沈文以寓真賞，追俊及而論芳型。數二八字成瓜，缺焉有間；合三十輻為轂，寶也幾何。此非特搜求之力，抑見翰墨之緣也。當年謝港煙波，曾仰鬢眉遺像，此日米家書畫，益欽忠孝完人。請付典籤，永歸藏弄。邦樞。

明文休承《二洞紀遊圖冊》

【紙本，凡十幀，水墨山水。每高八寸一分，闊八寸七分，第五、十兩幀各有對題，尺寸同畫。引首紙兩幀，每高八寸，闊八寸六分。】

二洞紀遊。【篆書】

【第一幀，休承題詠書於本身下，無款識。】

東湑泛月。

萍逢得故友，水宿感煙波。笛起關山弄，杯停子夜歌。竹深防臥虎，江近有鳴鼉。興劇渾無寐，翻嫌月色多。

【第二幀。】

洴湅湑。

【第三幀。】

善權準。

【第四幀。】

善權寺。

【第五幀，休承題詠，書於本身，下無款識，王百穀題詠，書於對紙。】

善權洞。

石室山人去不返，亭亭一柱玉當門。飛流實聽雷霆鬪，怪石虛疑虎豹蹲。梁帝斗壇荒草積，十仙題字古苔昏。聞道潛通三萬里，幾時騎鹿問真源。

殿古雷書黑，松深佛火寒。是泉皆作瀑，何草不為蘭。雲去無心逐，僧來有髮看。詎須香積飯，山色秀堪飡。王穉登。

【第六幀。】

善權水洞。

【第七幀。】

余皮湑。

【第八幀。】

偃柏。

【第九幀，休承題詠，書於本身，下無款識。】

羽客載茗。

路出華易遠，冠猶碧玉低。輕舠載茶具，送我過荊溪。

【第十幀，休承百穀，題詠，皆書於對紙。】

張公洞。

福地真傳霹靂開，仰空虛竇瞰崔嵬。千盤磴道穿深黑，萬古仇池接往來。頗怪洞中常見日，翻從地底一登臺。聳身忽自崖間出，回首仙蹤悵草萊。

虛洞玲瓏似鑿穿，空傳霹靂赤烏年。奇峰倒掛千尋翠，曲磴斜飛一線煙。日射罅中岩吐日，天通地底地藏天。【此二句夢中作】不知張果丹成後，一粒何人更得仙。王穉登。

【跋紙十二幀，尺寸同畫，惟間有不齊，前五幀界烏絲闌。】

遊宜興二洞詩敘

余性僻，肆志山水間，瀕夫白而未有厭也。聞荊南有二洞之勝，而張公為最。李山人宗淵則言勝在善卷。嗟夫。余未一至荊谿，又安能決擇。是洞也，相距百里，恨無因而至。丙戌秋，以事挾兒，初旬月三至，而洞弗暇遊，非數耶。己丑十二月乙亥，偕吳門文仲子休承、袁秋官永之，與塾師倪師原暨少兒誠，始至善卷，又明日丁丑至張公，風愉日煗，景耀相涵，洞之勝，或未有極，而吾所自適多矣。二洞東西相距百餘里，谿流淼漫，不可蹤蹟。或遭風霾晦冥，則阻動旬月，變不可知也。不三日而兼得之，非數耶。君子之於世，得之不得何以異是。善卷凡三洞，大水洞奇甚，洞自銅棺、離墨東北至大水洞，南溢小水洞，出水訇湃，不聞人聲人言。深入可通震澤、林屋，此不可知，然勝矣。若曰過張公，則吾未信也。天下之物，參差膠葛，纍纍滇滇，何限也。人所評驚，遂一成而不可變，又何以異是。余顧重有感焉。余時抵溧陽，道出山城，神爽飛越，愴然懷人。適同二子了茲宿逋，且高言壯志，大有相發，數耶，非耶。越明年庚寅二月，乃書此為序，詩凡八首。句吳華雲從龍甫書於信吾館之補庵。

《遇文袁二子汎月聞笛》

偶而方舟弄谿月，忽聞一簇暗飛聲。嬋娟對影卻自笑，楊柳關愁不可聽。他日看雲望春樹，此時促席盡平生。歡然酌酒陶然醉，只恐魚龍夢不成。

《過浙汧淅》

千尺古橋飛積雪，兩谿煙岸發梅華。酒醋夜午誦窈窕，月落山遠聞琵琶。
偶逢得意即自適，縱有榮名何所加。他日求田可投跡，相攜學種邵平瓜。

《善卷寺》

松陰數里入空山，松鼠驚騰暗葉間。隔水煙村竹沙淨，無風寒日寺門關。
刓臨青嶂已如濯，遙望丹峰更欲攀。莫問橘中誰是主，側身天地幾人閒。

《善卷洞》

蒼蒼如坐莓苔屋，羽翼愁人愴自憐。玉柱凌空拄不到，丹砂滿地出何年。
古來句好推張祜，此去尋芳愁善卷。憶昔浮雲幾南北，月明空掛夢中舡。

《善卷水洞》

空山徑轉銀河白，犬吠桃花夕照紅。雙澗盡收前洞水，飛流欲卷太湖風。
哀猿忽嘯蒼冥上，石燕常飛翠雨中。我欲幽尋擷三秀，結盟林屋思無窮。

《天申宮》【入門適山上火起】

仙闕當年古洞靈，曾聞飛過禿龍精。蜀山空有坡仙跡，方外猶傳弔古名。
忽見焰光燒杏樹，或疑丹火避文星。窟中日月無窮意，還鑄刀圭七字銘。

《張公洞》

莫論地主庚桑楚，莫問仙人張輔光。壁起波濤蒼靄濕，天開岩壑晝陰長。
曾聞雨穴傳音響，欲見九仙烹犬羊。更喜同遊多曠士，共鑱青蘚記行藏。

《會仙岩》

仙源歷歷群仙宅，冰雪悠悠我忽來。雲夢蓬壺各萬里，青天碧海幾高臺。
山中石髓自堪啜，洞口桃花惜未開。日暮臨淵太恍惚，如逢二叟共徘徊。

《遊二洞記》

張公洞去宜興四十里，而善卷稍遠，乃與溧陽近。初，方山人質甫述二
洞之奇，而尤奇善卷，謂其上乾而下水也，勢如重樓云。余之會葬於溧陽史
氏也，文仲休承實同舟焉。舟發而雪甚，入荊谿，則四山皆雪也，望之如瓊臺
銀闕，而孤月照耀下上一色。於是肅徒揚舲，引觴浮白，誦來思之什，歌月出
之章，望溧陽而進焉。歸途逢華君從龍，乃相與為善卷之遊。循山而上，攀蘿
踐苔，蛇盤徑紆，百折而抵洞口。石門開豁，土原平敷，外峻中軒，敞如堂
闕。仙床旁列，玉柱上竦，鍾乳交懸，險滑難入。詢之土人，曰此乾洞也，下
有大水洞，而小水洞在其旁。乃緣崖而下，壁削泉飛，湍濤噴激，聲如萬雷。
從者凡數十人，雖喧嘩不相聞。下多亂石，沉浮水面，而洞無徑可入。且冬月

水冷不利涉，余獨攝衣跣行者百步，同遊者莫能從焉。既乃踞坐磐石，飛觴沉飲，又令一僕肩立休承題名陡崖。而出遊善卷之明日，乃至張公洞。洞在山麓而洞門仰開，俗所謂天牕者也。洞口多雜樹，蒙密翳蔚，望之深黑。既下則甚明，曲磴盤複，香臺崛峙，石形紛詭，森若刀戟，縣如鍾鏞。綠逾翠黛，白疑霜雪，路愈狹而石愈奇，縱橫起伏，殊難模狀。乃張列炬而觀之，丹竈芝田，往往而在，深昧不可窮，乃穿後洞口而出。袁子曰「余之遊二洞也，而知方山人之言，未足據也」，諺云「耳聞不如目睹」，信矣乎。夫上乾下水，善卷之奇，誠罕匹矣。而天窗之異，未可少也。余嘗觀華陽、林屋咸自外入，未有自上下下如天窗者，而張公之石，特奇怪過善卷遠甚。夫二洞者，未可以優劣也。既遊之，明日，休承圖之，而余為之記。

補菴先生於己丑之冬，偕文、水二丈暨先君同遊張公、善卷二洞，各有題詠，而先君記之。先生復請文、水繪為十圖，一時更踐，歷歷可指，而紀遊之作，則各綴於左，且曰「吾以無忘勝遊也」。迄今二十五年，而先君辭世已七寒暑矣。先生命尼補書記文，列之冊中，尼因得寓目焉。泉石宛然，而九京不作，良用怛疢於懷。先生義敦久要，感槩夙昔，諒不能不為之興嗟也。癸丑冬日，末學袁尊尼董書。

嘉靖己丑，與袁永之同為張公、善卷二洞之遊，中途解後補庵，遂方舟而進，每遇會心處輒留連觴詠。歸舟各補小圖，以紀勝覽，逮今甲辰八月，始克點染成帙。蓋轉瞬十六年矣。補庵命記歲月，以見勝遊之難，而良會之不數也，因書以識感感。是歲八月九日，文嘉休承書於嘉蓮堂。

義興二洞之妙，不能甲乙，然遊者每以兼至為難。補庵此遊，四美咸具，誠一時勝事，所惜者永之亦有數作，余嘗見之，而未及登此冊，今不可得矣。他日檢稿，倩魯仲書之，庶幾補亡，當擬中郎之尚存也。辛亥二月偶過補菴書室，因題以記歲月，雁門文彭。

張公、善卷二洞，摽勝擅奇，不特如銅官離墨，止稱重義興也。但其相距百里，而遠遊者必歷重湖、遵荒麓，非舟輿兼濟弗達。又僻在群山大壑中，虎蹲蛟沫，紛沓道上，非命儔攜侶裹糧而入，則荒閴岑寂，殊妨延賞。如余癖嗜山水，屢到張洞，而善卷竟阻一往。信乎搜奇擥秀，亦甚難其遭也。補菴先生此遊，獲偕胥臺袁君，篇詠既洽，而佐以文文水隨處著圖，得人勝矣。雪霽月明，放舸溯曲，躡屩谷口，其得勝於天更佳。故盤桓浹旬，興往不索，快哉成一盛事。時華叔子存叔稚齒追侍，悵恨余之不能從也。余見地志載善

卷洞傍有武功碑，文翰奇絕。今遊記不及，想亦未窮搜討。補庵嗣是重遊，當令余導行，庶不遺一古蹟。丙辰十一月廿七日，雪中展冊漫識，周天球。

花發玉蘭春始半，風前相對色敷映。方舟新自荊溪至，展冊重看二洞圖。丁巳二月與補庵歸，適玉蘭盛開，幾間偶見此冊漫題，文嘉。

劍光閣上披圖日，梧竹峰前積翠陰。遺墨宛然三紀後，故人空繫九原心。補庵、文水誼切通家，胥臺吳門，情敦世講，皆已化為異物，而不朽者惟翰蹟如新。萬曆丙戌十月晦日，荊溪萬子信攜此冊過余，展閱興感，距昔見時三十又七年矣。余既衰眊，不知再睹又何如也。六止居士周天球。

至人辭萬乘，脫屣空山雲。岩扉窮窅渺，於焉謝人群。褰裳春風裏，零雨朝絪縕。復洞如重樓，一柱當其門。亂石何嶙峋，犇流相吐吞。束骽涉潺湲，直下蒼厓根。白玉作田疇，青霞為釜鬵。一往不復返，懷哉避堯君。黃屋一何高，南面一何尊。舍彼冕與旂，睄茲麖與麚。廖廖千載間，誰能挹其芬。赫赫乘軒子，營營何足云。萬曆己丑夏四月廿又三日，王穉登。

披圖溪上物華新，舊雨彫零三十春。百里名山身不到，神遊八極是何人。張鳳翼題。

余十五而至荊溪，迄今十二年，凡五至，至輒以塵情鞅掌，遄往遄返，不得一探三山之奇。每放舟關外，繫垂楊下，對湖光蕩漾，殘陽銜紫，側身西望，殊不勝情。庚子春，同人適以先和州畫冊見示，先祖國博公、外祖隆池公各有詩記，公瑕、魯望、伯起、百穀四先生亦皆蚤年妙筆，一時風雅奕奕，映人眉宇間，不特如西山爽氣而已也。世運密移，無論文人逸士漸銷漸歇，即羽士載茗一事，何減山陰籠鵝。今求此等風致於我輩中，或未可得矣。可勝慨哉。莊閱再四，遺範宛然，而興慨者又未始不神王也。萬曆二十八年王三月望，長洲文震孟敬識於舟中。

庚子年，余以弟輩科試，至荊溪，獲觀此帖，去今二十六年。帖歸陳孫繩，攜來相示，復得一見，曩時景色，宛然目前，而已幾一世。人間甲子，何容易也。孫繩為余年友少宰子，象賢繼美，稱其家聲，不似余展先蹟而愧箕裘矣。天啟五年乙丑初冬，震孟重題於藥圃之清瑤嶼。

荊溪佳山水，而張公、善卷兩洞著聞特甚。蓋起凌峭幽眇，有目同賑，人甲乙之，而人無能甲乙之。然張公乳石林立，驚倪怒虯，含雲角翠，如懷寶衣褐，其外不妍，而奇在內。善卷上下如重樓懸口逗流，長松古剎，儼然大觀，外寶奇矣，而乳石稍讓張公。人謂予有山水癖，時問甲乙於予，而二洞之

靈，一者與予宗姓同派，一者為此鄰，皆予好也，則予亦安能甲乙之。兩洞之
辟，皆二千年餘，春秋高矣，而為辭以壽者，漫無佳什，紀遊差推玄敬、元
美，而玄敬太質，元美亦覺草草，未足華耳。若從龍永之之遊，休承之繪，壽
承、公瑕、魯望、百穀之楷，伯起之行草，皆吳中名勝，而皆聚於一冊。此以
壽洞靈，顧不美與。是冊舊藏從龍所，今歸表叔萬子信氏。夫荊南勝事，自合
置荊南耳。萬曆己亥夏日，借過淨華齋臨玩，因書此紙以附簡末。九斗山人
張納陛以登甫。

曹銘石示余此冊，云是友人陳孫繩物也。以塵外筆寫塵外境，展玩數日，
若身歷洞府，聽飛湍，賞異石，不知其在長安塵土中也。快甚。記甲子之春，
福堂葉少師為余誇歸途二遊之勝，問其主人玉繩周先生也。玉繩，蓋少師門
人云。今余亦且歸毗陵，舟中計惟有催榜人促過，而從曹君所得觀此冊，雖
向子之遊未期，而宗生之興已愜。其為勝緣何必減福堂相君耶。第以惡札點
污名賢佳冊，如小乘學人唐突德山、臨濟，須領一頓喝棒始得。附此博孫繩
一笑。天啟丁卯臘月，果亭山人瑞圖觀。

陽羨二洞，補菴記，魯望書，文休承繪圖。布景如盧鴻乙，筆墨如王右
丞。其後題詠皆江東勝流，今歸之孫繩先生。所至攜之，煙雲拂拂出行瘦□
□□必曰賀之囊球之瓢哉。如今不是夢，真個是荊谿也。眉道人陳繼儒題。

明謝樗仙山水花卉冊

【紙本，凡十幀，皆水墨。每高八寸四分，闊九寸一分，第四七、九十四
幀各自對題，尺寸同畫。】

【第一幀，山水。】

《煙江疊嶂》，樗仙筆。

【第二幀，竹石，無款。】

【第三幀，一人坐柳根垂釣，上飛雙燕。】

細水魚兒出，微風燕子斜。隸書。

【第四幀，芭蕉樹石，有對題。】

謝時臣。

易種何如松柏難，娟娟蕉玉倚欄干。秋風秋雨無情甚，祗恐臨軒不耐看。
樗仙。

【第五幀，山水，無款。】

【第六幀，樹石，人物。】

黃葉漫山風兩鬢，白煙橫野日依人。謝時臣畫並題。

【第七幀，竹菊，無款，有對題。】

紙土栽培更不衰，依然籬落舊時開。從今久戀風霜性，不信花枝讓竹枝。

【第八幀，老樹昏鴉，無款。】

【第九幀，山水，有對題。】

谿山霽雪，吳門謝時臣作。隸書。

三冬飛雪暗江關，酒為沖寒不上顏。冰壑琪花奇觀裏，可憐行旅萬重山。樗仙。

【第十幀，梅花，有對題。】

一雪垂垂合凍雲，疏枝繁蕋玉增神。可憐五月江城笛，吹散香魂無奈春。謝時臣。

予逃漫本是勾吳人，為溪山所役，浪蹟直抵處之括蒼，忽病瘧積旬，客窗抱痾，間事筆墨，聊適困懷，作小景數翻，或自可觀，且貯諸遊囊，以俟賞鑒明公。嘉靖廿三載十月望日，樗仙謝時臣記。

此冊用筆如銕，蒼老無匹，洵為思忠苦心孤詣之作。【隸書】定龥老人題於十五松山房。

卷十三

明董文敏為王遜之寫小景山水冊

【紙本，凡八幀，每高九寸二分，闊七寸一分。】

【第一幀，水墨。】

玄宰仿燕文貴筆。

【第二幀，水墨。】

玄宰。

【第三幀，淡青綠。】

玄宰。

【第四幀，水墨。】

松亭秋色，玄宰。

【第五幀，水墨。】

庚申十月寫未竟，乙丑九月續成之。玄宰。

【第六幀，清綠。】

秋山黃葉寫所見，玄宰。

【第七幀，水墨。】

玄宰。

【第八幀，水墨，兩題。】

乙丑九月自寶華山莊還，舟中寫小景八幅，似遜之老親家請正，玄宰。

拈筆時營輞口居，心知習氣未能除。莫將枕漱□家具，又入中山篋裏書。

此舊作也，感近事重書。玄宰。

【跋紙一幀，尺寸同畫。】

右董玄宰太史畫寶華山莊小景八葉真蹟，無上逸品。道光己丑秋七月中澣，購於長安琉璃廠之師古齋中。吾家青氈頓還舊觀，亦奇緣也。茂卿父書之，以慶佳遇。是日甲辰燈下志。

華亭董文敏公以書畫稱雄一代，緣其學識深粹，故能自成一體，為後世規模。此冊初為太原王奉常煙客所作，後暎山查氏得之，出元入宋，資集諸家之善而斡運靈奇，用筆秀潤，設色濃古，其山林逸趣與書卷精意盎然，溢於毫楮間，非研吮丹鉛縱橫習氣者之可同日語也。若夫紙墨如新，繫於收藏之善者，乃余事耳。道光十年太歲庚寅孟冬既朔，鵞群館重裝。龍爪山樵又題。

道光辛卯初春，借觀鵞群館所藏思翁真蹟神品，番禺黃言蘭識。

明李長蘅僧筏喬梓山水合璧冊

【紙本，凡二十幀，皆水墨。每高七寸一分，闊五寸四分，間有不齊。】

【第一幀至十五幀無款，每幅僅鈐一印。總款署於第十六幀。】

丙寅十月畫於撫春閣，李流芳。

【第十七幀至二十幀無款，每幅僅鈐一印。收藏印記各有不同，並錄於後。】

【跋紙一幀，尺寸同畫。】

檀園喬梓合冊二十頁，每頁不盈尺，而扶輿磅礴之氣，雖徑尺之紙，不能盡其筆勢。此其所以擅長明季為名流所引重歟。僧筏雖遜乃父，亦不失家法，以之殿後，一家眷屬，展冊如相晤言，尤墨寶中之奇遇也。道光己酉冬至後十日，瓜纑外史章綬銜謹識於荻谿之讀騷如齋。冊內題簽為蒙泉外史筆，複裱時宜另裝頁內。

明卞潤甫山水冊

【紙本，凡八幀，皆水墨。每高七寸八分，闊九寸六分。】

【第一幀。】

壬戌春日，卞文瑜畫。

【第二幀。】

遠岫出雲催薄暮，細風吹雨弄輕煙。庚午清和卞文瑜。

【第三幀，無款。】

【第四幀，無款。】

【第五幀。】

月下歸漁，庚午清和，卞文瑜畫。

【第六幀。】

山中何所有，嶺上多白雲。只可自怡悅，不堪持贈君。文瑜。

【第七幀。】

仿倪高士筆，文瑜。

【第八幀。】

松下結茅圖，庚午清和寫，卞文瑜。

【跋紙一幀，高八寸四分，闊九寸六分。】

明卞文瑜，字潤甫，號浮白，長洲人。山水小景，不名一家，樹石勾剔，甚有筆意。生平無定居，鑪香椀茗，到處自隨。丁未辰夏，詩龕鈔畫史。

明卞潤甫仿古山水冊

【紙本，凡八幀，每高六寸九分，闊九寸六分。引首淡黃粉牋，兩幀，高六寸九分，闊一尺三分。】

巒壑競秀【隸書】，牆東徐樹丕。

【第一幀，水墨。】

仿北苑筆。

【第二幀，水墨，無款。】

【第三幀，水墨。】

仿米元暉筆，卞文瑜。

【第四幀，設色，無款。】

【第五幀，水墨。】

仿吳仲圭，文瑜。

【第六幀，設色，無款。】

【第七幀，水墨，無款。】

【第八幀，設色。】

寒香書屋，甲戌小春，卞文瑜畫。

明張爾唯寫少陵秋興詩意冊

【絹本，凡八幀，水墨山水。每高八寸，闊七寸九分。本身無款，每幅各自對題，紙本，尺寸同畫。】

【第一幀。】

玉露凋傷楓樹林，巫山巫峽氣蕭森。江間波浪兼天湧，塞上風煙接地陰。
叢菊兩開他日淚，孤舟一系故園心。寒衣處處催刀尺，白帝城高急暮砧。

【第二幀。】

夔府孤城落日斜，每依北斗望京華。聽猿實下三聲淚，奉使虛隨八月槎。
畫省香爐違伏枕，山樓粉堞隱悲笳。請看石上藤蘿月，已映洲前蘆荻花。

【第三幀。】

千家山郭靜朝暉，日日江樓坐翠微。信宿漁人還汎汎，清秋燕子故飛飛。
匡衡抗疏功名薄，劉向傳經心事違。同學少年多不賤，五陵衣馬自輕肥。

【第四幀。】

聞道長安似奕棋，百年世事不勝悲。王侯地宅皆新主，文武衣冠異昔時。
關北關山金鼓振，征西車馬羽書馳。魚龍寂莫秋江冷，故國平居有所思。

【第五幀。】

蓬萊宮闕對南山，承露金莖霄漢間。西望瑤池降王母，東來紫氣滿函關。
雲移雉尾開宮扇，日繞龍鱗識聖顏。一臥滄江驚歲晚，幾回青瑣點朝班。

【第六幀。】

瞿塘峽口曲江頭，萬里風煙接素秋。花萼夾城通御氣，芙蓉小苑入邊愁。
珠簾秀柱圍黃鵠，錦纜牙檣起白鷗。回首可憐歌舞地，秦中自古帝王州。

【第七幀。】

昆明池水漢時功，武帝旌旗在眼中。織女機絲虛夜月，石鯨鱗甲動秋風。
波飄菰米沈雲黑，露冷蓮房墜粉紅。關塞極天唯鳥道，江湖滿地一漁翁。

【第八幀。】

昆吾御宿自逶迤，紫閣峰陰入渼陂。香稻啄餘鸚鵡粒，碧梧棲老鳳凰枝。
佳人拾翠春相問，仙侶同舟晚更移。彩筆昔曾干氣象，白頭吟望苦低垂。

【總跋紙一幀，諸家跋紙十一幀，每高八寸二分，闊七寸七分，間有不
齊。】

丁丑春日，長安邸中，小有社兄命予以少陵《秋興》譜圖，無論拙腕，
不能彷彿萬一，且其情事種種，原非景物所能狀。小有以為畫取形似，鄰於
兒童，老坡已言之矣，強余卒業。然少陵有詩中畫，正不必求予畫中詩，觀
者暗中摸索可也。因並書八詩於左。月建卯之朔，對雪命酌識此，弟張學
曾。

　　詩畫三昧都在無字句處。少陵《秋興》鏡中花，水中月矣。爾唯從而圖之，鏡水俱空，花月縹眇。昔人有畫《豳風七月圖》者，覽之，人人有田家作苦之悲。又有畫五月江深者，六月見之，人皆寒栗，思加衣絮。今爾唯畫《秋興圖》，時方二月，春雲爛爛，上林枝發，忽覺玉樹凋傷，蕭森滿眼。筆墨之妙，能奪化工如此。小有日爾唯深於少陵詩法，余固乞其圖此。是又在無畫處，有一段暎發，陸啟浤跋。

　　氣霽地表，雲斂天末。洞庭始波，木葉微脫。春草碧色，春水綠波。送君南浦，傷如之何。四更山吐月，殘夜水明樓。海風吹不斷，江月照還空。董思白嘗欲以此數則徵名手圖小景，然又歎少陵無人謫仙死，文、沈之後《廣陵散》絕矣，豈謂昔人詩中有畫，今人畫中遂無詩哉。爾唯為予兄小有圖《秋興》八幅，不必形似為工，而蕭疏淡遠，宛然三秋在目。宋玉賦悲秋難狀之景，都在語外；爾唯畫《秋興》難狀之景，都在筆外。使少陵見此，亦當下拜。然則思白歎少陵無人，獨惜未遇爾唯耳。弟喬謹跋。

　　爾唯居長安輪蹄之場，巫山巫峽，不知何以得其蕭森之氣，而時出新意，不拘拘步趨詩句，殆與《秋興》爭道而馳矣。昔人畫「天寒翠袖薄」二句，以儗「萬綠叢中紅一點」，遂挾胡錦十襲而去，蓋妙在「叢中」二字不露，故高俗手百倍。小有金盡裘敝，知無以酬爾唯，想遇山水知音，不得不一彈再鼓耳。丁丑仲春，晉絳友弟韓霖題。

　　余與爾唯同居長安凡數年，未嘗得其全幀數筆，小有客燕才幾月，乃扃門絕酒，以《秋興》八幀強之。夫《秋興》豈可畫者，小有出題而爾唯作文，亦一奇也。其力巨如巨靈斧，其法密如寶娘機，其境靜如淵明琴，其理微如嗣輔易。而有而不有，不有而有處，又如子晉笙微微天外。蓋所謂文章之能事，丹青之絕群者矣。然不有小有癡絕扃門斷酒以處，爾唯安得此種流傳人世，使子美在焉，呼之或出。戊寅夏日，題於敞廬之竹中，盟弟惲本初。

　　子瞻謂「為詩，為此詩，便非知詩人」，余亦謂「為畫，為此畫，便非知畫人」。故郭象注《莊子》，孝標注《世說》，皆不許俗人夢見。爾唯《秋興》八冊，與工部同一寄託，要在筆墨以外，非尋章摘句者比。余曾見虎頭畫《洛神賦》，未免著象，便下爾唯數等矣。弟楊文驄跋。

　　孰不知工部《秋興》詩難為畫也，小有好爾唯畫，甚乃強之，必得請而後已，並詩錄其後。爾唯從無字句處迸出墨汁一毫端，漲作無量古秋，即一泉、一岫、一石、一栰，皆欲代浣花翁熾然說法，蓋不獨秋也。四時之氣欲

備，浣花翁初念豈及此。若見，當聽然笑曰「有是哉，似詩纔中與畫作題評耳」。至爾唯之畫與書，又自爾唯所自為詩中出此關捩子，終覓解人不得。社弟孫國黏。

爾唯流寓長安，一椽如舫，竹牕明淨，圖史連屋。客至，呼酒嘯歌，典衣無吝，懷才落魄，不異子美，而獨無其囊中一錢之歎，又不屑依依，豈古今人不相及耶。今繪此圖，墨池激壯，政足相敵。而□慨攸分，爾唯□有不忮不求之意。【嚴武】己卯初夏，影園主人鄭元勳題於泳庵。

明邵瓜疇仿古山水冊

【絹本，凡十幀，每高九寸，闊六寸六分。】

【第一幀，設色。】

擬洪穀子。

【第二幀，水墨，無款無印。左角鈐玄宰一印，當係曾經過目。】

【第三幀，設色，無款無印。】

【第四幀，青綠。】

擬承旨筆。

【第五幀，設色，無款無印。】

【第六幀，水墨，兼人物，無款無印。】

【第七幀，設色，兼人物。】

冷元琇筆。

【第八幀，設色，無款無印。】

【第九幀，設色，無款無印。】

【第十幀，設色。】

庚辰陽月，畫於長水龕。邵彌。

明惲香山仿古山水書畫冊

【紙本，凡八幀，皆水墨。每高七寸五分，闊八寸六分。每幅各自對題，尺寸同畫。據總跋云畫十八種，而此冊僅存八幀，當係前人分而為二也。】

【紙籤】

惲香山真蹟。貞和堂珍賞。

【第一幀。】

此倪畫。

今人遂以倪為簡筆可畫而忽之矣。且問：「此直直數筆，又不富貴，又不委曲，穠至此，其意當在何處。」應之曰「正在此耳」。請問迂老何人。迂老而出筆，無一非意之所之也。畫氣必冬，奈何？無所取值，取其春非我春，夏非我夏，秋非我秋，冬亦非我冬，而姑存其剝以俟也。似則不是，不似則又不是。無所取之，取其若存而若忘也。不得多筆，又不得一筆。無所取之，取其人之所不見而藏焉也。直直數筆，奈何？無所取之，取其猶存者骨也。有貴乎多而人不見，有貴乎少而人反見之。無所取之，取其人見以為慘淡，而我見以為深沉也。若夫魚沉雁杳，雪舞花飛，此則態也，而非意也。二月十三殘梅下漫書，道生。

【第二幀。】

迂老《霧圖》。

或曰：簡則易盡。簡而易盡，亦何以貴於簡乎。或又曰：簡筆因難氣韻。此迂老《霧圖》也。有氣韻乎，無乎。昔人畫仙山樓閣，只盡一兩楹點綴冥漠間，而吳生半日寫嘉陵山水百幀，夫非筆筆有不盡之意，胡以能得百幀於半日也？而且曰臣無粉本，並記在心。夫非胸中具有無盡之意，又非有似而不似、不似而似之意，胡以能傳此無盡之意也？昔人贊迂老，謂人所無者有之，人所有者無之。而吾直曰：人所有者有之，人所無者無之，而意已無盡矣。道生燈下志於竟安堂。

【第三幀。】

亦迂。

《藏經》云：「無人月欲下，有佛松不言」，此意可會，可思。可以思之不得，而更思之。每落筆，胸中轆轤此語，則筆下無而至於有，有而至於無矣。香山。

【第四幀。】

吳仲圭。

梅花道人法本董、巨而自出一片天機，亦猶米元章之學吳道子也。畫理深微，只於進退俯仰，分得虛實。雖滿篇穠至，而自有其疏落；雖滿篇荒涼，而自有其拮構。此幀謹慎，似謝樗仙之學吳仲圭，而氣韻不擇，濃淡無間然矣。憶得仲圭當年自守塞默，名不出於閭里，必待後世子雲。豈里開之耳目宥於近，而淵明所謂鄉里小兒，抑文人氣魄自與三家村人不及相下耶。故凡學力須要自信得真，舉世非之弗顧也。香山書。

【第五幀。】

梅花道人。

穠密謹慎，恐未能為此老傳神寫照。以粗疏之氣行之，愈放肆，愈見文人韻致。語云：白雪為箋，翠雲為管。青霞玄霧為墨，不能寫滿空之藻繢。而文人以寸心為上帝捉刀，江濤為槽，松風為柏，谷嘯山鳴為唱，不能奏八極之宮商，而韻士以孤音為大地通竅。因記其說於此，鼓舞楊生一笑耳，香居士。

【第六幀。】

董源。

此北苑法門也。其筆俱出正鋒，而用法則出奇無窮耳。元四大家及諸家俱祖此，而右丞之法洒暢。惟諸家各出變化，如臨濟、曹洞各成一宗，然未有能離此者也。余往時畫冊，皆先此為黃河之源，而以雲林無盡之矣為殿。今以世人開口便說倪、黃，故先以倪、黃二種示現化身，而從上歷來各出一種，使知根本之地不可。不窮登峰造極，未有能脫此者也。畫至北苑，使人不敢復言氣韻，如祖師登壇說法，開口來問便得一棒，不似世尊拈花微笑時也。二月十五，雨中漫書，香山向。

【第七幀。】

巨然。

此巨然《鐘聲圖》也，題始於王摩詰，董、巨及元宋諸家多有為之者，而巨僧厚力靜氣，遂為奪標。然諸家心苗所出，則一矣。了人作語其上者，如炎帝時流雲灑液成瓊漿，服之後天而老；次則如玉饌之酒，美於肉，澄於鏡，玉尊隨取自滿。若吳興馬豆，用虢國夫人廚吏，擣以作餡，齒牙酸㾕；最下此語無異在癡人前說夢，而解者謂之丹甄，欲無煙火，不炊而沸，聞此不駭，乃證於道，惟畫亦云。香山老人書於殘梅下。

【第八幀。】

荊關遺意。

此荊、關遺意，亦不盡然也。其中有最拙處，有最不相屬處，雲煙秩然。畫工若能知此理，吾當下童子拜耳。有一問頭於此，看殺衛玠，擲果潘安，處子張良，冠玉陳平，是美人乎，是丈夫乎？羅敷陌上桑，蘇蕙璇璣圖，班婕妤擣素，秦木蘭戍邊，是才子乎，是女子乎？能答此語，吾將與之言畫。三月朔日，書於離庵，道生。

楊子允裘能讀書善畫，迺問道於盲，執贄而請余畫十八冊。余畫，世人
殊不喜，而楊子以為老馬識途，雖蹭蹬可就而策也。余敬其意，兼為放肆之
言，並十八種以憑商確。淵明讀書不求甚解，看畫者亦師其意，則牝牡驪黃
之外，尚有餘地，允裘姑置之可耳。香山向又題。

癸巳三月，牽牛琢馬藍日記。

明藍田叔仿古山水冊

【紙本，凡十幀，每高一尺二寸八分，闊八寸一分。】

【第一幀，設色。】

李希古畫，藍瑛仿之。

【第二幀，水墨。】

松雪齋寫意，藍瑛仿其意，癸酉。

【第三幀，淺絳。】

大癡道人富春人，瑛偶作富春旅，遂慕而師之。西湖外史藍瑛。

【第四幀，青綠。】

癸酉春仲，藍瑛法松雪齋。

【第五幀，設色。】

癸酉春暮，仿王黃雀畫法，藍瑛。

【第六幀，水墨。】

雲林小景，藍瑛法於南山之石林。

【第七幀，淺絳。】

子久《臨溪書屋圖》之意，瑛。

【第八幀，水墨。】

癸酉秋日作高尚書畫，藍瑛。

【第九幀，青綠。】

趙仲穆畫法，瑛仿於清齋。

【第十幀，水墨。】

癸酉桂月畫梅沙彌意，藍瑛。

明藍田叔仿古山水書畫冊

【紙本，凡十二幀，每高六寸四分，闊四寸一分。本身無款，每幅各自
對題，尺寸同畫。】

【第一幀，設色。】

喬林醉霜如中酒，寒泉春雪雷成吼。獨唫平坡興自饒，當傾蘭陵一千斗。壬午夏日畫韓滉法並題，西湖外史藍瑛。

【第二幀，設色。】

郭河陽之法從許道寧。余師河陽，猶有祖風，鑒者定之，藍瑛。

【第三幀，水墨。】

莎岸綠波淺，樹深黃葉多。篷底餘杭酒，清酣復浩歌。法梅沙彌並題，藍瑛。

【第四幀，設色。】

曾觀李成一樹之畫，差牙古幹，挺霜欺雪，蒼勁似鐵。六尺吳綃，唯地陂寸高其下，遂儗其意。又不卜有古人墨妙否，鑒賞定之。藍瑛。

【第五幀，淺絳。】

大癡《富春山》卷中一段溪山，藍瑛。

【第六幀，設色。】

趙文敏公畫法，時客廣陵，喜雨作此以志。壬午六月之朔，西湖外史藍瑛。

【第七幀，設色。】

黃鶴峰在武林東北，山巒雖淺，林莽古樹，石岩幽碉，委蛇谿路，不讓武陵桃源。王叔明小築峰下，即號黃鶴山樵，而筆底境界咸日所觀之供養。余每登臨思古人高逸，遂師其畫，藍瑛。

【第八幀，水墨。】

霜柯蕭蕭秋瑟瑟，疏篁清韻雲根石。洞庭微波千里愁，巴陵賒醉堪我釋。法雲林畫，並題於邗上之平山堂野煙春草夕陽天，西湖外史藍瑛。

【第九幀，設色。】

方上清，有奇峰。白雲陳眉公藏是法其意，蜨叟瑛。

【第十幀，水墨。】

京口北固，米襄陽刱海嶽菴於上。大江萬疊，蒼山千重，俱在几案，收入筆墨無論。法董、巨而顧長康之六法，因遊金焦，復儗襄陽之畫，遂法其意，藍瑛。

【第十一幀，青綠。】

張僧繇丹青法，並題。朱英瑞赤，山顛霞蒸。舍利光放，師子蹲獰。夢道人瑛，時客邗上，壬午皋月。

【第十二幀，設色。】

凍雪厚盈尺，咸說十年豐。尋起袁安臥，醉我眼前窮【隸書】。偶畫范華原，遂題於邡上。壬午午日，藍瑛。

【跋紙高七寸六分，闊九寸二分。】

《圖繪寶鑒》載藍田叔從黃子久入手，自晉唐兩宋無不精妙。中年自立門戶，分別宋元家數，皴染法脈，毫無差謬，俾後學咸領其教焉。性耽山水，遊閩越荊楚，歷燕秦晉洛，眼界宏遠，故落筆縱橫，墨汁淋漓，於諸家妙法，無不備也。至博古品題，更稱法眼。壽至八十，居於山左。

是冊十有二幅，田未備摹諸名家畫法，無不精妙。余售之廣陵市上，展觀盡日，不能窮其妙。殆不啻識金玉於泥沙也，故喜而藏之。乾隆三十四年歲在己丑夏六月，靈嶠主人書於米家船之雨窗。

明項孔彰山水冊

【紙本，凡八幀，每高九寸八分，闊八寸三分。董樂園題書於末幅對紙。引首紙四幀，每高九寸六分，闊六寸五分。】

爰得我娛。

【第一幀，水墨。】

丙申花朝漫興，項聖謨。

【第二幀，設色。】

家藏黃鶴山樵畫頗多，余自幼摹仿，後學大癡久不作想。茲以其筆意寫此小景，自喜未盡忘其本來面目也。項聖謨。

【第三幀，水墨。】

丙申如月寫於止舫，項聖謨。

【第四幀，設色。】

此法張僧繇畫意，亦嘗見董宗伯寫《峒關蒲雪圖》，今在莊庵靜遠堂復得遇之，亦稱快事。古胥山樵筆。

【第五幀，水墨。】

畫法如此，所以稱倪元鎮為高士，肉眼未易能識。項聖謨寫並題。

【第六幀，水墨。】

古胥山樵在小桐江之南，寫此與風雨爭勝。

【第七幀，設色。】

記得丹楓若醉時，秋山過雨聽雲移。偶然放舸滄浪上，讀罷閒書理釣絲。古胥樵項孔彰作。

【第八幀，水墨。】

寫旅窗實景，項聖謨。

胥山樵無上神品八幀，董棨鑒定。

明項孔彰山水詩畫冊

【紙本，凡十幀，皆水墨。每高七寸，闊七寸七分。每幅半畫半題。】

【第一幀。】

山雲靉靆，水氣空濛。秋風欲至，澤有來鴻。我思君子，欲畫難工。漁者應出，天地樊籠。項聖謨。

【第二幀。】

峨峨者石，中有尺地。松栢為林，存古蕭寺。開闔何人，面江擁翠。鬱鬱森森，疑藏玉笥。二客往還，於焉肆志。遊兮息兮，而時把臂。急瀨斷厓，遠煙群吹。落日孤帆，翔空鳥影。皆其所心醉也，指顧之間無非詩意。項聖謨寫並題。

【第三幀。】

六月雪未消，江南色寒戰。不如此阿翁，風起知時變。項孔彰筆。

【第四幀，阮文達題，書於裱紙。】

南宮寫山雲變幻，我畫雲山癈墨多。就墨染云云更白，千峰萬壑翠微阿。項易庵。

此幅染雲處，有筆墨可尋，不如余所選蒼山石畫之雲渾融無迹。明李日華論蒼山石畫云：「人不足，則還之天。」諒哉。

【第五幀。】

幾陣雅聲含落炤，一丘楓葉喚秋潮。登臨每望扶桑國，身在日邊何處描。項聖謨。

【第六幀，卓秉恬題，書於裱紙。】

松風之下，鳴琴為友。可以寫心，坐傾斗酒。水水山山，如左右手。取之誰爭，醉惟搔首。世無知音，影響何受。日往月來，天長地久。影之響之，隨無而有。惟有惟無，斯人乃壽。項聖謨並題。

孔彰乃墨林項氏文孫，能世其業，尤以畫松得名。此幅與余所藏《古檜流泉圖》相頡頏，洵足寶也。益州卓秉恬題。

【第七幀。】

岩穴多生韻，原泉自不停。山中有靜者，開戶讀玄經。項孔彰寄興。

【第八幀，龔嘉儁題，書於裱紙。】

山何必深，靜則斯遠。雲翠雖浮，知止自穩。聖謨。

光緒十年暮春之月，儁僑寓杭垣，敬叔姻丈觀察招飲，出此見示。冊中畫理、詩情並佳妙。此幀題句寄意尤遠，莊諷再四，根觸余懷。時則醇酒將醉，名花正開，漫綴數字以志眼福，即請教正。昆明龔嘉儁觀並識。

【第九幀，梁莒林兩題紫色字，書於裱紙。】

塔中尺五天，光射塵沙世。不見世間人，與塵沙一切。渺渺此江山，歎哲其雲逝。丘壑苟兼容，聊以度我歲。項聖謨漫筆。

此幅頗似桂林獨秀峰，適監臨粵試，攜入閩中，日對山色賞玩，詩禪畫髓如在個中，因紀歲月。時道光己亥中秋夜，退葊。

庚子中秋重為監臨再題數字，蓋余至是典粵西闈者三次矣。退葊在至公堂記。

【第十幀，梁莒林兩題，書於裱紙。】

白雲繞繞弄山姿，青松矯矯添山色。中有幽人結草廬，緣溪開墾先稼穡。至今羲皇之子孫，餐松臥雲食舊德。水遠山高夢幾回，一回一瞬百年息。丙戌伏日，項聖謨詩畫。

項孔彰生於前明萬曆二十五年丁酉，此署款是順治二年丙戌，五十一歲所作也。適閱錢竹汀先生《疑年錄》，因記。

道光丁酉冬日，恭兒攜此冊來桂林，時將上公車，乞付行篋，因識數語授之。或廣徵春明名公題跋，亦巨觀也。莒林。

【跋紙十三幀，前六幀自王鴻緒至王圖炳止，尺寸同上。後七幀每高八寸八分，闊九寸六分。】

項孔彰山水全師北宋，兼擅寫生，尤善畫松。故明時項松之名滿東南，今觀其詩無俗調，洵雅人也。王鴻緒題。

思翁云：孔彰樹石屋宇皆與宋人血戰，山水又兼元人氣韻。雖其天韻本合，要亦功力深至。今觀此冊，信然。辛丑七月廿又五日，蔣廷錫題。

昔人云：觀千劍則曉劍，觀千賦則曉賦。惟畫亦然。謂外師造化，中得心源，乃過高之論耳。近代收藏以鴛湖項氏為甲觀，故自子京而外，筆墨風

韻往往直逼關、荊，不染一俗格，其耳目薰習使然也。展玩數過，以當臥遊。欲法北宋者，當於此參取。壬寅小春之望，陳邦彥題。

孔彰是子京之孫，家世留意六法，又多藏宋元名蹟，耳濡目染，迥非俗工派別。故生氣遠韻，雖或未到古人，而用筆不落偏鋒，位置亦都謹細，京華軟塵中時復披玩，一段清勝自足以代遊覽也。康熙後壬寅夏日，何焯題。

前代之季，收藏之富，咸推嘉興項氏，至今天籟閣所蓄猶流傳人間。蓋自襄毅至子京，甫已將百年，而孔彰為子京之孫，則其承襲家風，文采弘長，宜乎書畫詩篇度越時流也。此冊前後十幀規放宋元諸家，無體不臻其妙。當時董文敏亦亟稱之，真無愧於聞家之子孫矣。爾後新涼，瀏覽經月，胸為灑然，不知門外紅塵十丈也。時康熙後壬寅七月既望，警露軒寓室書，鹿原林佶。

吉人先生在康熙末，以試楷法冠其曹，遂為內廷供奉。嘗為其座主業師書詩文集付梓，今所傳《精華錄》、《午亭文編》、《堯峰文鈔》三部，每部字體各別。此跋又一筆意，卻非其至者。觀者勿以此概先生可也。退菴記。

孔彰為墨林居士文孫，三世皆以畫擅名。高風逸趣，得之家傳。董文敏稱其樹石屋宇與宋人血戰，山水又兼元人氣韻，展玩此冊，洵足珍也。陳元龍。

項墨林平生無他玩好，唯嗜古畫，持以售者，雖索重價，無所靳，故收藏名蹟甚多。其孫孔彰綽有門風，雅善六法，高勝之韻，每發揮於縑素。此冊雖短裁促筆，而規橅諸家，別有蒼勁妍潤之致，洵足為畫式也。癸卯重陽後，溧陽史貽直題。

孔彰畫法意在脫去凡俗，獨會生機，用筆沉著，微傷峭刻。自以為力窮造化，而不知與宋元大家渾厚淋漓之氣相去千里，故所詣止於如是。其題畫四言詩，略仿司空表聖《詩品》語，要是西吳一翰墨手也。丁未中春望前四日，王圖炳題於谷陽里第之唅松堂。

道光乙巳春仲，潘世恩觀。

此冊十幅俱匠心獨運，結構精嚴，其妙處已為諸巨公題跋道盡矣。余無可複贅一詞。顧茲雨後晚晴，展玩再過，覺精神為之爽朗，不知其所自來也。因書此以請敬叔三弟世大人教之。咸豐己未首夏，長白慶端觀於榕垣撫署。

道光丁酉七月，南海吳榮光觀。

世傳有餉酒於孔彰，越數日索其罈，已為遊兵所擊。孔彰遂畫一空罈償之，中作桃柳兩三枝，或斜倚，或倒垂，婉約妍秀，其風趣如此。此冊山水，尤其刻意之作，固欲與宋人戰勝。要其秀骨天成，亦時露寫生之趣。則徐題。

天籟餘風出雅材，作家士氣妙能該。但看刻意追橅處，真向前人血戰來。董思翁稱項易庵樹石屋宇花卉人物，皆與宋人血戰，而山水又兼元人氣韻，所謂士氣作家具備者也，因衍成韻語，以當題跋云，退庵。

橋李項氏為海內收藏最富之家，故其子孫模宋臨元與古人相頡頏，實可同妻東王文肅後人並駕齊驅，宜國朝諸宰相尚書之賞鑒也。道光二十二年長夏，句吳錢泳觀於燕城之日照軒因題，時年八十有四。

余於畫理不甚通曉，第觀此冊，疏古淡宕，氣韻迴不猶人，信非名手莫辨也。敬叔三兄寶之宜哉。光緒八年中秋後三日，蓉城陳士傑觀於鎖院之雙柱堂。【右題紫色字】

有明收藏書畫，以墨林項氏為第一大家。元編內府書畫有其收藏款印者十之七八。易庵生長於書畫海中，其筆法安得不精妙絕倫耶。此冊畫固精妙，而舊人題跋亦甚多可寶也。道光戊戌春，阮元識。

項氏紙印囊篋等物無一不精，余及見其「子京父印」、「天籟閣」二印，皆牙章，多斷紋，而古澤可愛。

項易庵畫刻峭深警，雖規橅前喆，亦不欲一筆託人藩下，可見書畫須是別具天趣耳。自題詞翰，亦復不俗。敬叔十二兄示此屬題，岳崧。

道光戊戌長夏，恭兒京旋，出此重觀，已添得雲臺閣老、少穆督部、韓山方伯三跋。酷熱得雨，胸次灑然，不自知為風塵俗吏也。末伏日書於桂林節署，蔭林。

墨林項氏為尚書襄毅公後，子孫世其澤，筆墨流傳海內，為東南第一。孔彰乃蒞京之孫，其畫法刻意古人，絕去俗塵，真可謂名家後勁也。此冊歸敬叔世講，焉奕名德，尤足徵兩美必合云。道光十九年己亥正月望後，安化陶澍。

道光己亥長至前七日，觀於楊溪李氏寓廬，速以歸之敬叔世三兄行篋，緣即日解纜射策春明也。桂林陳繼昌。

辛丑夏五由桂林量移江左，由瀟湘泛洞庭達於江漢，舟中所歷有與冊中景相彷彿者，因展閱漫題數字以識之。退庵書於漢陽舟次。

孔彰此畫初觀之筆意太刻，細玩知其謹細沉著，真能取法宋人，迥非時手可及，由所見名蹟多而學力深耳。道光己亥春分後一日，江夏陳鑾識。

己亥春暮，敬叔三兄赴桂林節署，相見於西江，篋中藏此冊出示，愛不忍釋。易庵筆墨固極精妙，觀往時諸巨公題跋，老成眉宇，彷彿遇之，欣幸何如也。趙炳言。

余藏傅青主山水巨幅，筆墨渾浩，不辨是樹是石，是風是雲。今觀孔彰是冊，刻露秀逸，絲毫不令相掩覆，同一得筆宋人而派別頓殊。雖師古人，法由意造，不獨作畫然也。敬叔以為然否？道州何紹基記。

道光乙巳二月，蕭山湯釗觀。

湯敦甫閣老與余同舉鄉試，長余三歲。此其七十四歲所題也。道光戊申三月，重觀於東甌郡齋，因記，退庵居士。

昨在括蒼按試畢，遊南明山高陽洞。次日，登舟至石帆亭眺望，遂入石門洞觀飛瀑，一路山水清奇幽秀，如在畫中。至永嘉而江山清麗，稱絕勝矣。敬叔三兄以此冊見示，幅幅皆途中佳景也。案頭披玩欣賞無已，爰題數語而還以歸之。道光己丑三月廿九日，東甌試院昆明趙光識。

咸豐己未秋八月，保靖胡興仁觀，時監臨浙闈。【右題紫色字】

用筆不落偏鋒，位置亦都謹細，畫史之董狐也。《六月雪》篇，有時變之感，《望扶桑》篇有故國之思，詩史之董狐也。雖師古人，法由意造。至矣，吾無以加矣。己巳嘉平九日，長沙徐樹銘書於衢州水次。

十冊皆自題有詩，初讀殊不可解，再三讀而後喻焉。首冊漁者應出「天地樊籠」二句，為磻溪一輩人言，然未若首陽之高節，為不受樊籠也。末篇至「今羲皇之子孫」句，以栗里自比也，故署款亦但書甲子。《六月雪》一篇而有時變之感，《塵沙世》一篇而有歡逝之悲，皆為世發也。《染雲》篇自喻也，明不污之節，而有深隱之志。故曰「就墨染云云更白，千峰萬疊翠微阿」。《望扶桑》篇喻長安之在日邊也。曰每望，曰何處描，則拳拳故國故君之思焉。六篇世無知音，「影響何受」八句以身世為影響，天地為久長。惟能於影響之隨無之有而不受，則亦惟有惟無之不居，而可得久長之道矣。故結句曰「斯人乃壽」。此篇兼莊釋之旨，而有入世出世之想，用意尤深。余三篇曰肆志，曰靜者，曰知止自穩，語甚明瞭，要皆以高隱之志，寫曠逸之思而已。然固未有一語怨刺，及於我朝。詩至此，真風人之遺，陶、杜猶當許入室焉。而僅以能畫得名，才之淹沒者，可勝歎哉！因為詳釋而繫以詩。

天籟子孫稱善畫，豈知詩更超畫界。世人論畫不論詩，空向宋元說宗派。六月江南積雪寒，日邊何處望長安。楓外悲來鴉陣冷，蘆間愁去雁聲酸。丙戌之年書甲子，血點淚痕濕滿紙。我為披尋一感傷，七百年間無此矣。　　丙午閏夏，錢唐吳清鵬病臂書。翠微阿，「阿」字有必無出岫意在；何處描，「描」字有天容日角意在。鵬又注。

明項孔彰山水冊

【紙本，凡八幀，皆水墨。每高九寸六分，闊一尺三寸。】

【第一幀。】

谷有幽芳，林無異人。中心鬱鬱，以傳其神。蓋思眉公所作也。庚辰三月，易庵記。

【第二幀。】

秋霜繡出漫天錦，被卻岡巒沒點塵。欲知題壁真名姓，即是前身拜石人。易庵筆。

【第三幀。】

一林疏雨聽黃葉，幾夜青山到碧窗。若問道人何所見，溪中明月是風幢。項聖謨寫並題。

【第四幀，兩題。】

崇禎十有四年六月，寫於朗雲堂中。項聖謨。

可笑漁翁著短蓑，風風雨雨釣江湖。江湖有限生魚鱉，鱗甲成丘血網羅。呂望到今漁者眾，嚴光不出盜臣多。只思川竭蛟龍困，何處興波活海螺。易庵道人又題。

【第五幀。】

江天帆影，項聖謨。

【第六幀。】

虛林有清吹，不為寂寞遊。石迳自深遠，苔陰含細秋。窈窈西山暮，潭光亂雪鷗。寫此亭臯意，餘暉弄短謳。不見翠峰外，澄澄天漢流。何處尋瑤島，神仙莫可求。漫隨我閒適，筆下是丹丘。　　自聞天童和尚同喫飯時，戒去妄想，一言放下一片念頭，歇了許多熱鬧，隨地生緣，隨緣過去，是我心法，著緊看守，偶有閒時，存此公案。崇禎十有五年春，項聖謨。

【第七幀。】

崇禎十有五年春正月，寫林亭殘雪，項聖謨。

【第八幀。】

遇雲興而觀變兮，山屹焉而弗動。因觀變以知時兮，問誰不為之播弄。信與世而浮沉兮，動靜曷云非夢。乃即幻以求幻兮，亦惟人間是諷。　　崇禎壬午二月廿有八日雨牕，項聖謨寫並題。

明項孔彰仿古山水冊

【紙本，凡十幀，皆水墨。每高八寸一分，闊五寸六分。】

【第一幀。】

近代名家所宗米氏雲山，不知其父子之間家法大變。米老鋒鍔俱藏，元暉已露圭角。況有高彥敬一派，不可不辨。因各拈出正之，仲芳以為然否？此海嶽開宗也。項聖謨。

【第二幀。】

嘗見宋徽廟《雪江歸棹》長卷，如此畫法，相傳是唐王右丞筆，信不誣也。項聖謨識。

【第三幀。】

擬馬麟。

【第四幀。】

仿元暉意。

【第五幀。】

摹家藏夏禹玉泉石。

【第六幀。】

倪高士《六君子圖》、《秋林野興圖》，筆墨皆如此，漫仿其意。易庵。

【第七幀。】

摹縮吳仲圭真蹟，項孔彰。

【第八幀。】

高房山用筆類此。

【第九幀。】

家藏九龍山人《萬里長江》卷，約十丈許，惜為有力者負去。山色江聲常隨筆想，二十年不能復舊觀。寄語仲芳，若遇之，請留以報我。項聖謨。

【第十幀。】

紹興間學士張舜民，字芸叟，別號浮體。余嘗見其所畫小卷，為《煙江村樂圖》，用筆在虛無縹緲中，今藏錢唐俞企延之室。項易庵。

明項孔彰花卉冊

【紙本，凡十幀，皆設色。每高八寸七分，闊七寸五分。僅首幀書款，其餘袛鈐二印。】

【第一幀，蘭花。】

項聖謨。

【第二幀，草花。】

【第三幀，嬰粟花。】

【第四幀，草花。】

【第五幀，草花。】

【第六幀，荷花。】

【第七幀，洛陽花。】

【第八幀，秋葵。】

【第九幀，芙蓉。】

【第十幀，草花。】

卷十四

王煙客仿古山水冊

【紙本，凡十二幀，每高一尺四寸，闊九寸三分。】

【紙簽。】

王遜之太常摹古畫冊【隸書】。道光二十一年辛丑七月廿六日，為生沐六兄書簽。嘉興張廷濟，時年七十四。

【引首灑金箋一幀，界朱絲格。高一尺四寸五分，闊二尺五分。】

王遜之奉常摹古畫冊【隸書】。余見王奉常摹古畫冊不一，是摹真古，是真摹古，二百年無第二手也。敝臧十幀寫宋白箋上，神明特煥發。此生沐蔣六兄臧寶，後有奉常手跋特詳，致足重。道光二十一年辛丑八月二十日，嘉興竹里七十四歲老者張廷濟。

【第一幀，設色。】

仿董北苑。

【第二幀，水墨。】

仿巨然。

【第三幀，水墨。】

仿小米筆。

【第四幀，青綠。】

江亭秋色【隸書】，仿趙伯駒。

【第五幀，水墨。】

仿黃子久。

【第六幀，淡青綠。】

仿趙令穰《江鄉清夏圖》。

【第七幀，水墨。】

仿吳仲圭。

【第八幀，青綠。】

趙文敏團扇小幀，布景閎偉，有尋丈之勢，因仿其意為作此圖。

【第九幀，水墨。】

仿黃鶴山樵。

【第十幀，淺絳。】

仿大癡筆。

【第十一幀，水墨。】

仿倪高士。

【第十二幀，水墨。】

仿梅道人《溪山圖》，壬辰首春，為聖符賢甥寫此十二幀博笑。王時敏。

【自跋一幀，吳跋一幀，尺寸同畫。】

余於畫道雖有癡嗜，未遊其藩。比年愁累紛沓，益與筆硯諸緣落落。聖符以巨冊索畫，因無興會，且苦難竟，庋閣者年餘，新正偶見玄炤邵伯一冊，備宋元諸家體，精能而兼神逸，反覆展玩，悅目賞心，不覺棖觸技癢。適風日融和，明窗和墨，率意磯礴，遂得十二幀。於董、巨、三趙、元季四大家，無所不仿，亦猶見獵生喜，聞樂起舞之意，聊以強名，非謂果得其形模也。然畫雖小技，亦必所見者廣，日以古法浸灌心胸，而又專精熟習，乃臻工妙。如董文敏公骨帶煙霞，學深淵海，近代罕二。憶余曩時，每侍燕間，見其揮翰之餘，評論書畫，遇几上有殘箋斷束，輒弄筆作樹石，紛披滿紙。心手耽習，至老不衰。故宜其筆墨韻致，妙絕古今如此。若余資本鈍劣，又經年不一執筆，頹墮自廢，詎能有成。今且衰病日侵，目力無及，歲月蹉蛇，徒有惋歎。聖符正當盛年，又深畫學，願益淬厲制舉業，整翮天耑，然後研精肆力，直造古人之室，一振時習之衰，為文敏傳衣，差不負老人期許。如此冊軟甜疥癩，不足為法，竟當屏置弗觀，勿使惡習薰染，貽桓祖恭似舅之譏也。壬辰花朝，西廬老人王時敏識。

董文敏為庶常時，乞假歸鄉里，廣求戚友處所藏名蹟，銳意臨摹，與宋元諸名家血戰。王太常所謂「摹古之難，形似者神不全，神具者形未肖，必

功參造化，思接混茫，迺能垂千秋而開後學」。此閱歷有得之言。今觀太常
仿古巨冊，集董、巨、三趙、元四家之長，而杼軸從心，神韻超逸，正與宋
元人血戰時慘淡經營之作，為董文敏一脈真傳。國朝畫家群推四王、惲、吳，
而婁東宗派實自太常啟其緒。今世所傳贋本無論矣，即余所藏所見真蹟，以
是冊為第一神品。香岩先生不惜重值購得之，令嗣遠辰觀察又能永寶什襲珍
藏，名畫為得所矣。遠辰知余有癖嗜，借觀兩月，何幸如之。時在光緒壬辰
正月，手臨一過，至花朝而題竟，與太常作畫時年月相符，亦偶然一合也。
吳大澂。

王圓照仿古山水冊

【紙本，凡十幀，每高一尺二寸，闊八寸八分。】

【第一幀，淡設色。】

仿燕文貴。

【第二幀，水墨。】

仿江貫道。

【第三幀，青綠。】

仿趙文敏。

【第四幀，水墨。】

仿叔明。

【第五幀設色，沈白題，書於對幅。】

擬子久。

世之仿一峰道人者，稍加勾勒，不事皴染，往往以蒼硬老辣為能事。此
或其晚年遊戲則然，非專詣也。吾郡董文敏、朱太常兩家所藏真蹟，溫潤妍
秀，氣厚而神遠，余猶及見之。廉州工於摹古，是幅深得浮嵐暖翠三昧，損公
攜過離垢園，靜對展閱，岩桂弄香，秋日澄霽，何減少文撫琴動操時耶。庚戌
秋八月廿有五日，雲間沈白賁園氏，書於水木清華之室。

【第六幀，水墨。】

仿倪高士。

【第七幀，水墨，汪琬題，書於對幅。】

仿梅道人。

廉州寫出仲圭神，幾筆山林造化真。我向武塘曾弔古，稜稜石塔幻中人。

梅道人石塔在嘉善梅花庵中，過之者咸以為高僧，必致敬禮。夫出格道人迴無凡相，與高僧何殊。廉州王公又為之重開生面，仲圭在焉，呼之或出矣。古吳汪琬。

【第八幀，淡設色。】

仿陳惟允。

【第九幀，水墨。】

擬馬文璧。

【第十幀，設色。】

仿李營丘。

【自跋一幀，尺寸同畫。】

歲在戊申春王正月，庭前綠萼初華，暗香入簾，案頭筆硯精良，頗覺清適。偶得宋元畫冊，遂染成此十幀，雖不能彷彿古人萬一，但余衰暮尚爾懇習，較之好博弈者，聊勝一籌耳。婁水王鑒。

王圓照七帖圖首合冊

【紙本，凡七幀，皆山水。每高九寸七分，闊九寸六分。】

【引首紙兩幀，高一尺一寸二分，闊二尺一寸。】

家傳墨寶【隸書】。

【第一幀，水墨。】

湖山如畫，吟眺怡情。庚子嘉平，鑒。

【第二幀，水墨。】

仿巨然，鑒。

【第三幀，水墨。】

仿北苑筆，湘碧鑒。

【第四幀，設色。】

仿白石翁筆，鑒。

【第五幀，水墨。】

仿香光居士筆，鑒。

【第六幀，水墨。】

辛丑元旦試筆，湘碧鑒。

【第七幀，水墨。】

仿倪高士《溪亭山色》，鑒。

【自跋兩幀，界烏絲格，尺寸同畫。後跋三幀，尺寸與引首同。】

余庚子夏築室二楹於弇山之北，僅可容膝。窗外悉栽花竹，聊以盤礴。奉嘗煙翁過而顏之曰「染香」，蓋取《楞嚴經》中語也。從此閉關，日坐蒲團，焚柏子一爐而已。臘之既望，薦之大兄攜晉唐墨榻五帙，及有明薦紳家遺先司馬手扎一帙相示，屬余每帙仿古一幅，以弁其首，欲傳之子孫。於乎，近時風俗，惟重阿堵，不知以畫為何物。大兄家徒四壁，不事生產，獨能向冷淡處留心，真不易見也。心服其志，如數應之。辛丑孟春哉生明，小弟鑒識。

壬寅□秋會，余邁先太恭人之戚薦之，大兄視余苦塊中，出草帖一帙，云為前帖之續，列為七卷，裝潢成集，別其次序曰「一天星斗煥文章」，題其編曰「閒窗清玩」。展卷縱觀，詢美且都，半為先宮保所題跋，語具集中，故不多贅。適歲庚子嘉平，予各為圖繫之簡端，今仍屬畫於余，不敢弗其雅好，敬仿倪高士《溪亭山色》以應之。信手塗抹，未能夢見古人，徒污此集。雖欲為閒窗清玩，恐不免佛頭著之誚矣。擲筆惘然，小弟鑒識。

江左畫學，淵源明季，文、沈諸公，可稱極盛。迨華亭董宗伯靈秀天成，神韻獨超千古，迄今流傳片紙，價等連城。嗣後先奉常與湘碧郡伯先後繼起，同以畫道提唱後學，臨摹古人名蹟，一樹一石悉宗正派，掃盡世俗衰謬之習，一時聲價並重，四方推善畫者，有「婁東二王」之稱。然先君以世務牽掣，晚年愁冗紛集，兼多向平之累，興會所至，時一渲染，未遑朝夕，從事於斯。而湘翁則蕭然一身，屏去塵事，得以餘力，專意盤礴，明窗潑墨，遍仿宋元諸家，無不逼肖，而於董、巨尤得三昧。殘縑斷楮，得之者如獲拱璧。此冊雖僅七幀，而拈毫布景，每幅中別一境界。筆筆摹擬古法，參以變化神明，故能脫盡窠臼，超逸出塵，實為生平得意之作，使人玩味，不能釋手。今其小阮源晟世兄，念係先人所珍愛，不啻髻珠，裝潢什襲，永為世寶。非獨志趣可嘉，而其孝思亦非時流可及矣。余本不知畫，幸得展觀，附綴數言於後。甲申六月望前三日，太原八十二叟隨庵撰，題於蕭雲閣。

此先從兄圓照之真蹟也。先兄筆墨妙天下，全師法宋元諸名家，而別有一種自然神韻，秀出天表，覺煙雲山水拂拂，從十指間搖曳而出，所謂「滿堂動色嗟神妙，世人那得知其故」也。此冊凡七幀，為庚子辛丑間初構染香堂時作。老筆紛披，姿致溢溢，雖尺幅中而具有千岩萬壑深遠不測之勢，尤妙入神品。薦之大兄鄭重請乞而得者，再傳至源晟姪，更加裝潢，遂成巨帙。縹錦為餙，觸手如新，捧閱再四，不勝歎羨有加。因憶吾家自先奉常公以來，

博綜藝苑，法書名畫收藏頗多。滄桑而後，遭逢患難，蕩然烏有。無論其他，即先兄繪事，巨幅小條，長卷方冊，無一存者。予常有句云「萬卷樓頭尋舊夢，縹緗零落倍傷情」，言之可為流涕。今觀源晟能保守故物若此，可謂子孫之賢者矣。聞其諸郎君，皆彬彬可喜，最少者亦能從事丹青，所繪花頭特妙。此冊之留傳，正未有艾，是可重也。吉光片羽，庶幾不朽天地間乎。豈獨薦兄之式憑，亦大堪為吾宗之佳話矣。故特題數語於後而歸之。康熙甲申長夏，隱屏八十老人遵晦題於屆壽堂寓次。

此冊觀廉州自跋，先圖六幅於六峽之卷首。閱第二跋，至壬寅，又寫《溪亭山色》一幅於續帖，共成七幅之數。傳至王源晟，於七帖上拆下裝為巨冊，較之裝在帖前，自無散失之虞。更有太原、琅琊名輩前題後跋，可稱全玩。彼耳鑒之士，幸勿以七幅視為不成數而忽之。至畫之高古蒼秀，無美不具。計其畫時年月六十二三歲，兩年所作，精神團結，是得意筆也。鑒者其珍秘之，非具眼人勿輕以示。乾隆乙卯嘉平月之廿日，竹癡題。

後跋隱屏老人乃麟洲之後，跋中稱先奉常是麟洲先生也。竹癡又記。

王圓照仿古山水冊

【紙本，凡十二幀，每高一尺三寸四分，闊一尺四分】

【紙簽】

王湘碧摹宋元十二幀真蹟，靜逸庵主人鑒藏，神品。

【第一幀，水墨。】

摹大癡筆。

【第二幀，水墨。】

米家山。

【第三幀，青綠。】

仿趙文敏。

【第四幀，水墨。】

學梅花庵主。

【第五幀，水墨。】

仿元人筆意。

【第六幀，淡青綠。】

仿趙文敏。

【第七幀，水墨。】

仿陳惟允。

【第八幀，水墨。】

臨子久《秋山圖》。

【第九幀，水墨。】

仿梅道人筆。

【第十幀，水墨。】

師董文敏筆法。

【第十一幀，淺絳。】

仿黃鶴山樵。

【第十二幀，水墨。】

辛丑小春，仿古十二幀於祇園蘭若，王鑒。

【跋紙一幀，尺寸同畫。】

四王先生中，惟廉州能運筆中鋒，其合作處，堪與董華亭對壘。此仿古十二幀聚精會神，丘壑位置，渲染古雅，得宋元人之神髓，不徒以形似稱能者也。畫作於太倉東門外之小祇園，即弇州先生藏經之所。今祇園頹廢而斯冊如新，昔人云，「筆墨之壽於金石也」，信然。乾隆辛亥春仲，重裝於靜逸庵因識，竹癡畢瀧。

王圓照虞山十景冊

【紙本，凡十幀，皆山水。每高八寸，闊五寸六分】

【紙簽】

廉州虞山十景冊。

【引首紙一幀，高八寸八分，闊一尺二寸九分。】

王廉州虞山十景畫冊

是冊舊有王煙客隸書題首，歸次公時已失之，故屬予重書。予以其為家山舊景也，故樂而書之。濠叟沂孫。【隸書】

【第一幀，設色。】

大海回瀾。

【第二幀，青綠。】

桃源春潤。

【第三幀，設色。】

拂水層巒。

【第四幀，設色。】

昭明書臺。

【第五幀，青綠。】

西城樓閣。

【第六幀，淡設色。】

湖橋夜月。

【第七幀，設色。】

維摩寶樹。

【第八幀，淺絳。】

吾谷丹楓。

【第九幀，水墨。】

雲護龍祠。

【第十幀，設色。】

藤溪積雪。

右虞山十景為式臣年親翁畫。壬子春，王鑒。

【跋紙五幀，每高八寸八分，闊一尺三寸。】

廉州王先生於萬曆二十六年戊戌，而是冊作於國朝康熙十一年壬子，年七十五矣。筆墨工致，字畫端楷，全無老年面目。江上外史稱石谷為畫中龍，而晚年多荒率氣象。吾謂畫中龍，國朝四大家中惟廉州實能當之。遠湖陸愚卿。

吾谷在虞山西門外，丹楓滿山，泛舟觀之，疑入桃源洞中，不知身在人世也。甲寅十月下澣，自海虞歸，出以重觀並記。

《吾谷丹楓》，余觀之三次，必在霜後。晨起日出林開，紅黃相雜，爛如蜀錦，真所謂「霜葉紅於二月花」也。閒鶴巢主人。

余家舊藏先生小影一幀，西亭寫照，石谷補景，黃冠道衣坐竹林中，望之疑若神仙，今在畢竹癡處。

廉州小影畫在宣德紙上，數年內前竹嶼辭世，其子硯山旋即出售，聞為吳門王氏收得。癸酉秋七月晦日雨慇，偶閱此冊又識。蘭隱生。

王廉州畫虞山十景記

王圓照畫吾虞勝景，凡十幅。斯圖也，自國初以迄咸豐之末，二百餘年未有改焉者也。凡江以南之詩人畫士，無不知之而題詠之、圖畫之者也。余年始壯，由鄉徙城，隨父老偕友朋涉水登山，遊歷於城西北內外者，今視斯圖十有八九在也。粵寇擾亂，遊宦而歸，父老多歿，友朋或非其故，城市山木，迥非舊觀，故廬無存，甚至不辨徑術。如城西之招真治、逍遙遊，城北之鐵佛、維摩諸寺，昔時所日月至焉者，今盡邱虛。即興福、三峰諸勝地，僅存頹垣敗址，按是圖索之，十不存一二矣。嗟乎！及吾世而竟遇斯變也，則斯圖之前，吾邑之勝，必有瑰奇絕特著稱於上世者，而固茫昧不可知矣。則斯圖之後，更數十年漸出之勝，足以跨駕於前者，吾又烏得而知之哉。而吾也適丁城市變移、景物有無之際，其尚留而有也，增懷舊思古之情；其竟淪於無也，觸身世滄桑之感。而因及乎前之從有而無，後之自無而有，若浮雲變幻，不可彷彿。觀是圖也，其寄慨何所窮極耶。圖今為趙次公所有。其有也，殆亦自無而有之類也。同治十一年二月，予自皖歸，次公出示此冊，蓋新得者，舊有王煙客隸書題首，今亡之矣。圓照，婁東人，而時時遊虞，遂寫虞山勝景，且攜畫友石谷去而成就之，其有造於吾虞何如也。濠叟楊沂孫稿。

同治癸酉八月廿又三日，季念詒君梅、麗鍾琳崑圃、翁同爵玉甫、曾觀文伯偉、麗鍾璐寶生、翁同龢叔平、同集趙氏寶慈老屋，同觀此冊，同龢題記。

癸丑秋仲，古潞息翁獲觀。

王圓照仿古山水冊

【紙本，凡十幀，每高九寸九分，闊七寸五分。】

【第一幀，青綠。】

仿蕭炤，鑒。

【第二幀，水墨。】

擬大癡筆法，鑒。

【第三幀，水墨。】

仿梅華老人，王鑒。

【第四幀，設色。】

仿北苑，鑒。

【第五幀，水墨。】

摹巨然，王鑒

【第六幀，淺絳。】

仿一峰學人，鑒。

【第七幀，水墨。】

仿梅道人，鑒。

【第八幀，水墨。】

偶見倪、黃合作此圖，擬之，王鑒。

【第九幀，水墨。】

臨子久《秋山圖》，王鑒。

【第十幀，水墨。】

壬辰新秋仿古十幀於染香庵，王鑒。

王圓照仿古山水冊

【紙本，凡十六幀。第一幀高九寸，闊七寸二分，第二至十六幀，每高八寸八分，闊六寸六分。】

【首幀紙高九寸，闊一尺三寸三分。水墨繪圓照半身小像。無款無印。】

【引首紙四幀，每高八寸三分，闊六寸二分。】

廉石清音，受祺。

【第一幀，水墨寄園，題書於本身。】

戊戌夏畫，為松寰詞兄壽，王鑒。

點染清潤，有筆有墨，得篔箕泉老人正法眼藏。寄園題。

仿仲圭。

【第二幀，水墨。】

仿荊浩。

【第三幀，青綠。】

仿關仝。

【第四幀，水墨。】

仿董源。

【第五幀，水墨。】

仿北苑。

【第六幀，水墨。】

仿巨然。

【第七幀，水墨。】

米家山。

【第八幀，水墨。】

仿大癡。

【第九幀，水墨。】

臨叔明。

【第十幀，水墨。】

仿梅道人。

【第十一幀，水墨。】

擬一峰道人。

【第十二幀，設色。】

仿黃鶴山樵。

【第十三幀，水墨。】

仿仲圭。

【第十四幀，水墨。】

仿倪高士。

【第十五幀，水墨。】

仿趙善長。

【第十六幀，設色。】

擬李營丘，癸丑九秋，仿古□□幀於金閶客舍，王鑒。

王石谷仿古山水冊

【紙本，凡十二幀，尺寸微有不同，載於每幀之首。惲南田題詠，皆書於本身。】

【第一幀，水墨，高一尺九寸五分，闊一尺二寸二分。】

複岫百重，回溪千轉。臨江貫道。

【第二幀，水墨，高一尺八寸六分，闊一尺二寸二分。】

《水村圖》，臨趙文敏。

點點沙鷗下渚田，荒荒漁舍隱溪煙。夕陽柳岸收魚網，秋水蘆花放鴨舡。觀石穀水村橅本，煥然神明，不止下真蹟一等。南田壽平。

【第三幀，淡設色，高一尺八寸，闊一尺二寸。】

燕文貴武夷山卷，曾於白門得觀，因撮其大意。

【第四幀，水墨，高一尺九寸三分，闊一尺二寸三分。此紙上有接痕。】

趙善長師北苑法。

楓湫雲頂　秋風生几席，泠然神襟靜。墨池遊天吳，山靈呼未醒。夾澗青楓高，風潭翠微冷。宿雲停半嶺，村路入谷冥。時從雲影中，忽露青崖頂。南田壽平。

【第五幀，設色，高一尺六寸九分，闊一尺二寸三分。】

郭恕先《待渡圖》。

【第六幀，設色高一尺九寸一分，闊一尺二寸三分。】

謝雪村《霜林茅屋》。

峭蒨煙苔路欲迷，陰崖茅屋隱荒溪。荻花風過秋聲起，坐看紅林到日西。

三十年留心繪事，不知元時玉峰有謝雪村、石穀子，偶從白門見之，亟為歡賞。此景點秋山紅樹，荒率有逸氣，即用雪村遺意為之，南田壽平。

【第七幀，水墨，高一尺九寸一分，闊一尺二寸四分。】

盧洪《草堂》，唐人名迹，余從吳閶借橅，復見思翁臨本，因仿其意。

【第八幀，水墨，高一尺八寸四分，闊一尺二寸一分。】

梧竹清陰，仿雲林生。

一痕煙岫影模糊，碧雨淋漓點竹梧。千古墨林稱逸品，米顛以後只倪迂。

梧竹松石布置，只數點墨耳，泠然有塵外風趣，所以迂翁獨擅千古。南田壽平。

【第九幀，淡設色，高一尺九寸五分，闊一尺二寸三分。】

天遊生《觀瀑圖》，余用其法，略芟繁縟，歸於簡遠。

【第十幀，水墨，高一尺九寸一分，闊一尺二寸。】

徐幼文《谿山琴趣圖》，臨於玉峰客館。

山亭空翠碧溪深，靈氣能生靜者心。嵐雨風聲何處聽，秋聲不斷在弦琴。

幼文筆致秀聲有逸趣，在雲西、丹丘之間，石谷擬議神明，直是後來居上。南田壽平。

【第十一幀，水墨，高一尺八寸八分，闊一尺二寸二分。】

楓崖澹秋氣，松磵冷泉聲。黃雀山人法，石谷王翬。

【第十二幀，水墨，高一尺九寸，闊一尺二寸二分。】

文徵仲仿李成《寒林激澗》，王翬。

唐以前無寒林，自李營丘、范華原始盡其法，雖虯枝鹿角，槎枒紛挐，而挈裘振領，條理具在。壽平。

王石谷十萬圖冊

【紙本，凡十幀，設色山水。每高九寸四分，闊一尺二寸一分。每幅對題，尺寸同畫。】

【第一幀。】

萬笏朝天。

一代人物之興，必有山川之靈以應之。如吳中天平山之萬笏朝天，范文正公之舊居在焉是已。然非名繪不能肖其形，使遠近睹之如相接也。余惟藏此畫者亦必如文正公其人，而後合吾大司寇分足以當之。

【第二幀。】

萬橫香雪。

如此境界，不可得也。境界雖有，不能常入其中，而樂此境界也。梅之著名如羅浮、孤山、鄧尉、燕子磯、西溪，所在而是。以天下數之，則其境界誠不可多得也。隴頭之梅，已無有矣。庾嶺之梅，余將往觀焉。披圖而玩，如登關門，而身在眾香之國，不知猶滯京華，為我公作題畫之人也。「折梅逢驛使」，古別離語，今則秋帆潞水，折柳旗亭，援筆載言，可勝黯淡。卻思到日，果然此人此身，竟得此境界而樂之。追思與我公題畫時，又惝怳若昨夢也。則此庵中獨坐人，烏知非南安白頭老守耶。相念所及，展葉觀之，便如對晤矣，又何必藉驛使以傳心也。

【第三幀，對題，紙有補接痕。】

萬卷詩樓。

古人云：擁書萬卷，何假南面百城。自昔曹氏有書倉積石為之，邊氏有經笥滿腹貯之。此《萬卷詩樓圖》若為補前語之未盡，與我公作照也。公之借山堂，藏書甚富，政暇獨坐，誦讀吟哦。余每得追陪偃息其中，每讀清篇，極諸家之能事。殆合倉笥而擅三美，光芒所起，豈能窺斯樓之積蘊耶。

綠窗棐几淨生光，亂葉風翻堆幾床。望裏深林相暎帶，分明如見借山堂。

賞過花事看蟾蜍，隨地風光畫不如。吟遍闌乾清漏永，有人陪著醉尚書。

【第四幀。】

萬壑爭流。

寒澗絕壑，昔人以之評書，喻其氣與勢也。即以評畫，亦然。予與耕煙遇於京師，盤桓既久，和其學之深。筆之所到，亦如眾流奔匯，騰撞呀灂，畫作波濤，山搖谷應。耕煙之來源，予能識之。

【第五幀。】

萬丈空流。

每臨無際獨沉吟，筆底何從測淺深。排蕩波瀾吞日月，誰能不起望洋心。

【第六幀。】

萬松疊翠。

松巔傑閣俯崔嵬，漾淼晴湖一片開。絕似靈巖山徑裏，登臨曾記去秋來。

【第七幀。】

萬點青蓮。

昨日來遊淨業湖，芙蕖萬頃雜菰蒲。誰知今夜燈熜下，始信湖光是畫圖。

【第八幀。】

萬林秋色。

秋光催客已傷神，望去遙天寫得真。碧幢丹楓江上路，輕帆偏送別離人。獨上鬱孤江上臺，幾林霜葉似花開。秋風若比春風好，還許人能與雁回。

【第九幀。】

萬竿煙雨。

萬里黔南客，遙從楚塞過。雲深湘女廟，木落洞庭波。淅瀝驚殘夢，嬋娟引醉哦。未能賒月色，奈此夜如何。

【第十幀。】

萬峰飛雪　康熙癸未冬日，烏目山中人，王翬。

畫家每以雪景以總其成，蓋有合乎歲寒之義也。歲逢寒而雪生天地山川，冰壺玉瑩，實過乎春陽之麗。而其間蒼松翠柏，凌空挺立，撐住風霜，暗回春色，畫家構思之深，殆與化工有兩相契合者耶。吾於耕煙所製《十萬圖》見之。戊子七月廿四日，奉別大司寇寄齋巢公赴南安守，宿於鶴亭阿太史家。公攜此冊索題，舉觴秋夜，翦燭深堂，觸景含毫，隨所得而發乎情，有不能已者。蓋情之感人甚深者也。思之深，情之深，因所會而引申，即所發猶有所未盡。但覺披圖瀏覽，公危坐以待漏聲四下，其意未嘗少倦。不惟茲夕，

十四年來雅懷篤誼，有如一日。予故喻以歲寒之義，慨然歡興，留題冊後。他日公秉軸持鈞，覆被所及，仰望天邊，楨榦獨立於群玉峰頭，使小草弱蔓，得藉以凌霄暎日，此情此誼，出於尋常萬萬，又何十萬之足囿乎。海寧陳奕禧拜手記。

【自跋紙一幀，高九寸六分，闊一尺二寸一分。】

昔倪高士為陶南村作畫冊十種，皆以萬為名，如首幀即《萬笏朝天》，後幅《萬峰飛雪》，題曰十萬圖，舊藏陽羨陳少保家，商丘侯朝宗作文記之。今此冊已入長安，無從賞其筆墨。山窗暇日偶憶，戲用其題擬為圖，而用筆不拘一法。雲林此本略兼各家，畫題亦稍為酌定，未識於古人氣韻有合否也。癸未嘉平月朔，耕煙散人王翬識。

王石谷山水冊

【紙本，凡十幀，每高六寸九分，闊九寸四分。惲南田題書於本身。】

【紙籤】

石谷老人墨妙，南田題，虛舟書額。

【第一幀，淡設色。】

石林含雨氣，山塢帶寒溪。

【第二幀，水墨。】

剪取富春一曲，以慰賞心之人。南田。

子久有《富春捲》，人間第一墨寶也。

【第三幀，水墨。】

篷窗娛閒，得此幽致。天趣飛動，人不能知。壽平。

【第四幀，青綠。】

趙文敏《鵲華秋色卷》，向在郡中為好事者購去，石穀子曾留粉本。此圖小中見大，風規宛然。

【第五幀，水墨。】

欲知萬歲枯藤筆，且看懸崖倒掛松。

【第六幀，水墨。】

平沙空闊處，隱几聽江聲。此石老往來白門道中，得江山真境也。

【第七幀，水墨。】

幻霞《鶴林圖》，得簡遠之趣，所謂洗盡塵滓而與天遊。壽平。

【第八幀，水墨。】

墨華開洞泉，山靈應起舞。身居煙翠中，夜聽瀟湘雨。　芙蓉溪外史題。

【第九幀，水墨。】

隨筆遊戲，略似鄭僖，深入元人勝處矣。

【第十幀，水墨。】

初夏遊錫山，過漪月先生齋中，盤桓筆墨，賞心談諧，引滿極驩。別後往來金閶玉峰間，每深風月之思，輒以囊中小冊寄興，並屬南田細為題識。南田亦漪翁，未面而同心者也。丙寅臘月廿四日，古虞王翬。

斷崖一片秋雲橫，小橋石底泉聲過。何時種此青琅玕，碧雨冷然展書坐。南田草衣壽平。

王石谷山水冊

【紙本，凡十幀。第一幀高七寸五分，闊一尺五分。第二至十幀每高八寸四分，闊一尺一寸二分。惲南田、笪江上題詠書於本身。】

【引首紙高九寸一分，闊一尺二寸七分。設色。惲、王二公半身小像。】

南田草衣畊煙散人遺像，過雲樓摹【隸書】。

【第一幀，水墨。】

石面迸出水，峰頭穿破雲。寫荊、關遺意，書宣社長先生正。耕煙散人王翬。

【第二幀，淡設色。】

何處發清嘯，杳然深松林。幽溪碧雲上，時聞鸞鳳音。乙丑暮春之初，南田壽平題。

【第三幀，水墨。】

黃子久《富春圖》筆意。

【第四幀，淡設色。】

九點龍峰帶翠煙，東風搖漾落花天。停帆且泊梁溪口，與子同烹第二泉。觀石穀子戲寫錫山一帶風景因題句，壽平。

【第五幀，淡設色。】

平山流水遠連天，磵路柴門深樹煙。澤國秋風鱸鱠好，荻花溪岸釣魚船。擬趙善長《溪山釣艇》，壽平。

【第六幀，水墨。】

深樹荒坡雲島間，石根秋水荻蘆灣。林中結個黃茅屋，坐看溪南竹外山。南田壽平。

【第七幀，水墨。】

溪上閒行日未斜，石橋南北見桃花。避人魚入深深水，傍母鳧眠淺淺沙。重光。

【第八幀，水墨。】

溪橋深樹曉煙生，雲壁崚嶒翠削成。知是空山秋雨過，滿林殘葉亂泉聲。壽平。

【第九幀，水墨。】

天遊雲西用意飄灑，天真爛然，故能脫去町畦，超於象外。南田壽平。

【第十幀，水墨。】

乙丑暮春，梁溪道上與南田子同舟篷窗，風日妍好，娛弄筆墨，遂成十幀，正米海嶽所謂一片江南也。即屬南田題詠，以志一時興會云。王翬。

王石谷仿古山水冊

【紙本，凡十二幀，皆設色。每高九寸，闊一尺二寸三分。

此冊原本十幀，其首二兩幀，因紙色尺寸相同，故集入一冊。至用筆題款，當在七十歲以前所作也。】

【第一幀。】

晴麓橫雲　仿關仝筆。

【第二幀。】

墟煙寂歷歸村路，山色蒼寒釀雪天。　放翁詩。

【第三幀。】

煙空翠影遙山抹。　仿李營丘筆意。丙申夏五，王翬。

【第四幀。】

趙大年《江鄉清夏》。

【第五幀。】

胡廷暉與趙文敏交善，在松雪齋手摹名迹甚富，往往奪真。文敏最為心喜，故其為山水悉有根據，淺學者豈能辨此。王翬識。

【第六幀。】

架上多異書，屋角臨流水。蘆荻風蕭蕭，秋聲淡如許。　石穀子王翬畫。

【第七幀。】

野色開煙後，山光淡月餘。　寫唐人詩意。

蘆葉有聲疑霧雨，浪花無際似瀟湘。　王翬又書。

【第八幀。】

青山萬疊雲無盡，中有仙人問月臺。　仿黃子久《秋山圖》，王翬。

【第九幀。】

松峰蕭寺　撫黃鶴山樵。

【第十幀。】

遠山望去如橫黛，紅葉吹來似落花。

【第十一幀。】

山色忽隨雲影換，秋聲暗向樹頭歸。　仿大癡道人。

【第十二幀。】

王右丞《雪景山居》，丙申九秋，王翬臨。

王石谷仿古山水冊

【紙本，凡十幀，尺寸微有不同，載於每幅之首。】

【第一幀，設色，高一尺一寸五分，闊八寸五分。】

《採菱圖》，仿惠崇筆。

湖州秋水玉泠泠，湖州女兒出採菱。梭船蕩槳紅撥刺，阿姊唱歌教妹應。隔溪小閣帶醉憑，移坐下風宜遠聽。補石田翁詩。

【第二幀，淡設色，高一尺一寸五分，闊八寸二分。】

燕文貴《武夷山》卷，曾於白門得觀，因撮其大意，王翬。

【第三幀，設色，高一尺一寸二分，闊八寸七分。】

仿楊昇沒骨山。

【第四幀，水墨，高一尺一寸五分，闊七寸八分。】

眼看山上雲，去作山前雨。俄頃晦明間，雲山互吞吐。仿高彥敬尚書筆意，王翬。

【第五幀，設色，高一尺一寸四分，闊八寸二分。】

《江關秋霽》，仿甘風子淺色法。

【第六幀，設色，高一尺一寸一分，闊八寸七分。】

《寒江晚泊》，仿李營丘筆，耕煙散人，王翬。

【第七幀，水墨，高一尺一寸五分，闊八寸二分。】

叔明大癡合作《竹趣圖》，取境閒遠，得荒寒古雅之致。乙亥冬十月，耕煙散人王翬識。

【第八幀，水墨，高一尺一寸五分，闊八寸五分。】

仿倪元鎮。

【第九幀，淡設色，高一尺一寸五分，闊八寸五分。】

唐解元《觀泉圖》，王翬。

【第十幀，設色，高一尺一寸四分，闊八寸二分。】

太湖石畔種芭蕉，色映軒窗碧霧搖。瘦骨主人清似水，煮茶香透竹間橋。丙子夏六月畫於長安邸舍，烏目山樵王翬。

王石谷山水冊

【紙本，凡八幀。每高八寸六分，闊一尺一寸九分。惲南田題書於本身。】

【第一幀，水墨。】

寒煙澹修竹　石穀子。

半窗瀟灑五更風，怪是無端攪夢中。疑是故人忙起望，曉煙寒竹路西東。

唐解元《懷友》詩也，石谷作此景，寄暘老道兄屬書此詩，以志企想。壽平。

【第二幀，淡設色。】

夏木垂陰。

【第三幀，水墨。】

仿高彥敬尚書《雨中山》，石谷王翬。

猿鶴聽夜吟，山靈同起舞。層峰欲斷處，還借白雲補。　南田。

【第四幀，設色。】

黃子久《浮嵐暖翠圖》意，石谷。

【第五幀，水墨。】

鴻雁來時水拍天，平崗古木尚蒼煙。借君此地安漁艇，著我西牎聽雨眠。董宗伯有小幅，因憶寫此。王翬。

【第六幀，水墨。】

《載鶴圖》。

【第七幀，水墨。】

嶺路入青雲　師營丘筆意。

下惟聞水聲，上不見山頂。研北呼雲來，真宰猶未醒。　　白雲溪外史壽平。

【第八幀，水墨。】

樹杪百重泉　戊辰二月廿一日，山樓坐雨戲墨，王翬。

王石谷牆角種梅圖冊

【紙本，凡兩幀。每高六寸六分，闊八寸九分。每幅對題紙，尺寸同畫。

【引首灑金箋兩幀。每高六寸四分，闊八寸九分。】

山中林下【隸書】戊午上巳，題為子鶴詞兄，貽典。

【第一幀，水墨，樹石，亭臺。楊子雀題於本身，惲南田對題。】

孤雲瘦石共為鄰，難寫寒岩物外春。今世誰能愛幽冷，雪中猶有種梅人。子鶴種梅牆角，庶幾幽人韻事。余為補圖並題一絕，博諸君春雪之和。王翬。

三春紅紫芳菲處，總屬繁華富貴家。茅舍獨留寒谷意，自鋤牆角種梅花。楊晉。

羅浮天畔美人思，茅屋從來春到遲。萬紫千紅都不屑，只宜冰雪半枯枝。

薜衣寂寞臥溪濱，惟有梅知隱士貧。時抱寒條動真想，花開不是世間春。

冰澌斷壑想移根，瘦骨傾敧掩篳門。天地一寒吾與爾，雪腮殘月伴黃昏。丁巳八月，南田惲壽平題。

子鶴道兄新居，移古梅一本，索同人賦詩，口占三截句相贈。子鶴天懷幽澹，不因人熱，觀其移梅詩，可以知其雅尚矣。余與鶴兄有深契，故略得其性情，因梅以諷歡之云爾。

【第二幀，水墨，樹石，遠山。無款。龔翔麟題於本身，王忘庵對題。】

橫斜牆角一枝春，水蜨岩蜂哪得親。只為詩人多峭冷，紙窗竹閣伴吟身。翔麟。

病骨槎枒瘦影寒，可宜畫閣並雕欄。繁華一片春光裏，細吐幽香不耐看。百里香雲鄧尉花，遠山墟落密周遮。何如楊子譚經處，夜閣書聲帶月斜。崔聲乙乙沖雲過，玉屑霏霏入座來。似我衰顏君寫出，能無妒殺閣前梅。子崔道兄將為余寫炤並致懇，王武。

【跋紙十三幀，尺寸同上。】

玉立亭亭翠袖寒，萬山梅雪此中看。春風長得閒桃李，鐵骨冰心獨樹難。

老幹婆娑迴不群，閒花蔓草漫紛紛。誰吹玉笛斜陽下，畫裏分明獨見君。丁巳秋杪題閣梅，為子鶴道兄笑正，老易軒宋實穎。

丁巳初度，子鶴道兄到虎丘為寫六一圖小影，隨出此卷索詩，率題三截句，求正。

六一頭顱惜歲寒，卻存西晉舊衣冠。須臾展出移梅帖，宛到高人雪閣看。

葉落林皋古幹斜，夢餘清影對寒花。闤闠無限繁華處，偏向虞山處士家。

陶峰我有千梅塢，得意胸中不在多。從此楊雄堪閉戶，莫忘孤狷老岩阿。【予時即別還山】溪纕弟陳澣。

同雲天地白漫漫，誰為梅花一倚欄。明月久知名士傲，東風長憶故人寒。開窗的的如能笑，對酒依依更耐看。自是眾香清絕處，霓裳吹下玉塵乾。　　題為子鶴道兄並正，豐南吳綺。

空香夢隱烏皮幾，靜對丹青六法微。移得孤根伴深雪，不勞人蹟到岩扉。季家老圃虞山北，曾憶沖寒訪宋梅。何日更尋楊子宅，滿床書畔一枝開。　　天醒趙燝題請子鶴詞長正，時丁巳霜降日。

梅雪從來號好朋，移梅名閣兩相應。他時雪裏梅花發，挈我筇枝共一登。

頰上三毛虎筆齊【子崔精於寫照】，家傳寂寞愛幽棲。片言叮囑梅魂道，薄命休嫌處士妻。　　雪閣移梅詩為子鶴道兄賦，嚴熊。

尚父湖頭冰雪乾，移來今種子雲家。獨憐風雨無休日，不得同看一樹花。種梅二韻，題贈子鶴老道兄並正，南樓凌竹。

舉世誰能戒履霜，貞姿傲雪獨含芳。鋤雲種得三千樹，繞屋幽香冷月光。雪閣移梅詩似子鶴老道兄政，竹里彭行先。

畫筆吟箋聊作伴，青山好處即為家。荒寒莫指林逋笑，此是羅浮獨樹花。種梅詩賦贈子鶴詞兄一笑。覲庵陸胎典。

春風開遍閒桃李，獨有孤梅占隱家。贏得舊遊烏目路，【子鶴家烏目山下，陶隱居雲吳中無烏目山，不知其在吾虞也。】年年來看雪中花。次韻種梅詩奉贈子鶴詞道見正，滄鮫陳濤。

移根斷壑帶春寒，抱膝人將臥雪看。欲識閣中無限意，冷香清影到闌杆。

六法精微自出群，老梅風骨正如君。從今看到花開日，烏目山中滿白雲。題似子鶴社師一粲，宗渭。

調鼎和羹事也無，清芬只合伴菰蘆。試看水月湘簾處，一幅孤山偕隱圖。題似子鶴道兄並政，吳趨金侃。

　　草玄開秘閣，愛雪築梅坡。樹老一株足，花飛六出多。月明清影入，人靜暗香和。有日遊吾谷，還來就薜蘿。丁巳初冬客吳門旅邸，率題奉贈子鶴老年道兄並祈粲正，晉陵趙鳶。

　　一壑清冰釀晚霞，神仙請墮到君家。玉塵十斛瘦蛟舞，古幹橫披闐苑花。縹緲東風萼綠華，移根新種野人家。平生不喜凡桃李，始信世間無此花。　　清秋臥疾，杜門卻埽，喜惲子正叔同子鶴道兄寓我衣香閣上，觀其解衣礧礴之樂，以當枚乘《七發》，因出《種梅詩》，索和口占二絕以報之。時丁巳重陽前九日也，莆陽余懷。

　　自從種得寒梅樹，不放春風過別家。小閣卷書清曉坐，就床吹送兩三花。已未元夕後二日，東里吳德裕和。

　　畫梅直逼逃禪筆，妙染流傳賞鑒家。我更愛君添韻事，小總梅是手栽花。子鶴同學兄屬和，雪坡顧淵。

　　枝橫鹿角，梢拖鼠尾，和雪買栽莎地。絮雲無數管柴門，有誰解攜篰來此。玉花五出，檀鬚七出，偏吝毫尖生意。暗香未著冷柯間，已早似，竹莊風致。　　子鶴出是幀索詠，見題贈皆詩愧不能和。適其師石谷示趙子固跋辛酉人《墨梅卷》，遂檃栝其意，填《鵲橋仙》詞，桃鄉農李符。

　　玉雪一庭香自滿，幽芳今已占山家。春來吟興添多少，一句新詩一瓣花。南村衛用弨和韻。

　　林亭虛敞延西爽，十里青山半在家。只恐謾勞漁父問，桃花不種種梅花。奉和子鶴道兄種梅絕句請正，棠庵陵。

　　東風剪雪濕春光，石骨雙龍滴香乳。誰家處子娉婷姿，疏影飄飄濯寒雨。移來鐵幹別生春，大花小花如笑人。子鶴高寒咽冰雪，正襟不染桃花塵。讌罷瑤池月光裏，玉妃清夢呼不起。纍纍實結爕調羹，一片芳馨映江水。老鶴彳亍步古根，白煙裊鰓墮幽魂。羅浮仙人倚雪閣，孰漏春色開衡門。丁巳九日晨起，雲陰風清，坐北總為子鶴道兄題《雪閣移梅圖》，吳懋謙。

　　雪瘦檜寒一卷詩，更從畫裏見清姿。高情前輩思無限，牆角春風數立時。戊戌正月，後學奚岡題。

　　想見當時帶月鋤，梅花今日尚開無。畫圖留得清標在，始信繁華是鄙夫。乙亥嘉平月，孫仰曾題。

　　種梅韻事傳圖畫，當日諸君詩共論。卻憶西湖林處士，於今牆角步芳塵。辛丑秋日，汪玉繩題。

王麓臺仿元六家山水冊

【紙本，凡六幀。每高六寸六分，闊八寸五分。引首紙兩幀，尺寸同畫。】

靈心自悟。【隸書】西廬八十七老人題。

【第一幀，水墨。】

仿大癡。

【第二幀，水墨。】

仿黃鶴山樵。

【第三幀，青綠。】

仿趙承旨。

【第四幀，水墨。】

仿梅道人。

【第五幀，設色。】

仿高尚書。

【第六幀，水墨。】

仿雲林。

【自跋一幀，尺寸同畫。】

此余丁巳春間往雲間筆也。先奉常見之，謂余為可教，題識四字。今閱十五年矣，於古人筆墨終未夢見，殊愧先大父指授，為之泫然。康熙庚午長夏，觀於毘陵舟次，謹題原祁。

王麓臺仿古寫四時景冊

【絹本，凡八幀，皆山水。每高一尺二寸九分，闊八寸一分。】

【第一幀，青綠。】

八幅所題詩，皆司成孫先生應制之作。余曾奉命補圖，故並錄之。

繞舍瀑泉流不歇，隔林梅萼暖纔舒。高人相見松風裏，笑指龍鱗問著書。仿趙松雪。

【第二幀，青綠。】

何處風吹細細香，南園春色正紅芳。櫻桃花底遊蜂密，楊柳陰中乳燕忙。仿趙大年。

【第三幀，設色。】

松下茅齋五月寒，澗泉終日瀉鳴湍。不辭略彴紆行徑，為引鄰翁看藥欄。仿劉松年。

【第四幀，水墨。】

投策披襟千似岡，超然人境任徜徉。石舂高落清泉響，風過微聞翠柏香。仿梅華道人。

【第五幀，淡設色。】

夾道松杉古寺深，青山傑閣俯城陰。探幽不待攜筇杖，把臂何妨共入林。仿董北苑。

【第六幀，設色。】

野水無波一徑寒，釣魚人在蓼花灘。夜看明月照江上，坐久不知清露溥。仿馬文璧。

【第七幀，設色。】

疏林隱約帶江山，樵舍漁村水一灣。兩岸黃蘆自蕭遠，寒鴉萬點暮飛還。仿李晞古筆。

【第八幀，設色。】

浮嵐遠近白巖巖，山澗奔流殷若雷。見說前村梅信早，不辭踏雪過橋來。仿李營丘。

右仿古寫四時景八幅，皆余應制之作。向若一見，強余再摹寫以歸之。時丁亥冬日，王原祁製。

王麓臺仿古山水冊

【紙本，凡十幀，皆水墨。每高九寸二分，闊一尺一寸二分。】

【第一幀。】

董宗伯寫《盧鴻草堂圖》，竊仿其意。

【第二幀。】

仿巨然。

【第三幀。】

仿趙松雪《水村圖》意。

【第四幀。】

倪高士筆意。

【第五幀。】

黃鶴山樵《夏日山居》筆意。

【第六幀。】

小米筆法。

【第七幀。】

子久筆。

【第八幀。】

梅道人筆。

【第九幀。】

喬木竹石。

【第十幀。】

寒林煙岫　丙子嘉平仿宋元十幀，似問翁老先生教正，麓臺。

【自跋兩幀，尺寸同畫。第二幀右角下一印，模糊不辨。】

畫中山水六法，以氣韻生動為主，晉唐以來，惟王右丞獨闡其秘，而備於董、巨，故宋元諸大家中，推為畫聖，而四家繼之，淵源的派為南宗正傳，李、范、荊、關、高、米、三趙，皆一家眷屬也。位置出入不在奇特，而在融洽穩當；點染筆墨不在功力，而在超脫渾厚。古人殫精竭思，各開生面，作用雖別，而神理則一，非惟不易學，亦不易知也。余本不知畫，而間亭先生於余畫有癖嗜。此冊已付三年，而俗冗紛擾，無暇吮毫，撥墨所成十幅，或風雨屏門，或養屙習靜，間一探索翰墨，流連光景，置身於山巔水涯、荒村古木之間。古人之法，學不可期，而心或遇之。若謂余為知古能學古者，則遜曰不敢。質之先生，以為然否。王原祁題。

惲南田仿古山水冊

【紙本，凡八幀。每高六寸，闊六寸九分。吳平齋札一通，附裝副頁。】

【第一幀，水墨。】

松溪漁艇　仿巨然。

【第二幀，設色。】

惠崇《江南春》卷，董宗伯所醉心者。

【第三幀，水墨。】

文湖州《古槎竹石》。

【第四幀，設色。】

米家大翠黛，壽平臨。

【第五幀，水墨。】

倪幻霞《獅子林圖》意。

【第六幀，設色。】

《聽秋圖》，陸天遊小幀，余曾借臨，能得大意。

【第七幀，水墨。】

李咸熙《江村雪意》。

【第八幀，設色。】

趙善長寒溪樹色白雲樓，壽平戲設。

樂全三世兄親家足下：南田草衣畫冊兩本，石谷卷一件，飽觀三日，心目俱快。南田山水冊，尤為開門見山，至精極美之作。生平見南田卷冊頗夥，而實在愜心，決為無貳無疑者，數不逾十，此冊其一也。懷新閣冊驟見，歡賞之至，及借觀兩日，似非南田絕詣，視尊藏本瞠乎後矣。一卷兩冊，不敢久留，特專人送上，望點收。三兒已赴署矣，靜逸歸後，可攜鈔助秋蟲之興。此布，即請刻佳。愉庭頓首，八月廿五日書。

惲南田花卉山水冊

【紙本，凡十二幀。每高七寸一分，闊一尺九分。】

【第一幀，設色桃柳。】

桃葉柳枝，爭妍弄色，壽平。

【第二幀，設色落花遊魚。無款。】

【第三幀，設色牽牛。】

苕華館擬北宋徐崇嗣法。

【第四幀，設色秋花墨石，無款。】

【第五幀，設色秋海棠。無款。】

【第六幀，設色，竹石，草花。】

曾見管夫人寫綠竹，其甥王叔明畫坡石，最後松雪翁補叢花苔草，足稱三絕。此景略師其意。

【第七幀，設色菊花，無款。】

【第八幀，設色臘梅。】

春寒金蓓鎖珠樓，蜜剪花房雪未收。自染檀黃厭香粉，不隨明月度羅浮。元人王澹軒有此圖，因仿之。

【第九幀，設色山水。】

癡翁沙蹟圖　予每作畫，輒仿此幀，竟未能似也，南田。

【第十幀，水墨山水。】

旅食緣交駐，浮家為興來。句留荊水話，襟向卞峰開。過剡如尋戴，遊梁定賦枚。漁家堪畫處，又有魯公陪。雨夜秉燭作米家雲山，並臨米書，與賞音發笑。

【第十一幀，水墨山水，無款。】

【第十二幀，水墨山水。】

《山陰夜雪圖》，北宋李營丘真蹟。董宗伯嘗題營丘大幀，詩云：「營丘李夫子，天下山水師。縱筆寫寒林，千金難易之。」為墨苑所宗如此。

【跋紙兩幀，每高七寸七分，闊一尺一寸三分。】

前度劉郎，元都秀句。綠髻曾簪，憶別西池。千年春小，長壽杯深。

人間仙影難尋，又趁得、鶯花醉吟。絳雪生涼，蘭雲籠曉，結子成陰。倦蝶慵飛，輕鷗驟別，應笑春空。弄水鱗生，流花漲膩，纔吐微紅。

青絲撩亂東風，正岸柳、滄浪翠蓬。鱸躍蓴波，天澄藻鏡，太液池東。半氋微涼，千絲怨碧，珠絡玲瓏。月約星期，霧朝煙暮，未易相逢。

人間夢隔西風，正夢繞、疑收楚峰。葉底清圓，露濃如酒，深蘸瓊鍾。杜若還生，嫩篁細搖，金井空陰。潤玉籠綃，並刀剪葉，沾坐分簪。

無情漫擾秋心，轉蜜炬、西牖夜深。羅帕香遺，星媛夜織，憑鵲傳音。十二闌東，麗花鬥靨，修竹凝妝。風露生寒，頻經翠袖，醉倚修篁。

詩清月瘦昏黃，倩鳳尾、還過短牆。斷莽平煙，綠陰吹霧，古石埋香。半綠垂絲，一枝曉露，重返春風。金屋千嬌，香泥九陌，燕去堂空。

夜吟敲落霜紅，障灧蠟、吳娥暈穠。睡足嬌多，影高銀燭，淚溼瓊鍾。新月東籬，斜陽半市，翠幪深庭。鳴瑟傳杯，低簾籠燭，只隔煙屏。

西風乍入吳城，抱素影、空堂露零。霜滿蓬簪，涼花乍剪，纖手香凝。露浥初英，燕簾鶯戶，粉靨金裳。若把南枝，螺屏煖翠，蟬翼黏霜。

趁花飛入宮牆，弄艷冶、偷分壽陽。染額人歸，梅孤鶴瘦，妝洗蜂黃。樹密藏溪，溪頭月冷，溪足沙明。柳暝河橋，潮分斷港，岸壓郵亭。

冷楓頻落江汀，對日暮、歌蟬暗驚。寂寞漁鄉，吳雲雁杳，客思鷗輕。霧掩山羞，山深霧冷，海雨天風。仙塢迷津，漁幾舊迹，清夜推篷。

涓涓暗谷流紅，為洗盡、南屏翠峰。只有沙鷗，旋移輕鶄，漸沒飄鴻。翠冷紅衰，山深歲曉，搖落關情。苺鎖虹梁，桐敲露井，亭上秋聲。

西風先到巇局，料未許、垂楊轉青。冰岸飛梅，煙林褪葉，臺最高層。

吹裂哀雲，愁霾重嶂，天澹無情。粉黛湖山，玉壺塵世，翠嶂圍屏。

更愁花變梨霙，夢不到、瑤臺幾層。一葉寒濤，笠蓑有約，獨釣醒醒。

右調《柳梢青》，集吳夢牎詞題惲南田畫冊。此冊寫生八頁，山水四頁，皆得意之筆。所謂合之則雙美者也。同治十二年季冬既望，艮庵。

惲南田仿古山水冊

【紙本，凡十幀。每高七寸三分，闊九寸六分。】

【紙簽一。】

惲南田仿古山水【隸書】。夢廬十九叔命人傑題簽。

【紙簽二。】

白雲外史山水十幅，道光乙未秋日，六楡七兄索題，廷濟。

【第一幀，水墨。】

北苑神氣，非近日庸史所能窺。

【第二幀，水墨。】

春山欲雨　仿米海嶽。

【第三幀，設色。】

仿子久《浮巒煖翠圖》筆意。

【第四幀，水墨。】

臨倪高士《秋林煙岫圖》。

【第五幀，設色。】

啟南先生有此圖，略仿其意。

【第六幀，設色。】

摹陸天遊真蹟。

【第七幀，水墨。】

閱吳竹嶼畫冊得此意，略仿荊、關，非子久濫觴也。

【第八幀，水墨。】

近人仿雲林多不類是，作此正之。

【第九幀，水墨。】

亦仿倪迂。

【第十幀，水墨。】

觀大癡江山卷，得此數筆。

小景十葉奉呈本師和尚清玩，弟子惲格畫。

【跋紙，一幀，尺寸同畫。】

此冊當是南田早年筆，靈秀之氣溢於楮墨，是從天分中來，不假學力而成者也。後來登峰造極，仍不越乎靈秀，以是知學至復其本性而止。咸豐己未九月，韻初仁兄出示此冊，欣賞之餘，漫志數語。錢唐戴熙書。

吳漁山仿古山水冊

【紙本，凡七幀，尺寸微有不同，載於每幅之首。據跋語本有十幀，今僅存七幀矣。】

【第一幀，水墨，高一尺四寸三分，闊九寸五分。】

予從苕霅歸，過吳門，訪默公。默公留於興福精舍，不覺兩月。以去春索畫素冊，早晚戲弄筆墨，遂得十幀。顧資鈍腕拙，未能夢見古人，聊供嘔噦耳。丙午清和上澣，吳子歷。

【第二幀，青綠，高一尺四寸，闊九寸一分。】

【第三幀，水墨，高一尺三寸九分，闊九寸四分。】

【第四幀，青綠，高一尺三寸九分，闊九寸三分。】

【第五幀，水墨，高一尺四寸，闊九寸四分。】

【第六幀，設色，高一尺四寸，闊九寸三分。】

【第七幀，水墨，高一尺四寸，闊九寸四分。】

吾禪友默容從余繪事，有志於詩學，使其早得三昧，當以弘秀名聞，不幸掛履高岩，其命矣夫。壬子年來，每過興福，輒為隕涕。其徒聖子，喜其復修家學，一燈耿然，默容為不亡矣。此冊往予為默容所作，今潤色並及之。乙卯年九月十七日，延陵吳歷又識。

【跋紙五幀，尺寸同上。】

余幼喜藏畫，因得交文彥可先生。先生精於賞鑒，復得顧禹功，禹功筆墨蒼老，由是始知古人意趣之所在。近歲得史漢谷畫而悅之，漢谷極口吳漁山畫，因與定交。漁山為虞山人，名家子，行履高潔，超然物表，能書與詩，為陳確庵先生高足。性好畫，胸中既藏萬卷，所交遊皆賢士大夫家多藏古蹟者，而漁山一一揣摩，每到佳山水處，則累日忘返，宜其畫之獨絕也。嘗為余畫《桃源圖》，妙極。茲又為默公寫此冊，每一幅仿古人，無不得其神髓，使宋元諸名家從紙上躍出。夫古人止擅一人之長，而漁山則兼眾人而有之。倘

所稱畫之大成者乎。默公亦善畫，與漁山有水乳之合，故畫妙至此。寄語默公須寶藏之，勿輕示人也。丁未孟秋，而菴徐增識。

虞山吳子漁山以筆墨妙天下，直入古人堂奧，無多讓也。每有所得，正如山中白雲，自堪怡悅，間亦持贈二三知己。若侯門大家、羶薌所集，往往去之如遺，不復隨群趨走，高炫聲價，以熾日中。知者服其藝，益尊其品，故其所作，亦不墮能事家蹊徑。然天真爛熳，又非矯然疇行，以表表標異於人。其過吳門，必止興福默容精舍，閉戶簡出，一日之蹟，頗有流傳。嘿容既逝，漁山人琴之痛，如過西州門者。且經三歲，其徒聖予能繼厥師之志，恒復致之。予之至止，亦輒相同。聖予出其所藏，欲裝潢成冊，以志不朽。漁山畫在天壤，嘿公一點靈光，亦與此冊並借天光雲影，亘古如存。聖予其寶之，以光常住，可乎。康熙乙卯嘉平臘日，繡衣衲子許之漸識。

畫，難言也，余從事於茲有年矣。今之能手執螯弧而建壇坫者，余皆得事之，即未見其人，未嘗不見其所為也。大江南北，太倉兩王先生而外，則指首屈漁山矣。雖未得縱觀其所為，即此帙，體備諸家，妙兼六法，胸開天地，氣蓋古今，真傑作也。覺余二十年來之從事，空費力氣，不禁惝然。試問之兩王先生，當不易吾言也。亨咸觀因題。

虞山山水之秀，真圖畫也。造化又以其不盡之秀，多生異人，使山川靈氣，還歸筆端，吳子漁山，亦間代一奇也。漁山之畫，入前人之室，掃近代之靡，人盡知之，然余所推著者，則不止是。每見人之工畫者，無不以其所工者自詡，因以其所工者驕人，且又多為贋本，以欺世而射利。噫，真可鄙也。漁山之畫，足上人而意每自下，技足亂真而志取無偽。其澹宕自然之致，蓋有道者流也。漁山之畫固傳，漁山之人將不獨以畫傳，而漁山之畫殆以其人而益傳矣。興福默上人常懸榻以相待，以是得漁山筆墨獨多，余每過訪，輒索其所存畫，一再展觀，見其畫，如見其人。其畫可思，其人更可思也。默公重其人兼師其畫，默公之能自得師並可賀。霽庵史爾祉題。

曩在都中，與董文恪論次諸家畫法，文恪首舉吳虞山，云：「寓荒率於沉酣之中，斂神奇於細縝之表，所以密而不滯，疏而不佻，南田之秀骨天成，西廬、石谷之渾融高雅，實兼有之。」此冊筆墨精妙，氣逸神腴，尤平生傑作。默公不知何人，其能為先生所契重，定非尋常緇流，殆與此畫並不朽矣。乾隆五十五年六月十日，秀水八十三老人錢載題。

吳漁山老年墨戲冊

【紙本，凡十二幀，皆水墨山水。每高五寸五分，闊六寸二分。】

【第一幀。】

墨汁澄滓，秋山界高。伊我知賞，斗酒為勞。康熙戊子年春仲，仿古人。墨道人。

【第二幀。】

黃鳥一聲，呼醒午睡，坐來試張文貴筆。墨井歷。

【第三幀。】

若枯若濃，遊戲而成。晚年之筆，乃爾不覺慚愧。墨井。

【第四幀。】

秋樹無聲，秋山自在，直從韋蘇州詩中寫出。上巳日，墨井道人。

【第五幀。】

墨道人擬古。

【第六幀。】

石壁流泉，墨井歷。

【第七幀。】

海上夏雲奇峰，一日百狀。道人採取，都歸筆下。吳歷。

【第八幀。】

「我歸未有期，蒼翠令人思。寫出虞山面，何殊見大癡。」此懷故山良儔之詩也。墨道人閏春三月。

【第九幀。】

畫之遊戲枯淡，乃士夫一脈。遊戲者不遺法度，枯淡者一樹一石，無不腴潤。墨道人。

【第十幀。】

「欲墮更低飛，斜行兩三轉。」楊孟載《落雁》詩也，藉以題此。漁山子。

【第十一幀。】

帆走一風長。漁山子。

【第十二幀。半畫半題。】

東澗無聲暗自流，雲中宛轉到樓頭。道人滌硯消長晝，不畫湘秋畫渭秋。墨井道人在晚樓畫就題之。

【自題紙，一幀，尺寸同上。】

雲在情酣　秋窗明淨，素冊就手，喜而題之。墨道人。

吳漁山仿古山水冊

【紙本，凡十幀，皆水墨。每高七寸二分，闊八寸七分。】

【第一幀。】

遠岫接煙光，斜陽在釣航。眾漁歸已盡，獨自過橫塘。　東樓暑薄寫此，墨井。

【第二幀。】

月中疏處最秋多，葉葉斜斜映淺波。曾折長條贈行客，只今黃落未歸何。予《秋柳》詩也，並書。墨井道人。

【第三幀。】

前人草草塗抹，自然天真炯爛。小重陽後一日，漁山子。

【第四幀。】

墨井道人雨窗擬古竹醉日。

【第五幀。】

林鳩喚雨不成雨，山鵲呼晴亦未晴。盡日聲聲是何意，欲催潑墨米圖成。梅雨乍霽，延陵歷。

【第六幀。】

不是看山定畫山，的應娛老不知還。商量水闊雲多處，隨意茆茨著兩間。墨井道人從上洋歸，寫於東樓。

【第七幀。】

石激水流處，天寒松色間。墨井道人。

【第八幀。】

寫元人畫，大抵要簡澹趣多，曲折有韻。五月小盡日，墨井歷。

【第九幀。】

春事已云莫，落花門外無。何為井上樹，四月尚如枯。漁山子。

【第十幀。】

蕭蕭疏疏，木落草枯。空山無人，夜吼於兔。　墨井道人。

【跋紙一幀，高八寸四分，闊九寸九分。】

墨井道人畫，筆力遒勁，意趣深遠，其逸趣澹雅，當在石谷之上。此冊

非其得意之作，或少年之筆，亦未可知。然書款甚妙，蓋起書法本勝於畫也。
丁亥秋日，公望識。

卷十五

國朝六大家山水冊

【紙本，凡十二幀，尺寸各一，有不同，載於每幅之首。

引首紙，高一尺二寸五分，闊二尺一寸二分。】

國朝六大家山水真蹟集冊【隸書】　雨生書來言，海寧水災甚重，既申牒於上官，意猶惴惴，恐一民之或饑也。知余暫歸，囑署數字於畫冊，蓋慮余之速行耳。九月二日檢行李畢，就殘鐙寫此，以報知己。時光緒己丑歲也，翁同龢記。

【第一幀，水墨，高七寸八分，闊六寸。】

辛卯冬，為子介詞兄畫，王時敏。

【第二幀，水墨，高八寸，闊七寸六分。】

野戍荒煙斷，深山古木平。湘碧。

【第三幀，淡殼色，高八寸四分，闊七寸一分。】

仿范中立。

【第四幀，淡設色，高八寸四分，闊七寸一分。】

仿營丘。

【第五幀，青綠，高一尺一寸六分，闊一尺。】

野老念牧童，倚杖候柴扉。

【第六幀，水墨，高六寸七分，闊八寸九分。】

庚午立冬日，蘭雪堂得觀叔明《夏日山居圖》真蹟，因仿大意。石穀子。

【第七幀，青綠，高一尺二寸三分，闊九寸一分。】

辛卯長夏仿趙松雪夏山。山靜似太古，日長如小年。二語近之。王原祁。

【第八幀，水墨，高八寸，闊七寸五分。】

麓臺。

【第九幀，淡設色，高一尺二寸四分，闊八寸六分。】

過橋南岸尋春去，踏遍梅花帶月歸。丁巳夏戲圖，壽平。

【第十幀，水墨，高八寸三分，闊八寸六分。】

仿癡翁，園客壽。

【第十一幀，水墨，高八寸一分，闊九寸。】

白花細點靜無波，嫩葉初藏軟角多。風拂一聲殘照裏，誰家新調採菱歌。春雪初晴題，為若韓道兄。吳歷，歲甲寅上元後一日。

【第十二幀，水墨，高八寸，闊六寸。】

故人何處踏晴莎，笠帽春風醉幾多。料得雨深苔逕滑，豈能煮茗共婆娑。上巳前一日，題寄滄漁有道兄，漁山子吳歷。

惲南田王石谷山水合璧冊

【紙本，凡十二幀。第一幀高八寸五分，闊一尺一寸一分。第二至第六幀，每高八寸一分，闊一尺一寸三分。第七至第十二幀每高九寸，闊一尺一寸八分。】

【第一幀，水墨。】

雲氣生毫端，樹色落研北。心手忽相忘，誰知有筆墨。陸天遊《丹臺春曉》極似此圖，南田壽平。

【第二幀，水墨。】

霧滿空山未放晴，蒼茫一徑與雲平。籬邊盡日無人蹟，萬竹林中聽雨聲。雲溪壽平。

千頃琅玕，三間草閣。吾意中所有，願與賞心共之。南田。

【第三幀，水墨，無款。】

【第四幀，水墨。】

拔得青鸞羽，空中墜墨精。寒窗夜風雨，片片作秋聲。題耕煙散人墨竹，白雲外史。

【第五幀，水墨，無款。】

【第六幀，水墨。】

墨華開洞泉，山靈應起舞。身居煙翠中，夜聽瀟湘雨。春雨迷漫，客窗閒興。戊辰二月，白雲外史壽平。

【第七幀，設色。】

趙大年《江村讀易圖》，石谷王翬。

【第八幀，水墨。】

石穀子此圖，真能到古人不用心處矣。春宵展觀，似欲飛去。壽平。

【第九幀，淡設色。】

唐解元《林塘佳趣圖》，石穀子。

【第十幀，淡設色，無款。】

【第十一幀，水墨。】

李咸熙《寒林欲雪圖》。

【第十二幀，設色。】

松杉風外亂山青，曲几焚香對石屏。空憶去年春雨後，燕泥時污太玄經。春日坐雨山牕，剪燭戲寫叔明小景。石谷王翬。

王石谷師弟山水合璧冊

【紙本，凡十六幀，每高八寸七分，闊九寸六分。】

【第一幀，水墨。】

茶香睡覺心無事，一卷《黃庭》在手中。欹枕捲簾江萬里，舟人不語滿帆風。石谷王翬。

【第二幀，水墨。】

十月江南未隕霜，青楓欲赤碧梧黃。停橈坐對西山晚，新雁題詩小著行。己酉歲倪瓚。

雲林學關仝用側筆，如東坡學徐浩用偃筆。石穀子。

【第三幀，水墨。】

漁父詞

儂在東南震澤洲，煙波日日釣漁舟。山似翠，酒如油，醉眼看山不自由。　　渺渺煙波一葉舟，西風木落五湖秋。盟鷗鷺，傲王侯。管甚鱸魚不上鉤。　子昂。

身在燕山近帝居，歸心日夜憶東吳。斟美酒，鱠新魚，除卻清閒總不如。　　人生貴極是王侯，浮利浮名不自由。爭得似，一扁舟。弄月吟風歸去休。　管夫人。

管夫人水墨小卷真蹟，筆意纖秀，全以惠崇為師，因仿其意並錄題句，王翬。

【第四幀，水墨。】

漁莊秋霽　壬申七月既望，橅趙文敏筆，楊晉。

【第五幀，水墨。】

夫人寫竹如寫字，不墮畫家蹊徑中。料得山房明月夜，倏然葉葉遶秋風。學管仲姬墨竹，水西晉。

【第六幀，水墨。】

晴江新水漲春潮，草閣幽人坐寂寥。忽憶村南素心友，正拖竹杖過溪橋。仿白石翁。

【第七幀，水墨。】

雨過郊原曙色分，亂山元氣碧氤氳。白雲滿案從舒卷，誰道不堪持贈君。楊晉。

【第八幀，水墨。】

落落長松夏寒　寫右丞詩意，野崔晉。

【第九幀，水墨。】

春陰十日溪頭暗，夜半西風雨腳收。但覺奔霆吼空谷，遙知萬壑正爭流。虞山楊晉。

【第十幀，水墨，王石谷題書於本身。】

仿巨然筆，顧昉。

山徑蕭蕭落木疏，小橋流水限林廬。秋風黃葉少人蹟，雞犬不聞唯讀書。王翬。

【第十一幀，水墨。】

晚過橋南寺，扶黎步野輕。鳥啼春雨足，花落午風晴。顧昉。

【第十二幀，設色。】

黃鶴山樵《草堂讀書圖》。

【第十三幀，水墨，王石谷題書於本身。】

仿王舍人《溪亭遠山》，壬申秋七月，顧昉。

長安寓齋與若周晨夕聚首，較論法書名畫，每至二鼓方臥。觀其染翰揮灑，真與元賢頡頏也。王翬。

【第十四幀，水墨】

夏木垂陰　壬申新秋，雨窗學巨然意，邗江王雲。

【第十五幀，水墨。】

江天平遠，王雲。

【第十六幀，設色。】

《水村圖》，仿趙大年，徐玫。

王石谷查梅壑山水合璧冊

【紙本，凡九幀，皆水墨。每高七寸九分，闊一尺五分。張則之、笪江上、惲南田諸題均書於本身。】

【第一幀。】

瀟湘水雲　方壺外史意。

煙靄微茫楚水濱，孤峰怪石鎖松筠。誰從澤畔褰芳草，吟望湘雲憶美人。為江上先生題，玉書。

【第二幀。】

秋意正淒清，閒亭木葉聲。幽人耽野性，今古有同情。　　客培風，閣觀雲林《秋林野興圖》，漫仿其意，庚戌九月，士標。

此圖藏於吾潤張氏，迺雲林盛年仿北苑法也。屬查梅壑摹寫其意，復經王石谷略增點染，神韻蒼厚，與幻霞老年筆，又是一格。

【第三幀，庚戌。】

以石田之筆力，尚不能作雲林，而瞻老放筆輒與神似，蓋起人正與雲林無二致也，余安能不傾歎之。壬子冬在毗陵楊氏近園，王翬題。

雲林以天真幽澹為極致，此景神趣正合，宜為王郎所傾歎也。冬夜秉燭，南田客惲壽平題。

【第四幀。】

舊藏北苑《秋曉圖》，追摹其法。梅壑。

則之先生評此幀為冊中第一，江上先生為述其語，余愧之。標又記。

觀二瞻仿董源，刻意秀潤，筆力微遜。江上先生秉燭屬石穀子潤色，石谷以二瞻吾黨風流神契，欣然勿讓也。凡分擘、渲染、點置村屋溪橋，真所謂旌旗變色，煥若神明。他日二瞻見之，定當叫絕。壽平。

【第五幀。】

子久《長江勝覽圖》，賞鑒家謂世無真蹟，即贗本亦自佳，故時擬之，以

志吾慕。時同江上先生宿焦山之雙峰閣，主人重周師甚賞之。庚戌九月二日，士標。

元有一峰，今有二瞻，幽閒澹逸之韻，泠然與塵凡絕矣。石穀子題。

【第六幀。】

李伯時《寒江夜泊》，石穀子偶臨。癸丑十月九日，時在維揚之秘園。

明月在水，白雲在天。誰其圖此，曰郭恕先。玉書。

【第七幀。】

寫商德符《幽磵孤松》。石谷。

此為江上先生寫照也。冰心霜氣，保此歲寒，願與先生共之。癸丑冬杪，玉書。

【第八幀。】

米虎兒長□圖卷，亦培風閣所藏也。主人攜過焦山，展觀累日，遂為江上先生臨之。士標。

二瞻此圖極似小米，恨不起方壺、彥敬見之，驚歎絕倒也。劍門樵客。

米家法近□董雲間擅長，今又得查先生矣。南田。

【第九幀。】

楓葉紅時杏葉黃，江南秋□滿河梁。臨岐更寫垂楊柳，欲借長絲繫夕陽。壬子十月十九日，舟中同惲□□、楊子崔別江上先生，圖此並糸小詩。王翬。

毗陵舟中送別□號和石谷王郎

河干把酒到昏黃，客似鄒枚散大梁。夜向篷窗歌折柳，曉看帆影過雲陽。南田草衣惲壽平即席呈江上先生。

十月河堤柳正黃，扁舟日日傍漁梁。唧杯點筆青燈下，不管秋山隱夕陽。和石谷韻。

與君談笑過三秋，又戀篷窗不□休。卻似汪倫同李白，踏歌岸上送行舟。口占苔王山人，江上外史。

【跋紙三幀，尺寸同畫。】

笙魚太守自蘇州郵寄惲、王諸賢合作畫冊，附以手簡，謂「此冊舊為武林王安伯所藏，原本十二幀，當時託人和會，以重值得之。庚申冬，杭城之變，此冊陷沒賊中，不意蘇城克復，此冊竟能璧合珠還。雖失去三幀，而大美忌完，得此已非常喜幸，不敢作求全之望，必得鄙人為之長跋」等語，讀竟，亟展畫冊諦審，共九番，其第一番仿方壺外史《瀟湘水雲》，為王石谷畫，張

文貞題，不署年月。二番仿雲林《秋林野興》，江上外史屬查二瞻寫其意，復倩石谷潤色之。款署庚戌九月。按是年江上四十八歲，二瞻五十六歲，石谷三十九歲。三番仿雲林、二瞻畫，款廑押角「庚戌」二字，石谷、南田題。南田少一谷一歲，是為三十八歲。四番仿北苑《秋曉圖》，二瞻畫，南田題。五番仿《長江勝覽圖》，二瞻畫，石谷題。六番仿李伯時《寒江夜雨》，石谷畫，文貞題。款署癸丑十月，是年文貞三十二歲。七番石谷仿商隱符《幽澗孤松》，文貞題。八番仿米虎兒，二瞻畫，石谷、南田題。九番石谷寫《送別圖》，江上、南田各有和詩。此冊廑九頁，從庚戌至癸丑，三四年間掇拾而成，洵查、王得意作也。當日江上外史主持風雅，一時名士如查梅壑、惲、王諸賢，常主於其家。文貞則為同邑後進，觀其商評六法，互為標置，想見前輩風流，真令人有生不並時之感。山居清暇，坐枕江閣，對北顧諸山題。此冊中梅壑所稱「同江上先生宿焦山之雙峰閣」，不知當日風景比今如何也，言之憮然。同治三年歲在甲子春三月，平齋吳雲書於焦山之三退樓。

　　爭傳畫妙惲王查，自愧粗疏敢浪誇。想到雲煙最奇變，瀟湘深處是吾家。笙魚索題，蝯叟乙丑春日抱罋室呵凍。

　　三年前已見斯本，此日重看眼倍明。恨不同時奉筆硯，畫中真訣問先生。

　　圖中畫久缺南田，零落雲山想未全。歷劫猶存九幅在，從知翰墨有前緣。

　　笙魚六兄索題子青張之萬。

是冊乃作於康熙初年，其時海寓晏安，正士大夫從容文讌之日，而勝國之遺民故老，流風餘韻，流播江海間，洵一時之盛也。江上年最長，二瞻與之雁行，南田、石谷僅及強仕耳。京江相國時居里門，筆墨名貴，已見太平宰相氣象。山林臺閣，殊途同歸，二百年後尤令人傾挹不盡。中天堯舜之際，何可復得，言之慨然。前為杭人王氏所藏，辛酉為申漁所得。當蘇、常皆陷，武林危在旦夕，而至寶有神物護持，申漁以落水蘭亭視之宜哉。光緒丁丑夏五月六幸翁金安清跋，時年六十有二。

龔半千山水冊

　　【紙本，凡二十幀，皆水墨。每高六寸九分，闊一尺四分。】

　　【第一幀。】

　　月白風清不記年，黃茆屋子太湖邊。家家釀酒人人釣，生小何曾用一錢。

　　【第二幀，無款無印。】

【第三幀，無款無印。】

【第四幀，無款無印。】

【第五幀，無款無印。】

【第六幀，題句書於裱綾。】

入山唯恐不深，誰聞空谷之足音。自題。

【第七幀，無款無印。】

【第八幀，無款無印。】

【第九幀，無款無印。】

【第十幀，題句，書於裱綾。】

世無文衡山真本，以余所見者如此。因摹之。

【第十一幀，無款無印。】

【第十二幀，無款無印。】

【第十三幀，無款無印。】

【第十四幀，無款無印。】

【第十五幀，無款無印。】

【第十六幀，題句，書於裱綾。】

臨大米賢。

【第十七幀，無款無印。】

【第十八幀，無款無印。】

【第十九幀，無款無印。】

【第二十幀。】

百里平湖盡淺沙，千行水柳似蓬麻。天寒漁子愁冰凍，個個拋船宿酒家。乙卯中秋，半畝龔賢畫，計二十幀。

【跋紙兩幀，高八寸，闊一尺把憤怒。】

周君愛我久彌深，使我悠悠感在心。和就藥丸親手授，去來千里涉江潯。當年亦有安期子，道是神仙載書史。不合交遊秦始皇，何如爾我皆貧士。月照龍江君乍歸，蘆花如雪片帆飛。贈君圖畫推蓬看，取笑青山牛渚幾。

奉供燕及周先生一笑，同學小弟龔賢。

釋石濤溪南八景圖冊

【羅紋紙本，凡八幀，每高九寸八分，闊一尺六寸一分。

【引首紙一，描花邊通幅，高二尺二寸三分，闊一尺七寸。】

苦瓜真實妙諦　平齋藏，子貞題。

【引首紙二，高九寸七分，闊一尺五寸七分。】

延陵世寶【篆書】，咸豐二年正月，錢唐戴熙謹書。

【第一幀，水墨。】

祖祠喬木

煌煌清廟奠崇岡，靈樹擎天拔地彊。天子報功惟社稷，雲孫追遠許烝嘗。
千尋古色武侯栢，十畝清陰邵伯棠。今日孫枝正蕃秀，願移材幹獻明堂。

【第二幀，設色。】

梅谿草堂【隸書】

君子高居潤水潯，小齋還築傍瓊林。看花忽見乾坤理，玩易正求天地心。
香蠟浮浮誰共味，寒流汩汩自成音。試看床上書連屋，莫道前人不遺金。

【第三幀，設色。】

南山翠屏【隸書】

結廬當面玉周轉，登眺何須著屐勞。節彼瞻如太師尹，悠然見似隱君陶。
千岩雨過浮青障，萬木春深滾翠濤。柱頰朝來得新句，稜稜秋色與相高。

【第四幀，設色。】

東疇綠繞

龐公宅畔甫田多，畎畝春深水氣和。五兩細風搖翠練，一犁甘雨展青羅。
魚鱗隱伏輕圍徑，燕尾透迤不作波。最喜經鋤多有獲，豐年寧愧伐檀歌。

【第五幀，水墨。】

清谿涵月【篆書】

黃山高脈濫微觴，一道分流向草堂。有淰卻如先澤遠，分清還看末流長。
金波冷浸羅紋麗，玉髓虛凝寶鑒光。記得唐賢佳句在，千尋練帶晚含香。【隸
書】

【第六幀，水墨。】

竹塢鳳鳴【隸書】

當時賢者此徘徊，手把琅玕屋後栽。萬個自緣醫俗在，九苞曾覽愍輝來。
宮商盈耳簫韶奏，毛彩朝陽紫翠開。今日遣雛有君子，來儀須上九成臺。

【第七幀，設色。】

山原春漲【篆書】

清時潘騎有閒居，山澤源通二月餘。纔見甘霖過洞府，忽看浮氣襲圖書。鏡鋪浩渺金波汛，簾掛玲瓏玉液虛。好待桃花春浪煖，君家驚起化龍魚。

【第八幀，水墨。】

西隴藏雲

飛煙長護屋西岑，恍惚朝暉又夕陰。不可贈君惟自悅，有時出岫本無心。微橫一抹蛾眉翠，漫繞千金絮幄深。好去從龍覃世澤，南谿應作傅巖尋。

祝枝山先生賦歟西溪南吳氏八景詩，今南高以宋羅絞紙出安，索清湘大滌子寫其詩中之意云，庚辰上元前二日，青蓮閣。

【跋紙五幀，尺寸各有不同，茲不盡錄。】

溪南八景詩次祝京兆韻為爾世道兄作並正

春風及蚤過崇岡，始信名祠據地強。樹有神靈枝更異，歲逢時節果先嘗。反哺但愛曾參烏，勿剪應同召伯棠。欲識主人能好客，諸公題詠滿祠堂。【祖祠喬木】

恰有梅開焰水潯，高人兼不愧泉林。無拘無束南鄰伴，自去自來孤鶴心。雪打軒窗添野色，月明簫管發清音。老夫他日騎驢過，莫費賓筵定一金。【梅溪草堂】

佳絕南山日夕遭，漁樵來往不知勞。卻看籬下兼栽菊，欲把先生錯認陶。屏障每憎五侯宅，煙嵐須勝廣陵濤。【爾世久寓維揚。】市歸定惹家人問，不信城中髻更高。【南山翠屏】

負郭寧貪二頃多，豐年裏俗喜相和。聖朝昔日尊錢鎛，處士全家賤綺羅。細雨輕沾青似袖，微風遠漾綠成波。龐公縱有麥千斛，肯買人間碧玉歌。【東疇綠繞】

溪水聲中共舉觴，月明先上讀書堂。水堪釀酒鄰皆取，月焰彈琴夜正長。釣叟棲遲明素髮，遊魚潑辣畏清光。小童洗硯驚相報，荷葉微沾桂氣香。【清溪涵月】

最喜門開對碧岑，遊人指點立花陰。山家贈客無他物，日夕看雲見素心。映帶紅霞隨屋近，勾留甘雨入苗深。若非犬吠神仙宅，中有吳剛未易尋。【西隴藏雲】

竹林閒坐意徘徊，為愛名賢手自栽。把酒已同嵇阮在，吹簫況有鳳凰來。自看虞夏今非古，安得乾坤閉復開。口內啣圖奉皇帝，將雛飛下最高臺。【竹塢鳳鳴】

春水亂流靜者居，黃山泉水出山餘。已添無數披簑客，更借誰家種樹書。
鸂鶒漫從田裏臥，桃花只恐洞中虛。南村日日須酤酊，酒價還聞賤似魚。【山
原春漲】

渭北弟孫枝蔚具草。

予素愛石濤上人畫，所藏卷軸頗多，出則載諸行笈，入則掛諸齋壁，未
嘗一日離也。頃於吳子景怡案頭，見石公所圖溪南八景頁，愛入骨髓，把玩
移時。景怡曰：君其有畫癡乎。爰持以相贈。予獲之，不啻錫我百朋，亟命工
裝潢什襲珍藏，以時省觀而自意焉，抑因之有感矣。予先世系本唐模，與溪
南接壤，村墟林壑，差堪彷彿，自高曾以下僑居維揚，家山家水，經年罕到，
回首梓桑，徒縈歸夢，安得好手如石公者，一一摹寫以供臥遊乎？予且暮
竢之。雍正甲寅長至前一日，睡山許華生識。

吾友睡山先生風雅性成，品藻識高，其嗜繪事也，蓋不啻球琳琅玕、象
犀珠貝，而於石公墨妙好之尤深。有投以寸箋尺幅者，不惜重價購之。此溪
南八景頁，延陵家寶也，而景怡吳君知睡山心乎愛矣，欣然持贈，固睡山平
時之篤於友誼，有以致之使然，而景怡之慷慨，亦具見一斑已。猶憶辛亥秋，
予於睡山壁間見所懸方正學公《無可與言圖》、周忠介公《雪中山茶圖》、金
聖歎先生《枯木竹石圖》，寓意深遠，落筆神妙，皆希世之珍，而睡山搜羅得
之。歐陽子所謂「物莫不聚於所好」，其信然與。抑睡山所藏名蹟如此者，不
可覶縷。嘗出什一見示，已令我如山陰道上，目不給賞，故因記此頁而牽連
書之。時甲寅嘉平月朔日，宣城劉鼎臣跋。

石濤上人《溪南八景圖》，蓋寫祝京兆詩中之意，並各題京兆詩於上，神
韻高遠，墨汁淋漓，水石雲林，縹緲風埃之外，與詩意酷肖，不啻形之與影。
蘇長公謂摩詰「詩中有畫，畫中有詩」，此更兼之，洵墨寶也。而睡山先生搜
羅得之，珍賞特甚，幾如昔人得戴嵩畫，以錦囊繫肘自隨。其逸興高懷，殆亦
得圖中瀟灑出塵之致歟。往聞幻霞畫入董、巨之室，江南好事家以其畫之有
無為清俗。吾以清歸睡山，誰曰不可。雍正乙卯夏五，吳興嚴源燾書。

《溪南八景圖》，固延陵故物也，先君子素愛石濤畫，吳君景怡慨然持贈。
其族蕈埜為余內弟，性耽風雅，先君子常器重之，易簀之夕，命撿所貯為遺
貺。余竊念蕈埜嘗觀斯圖於碧雨山房，見首幅祖祠喬木，不勝敬先之感，後
每把晤必垂注焉，因出以償夙願，則延陵故物仍歸延陵，而蕈埜之心慰，先
君子之志，亦可酬矣。顧先人所愛終難去心，爰囑蕈埜倩老畫師臨摹貽我，

聊存嗜好之思。昔人有以趙松雪所臨玉枕蘭亭遺人，而取厥贗本以去者，差堪放佛其意云爾。辛未仲秋，棘人許天球識。

世稱麓臺嘗云：東南有清湘在。清湘恃高秀之筆，為纖細，為枯淡，為濃煤重赭。麓臺鑒賞矜嚴，數者當非所取，不知何所見而推尊。今觀溪南八境，方識清湘本領，秀而密，實而空，幽而不怪，淡而多姿。蓋同時石谷、南田皆稱勍敵，石谷能負重，南田能輕舉，負重而輕舉者，其清湘乎。麓臺殊不紿我。然自是清湘傑筆，十不得其一二也。吳氏其世守之。平齋仁兄由維揚寄示此冊，既顏端矣，復跋其後，以志傾倒。泉唐戴熙醇士書。

予觀大滌子畫，獨多以《羅浮圖》為最。平齋先生此冊，又其得意作也。七十五叟湯雨生識於白門。

畫禪何處印高低，解道無題勝有題。指點東疇與西隴，是町畦處不町畦。

歸安吳溯歔西吳，世寶溪南八景圖。太息十年兵火後，幾家喬木不荒蕪。同治乙丑初春，道州何紹基題於吳門抱罍室。

釋石濤山水花卉冊

【紙本，凡十二幀，每高五寸八分，闊八寸二分。】

【第一幀，設色山水。】

閒水閒山，必自有意。

【第二幀，水墨山水。】

兩行秦樹直，萬點蜀山尖。大滌子濟以荊、關法寫之。

【第三幀，設色山水。】

圖中此老似我，應號隨庵。大滌子戲為之也。

【第四幀，水墨山水。】

此如魯公書。

【第五幀，設色山水。】

好詩隨鳥到牎前。大滌子湖上觀梅寫此。

【第六幀，水墨山水。】

此中何能下一點，以書代之或可。

【第七幀，設色山水。】

棹歌江上不揚波，雲裏翩翩一雁過。客況難禁思故舊，如何煙樹漲村多。落落江湖一散臣，蕭然放艇學漁人。隨波欲覓桃花瓣，不信塵埃亦有春。清湘大滌子江上放舟寫，快極。

【第八幀，設色山水。】

清湘老人春日以沒骨雜飛白法。

【第九幀，水墨山水。】

過關者自知之。

【第十幀，設色山水。】

清湘老人濟。

【第十一幀，水墨水仙竹石。】

大滌子。

【第十二幀，水墨梅花。】

老夫舊有寒香癖，坐雪枯吟耐歲終。白到銷魂疑是癡，月來欹枕靜如空。揮毫落紙從天下，把酒狂歌出冊中。老大精神非不惜，眼前作達意無窮。清湘大滌子濟，庚辰上元後二日，牕前梅花未開，燈下寫此遣興。

【跋紙兩幀，一高六寸六分，闊八寸九分。一通幅高一尺三寸二分，闊九寸。】

涪翁云：丘壑須胸次有之，筆墨那能得也。瞎尊者神會此旨，故能縱橫如意。此冊為文埜作，昔雲林子每把筆作畫，必稱大癡老師。文埜肯自傾心瞎尊者，能不如一峰老人全身付託耶。黃虞老望。

本色不出不高，本色不脫不超。搜遍奇山打稿，豈知別有石濤。乙丑花朝題於抱甖室，蝯叟。

蝯書法派本高，論畫見解尤超。嘗言國朝畫家，應推青主石濤。戲用蝯叟元韻題此二十四字發笑。辛巳六月十三日。與潞兒同觀八大山人書畫小冊，偶憶及石公此冊，因屬孫檢出賞玩。覺筆情雋雅，饒有逸趣。校八大似別有真實本領，蝯兄所題二十四字，頗足包括無遺。昔人謂知書者不必善書，觀此益信書畫固一理也。

釋石濤山水冊

【紙本，凡十幀，每高六寸二分，闊九寸七分。】

【第一幀，設色。】

□日祥符何足妙，直上老人峰始嘯。手攜竹杖撥天門，眼底飛流劃石奔。忽然大笑震天地，山山相應山山鼓。驚起九龍歸不歸，伍丁六甲爭鬥舞。舞上天都崱屴崢，開萬丈之劈斧。銀臺金闕在天上，文殊座立遙相望。迎送松

環一線天，不可堦處如蟻旋。大雪皛分前後澥，雲生浪潑採蓮船。遊黃山初上文殊院，觀前海諸峰，夕陽在山，山色皆紫，用卷雲法圖之。石濤。

【第二幀，水墨。】

響山背面，恰如我法。小乘客濟。

丁卯秋。【右三字書於山背。】

【第三幀，設色。】

春夏遊涇川桃花潭，捨舟登岸，□□龍門道上諸峰，草木如獸，誰云不以形似之。丙辰。

【第四幀，設色。】

曲路松杉迥，平田菜麥肥。南湖煙際之中，瞎尊者偶意。

【第五幀，水墨。】

經冬松不改，梅花春亂生。倏然□□望，孤鶴下雲橫。【隸書】道過華陽，似點蒼山，客獅子碞，子以篆法圖此，苦瓜和尚濟。

【第六幀，水墨。】

客雲間，仿橫雲一帶。攜此冊於石上，卻思點染有冷意，苦瓜和尚濟。

【第七幀，淺絳。】

牛首土山多平臺，臺上土人皆種菜麥，遠望平林，始信大癡、黃鶴山樵蒼蒼點法，石濤。

【第八幀，設色。】

四面雲垂八百湖，姆山神女正中圖。片帆纔掛金波湧，知是天風贈埜夫。小乘客濟□湖舟中。

【第九幀，淺絳。】

三天洞口。

【第十幀，設色。】

倦客投茅補，枯延病後身。文辭非所任，壁立是何人。秋冷雲中樹，霜明砌外筠。法堂塵不掃，無處覓疎親。庚申閏八月初，得長千之一枝，寫此遣之。清湘瞎尊者原濟。

釋石濤山水花卉冊

【紙本，凡十幀，每高五寸七分，闊七寸六分。】

【第一幀，水墨山水。】

野外逢人少，山坡落葉稠。青松如舊識，曾到此中否。清湘枝下人濟。

【第二幀，水墨，竹石，水仙。】

醜石蹲伏，水仙停立，蛾眉出宮，作米鹽新婦，別具大家風韻。寫供季翁先生博教，小乘客濟。

【第三幀，設色，山水。】

夕照在山雲在水，高歌人醉杏花天。清湘老人濟。

【第四幀，水墨，芭蕉下一人，倚杖獨立。】

懷素學書，種蕉代紙。雨餘墨汁淋漓，應是此種境界。清湘瞎尊者濟。

【第五幀，設色，桃花。】

武陵谿口燦如霞，一棹尋之興更賒。歸向吾廬情不已，筆含春雨寫桃花。瞎尊者原濟。

【第六幀，水墨，菊花。】

人言菊不落，而騷人用以供夕餐。自來菊無實，而又有吞以仙去者，乃知靈異之變，何所不有。偶用點染而並及之，以廣異聞。時乙亥春寄呈季翁先生博教，濟。

【第七幀，水墨，竹枝。】

寫竹不足，而繼之以寫筍，蟬附蛇蛻，猶未足以盡其奇變也。第未知堪供籩篚之枵腹否。枝下人苦瓜漫設。

【第八幀，水墨，蘭花。】

明月不留人，紅顏意衰老。何日歸湘濱，與君還舊好。湘源苦瓜濟。

【第九幀，水墨，梅花。】

鬪煞人間兒女花，冰霜盡歷返天涯。煙深水闊無消息，路遠天長有歎嗟。故國懷人愁塞馬，嚴城落日動邊笳。祇今對爾垂垂發，頭白依然未有家。瞎尊者濟。

【第十幀，設色，山水。】

白頭僧老煙瘴面，破衲客閒冰雪顏。病日忘言惟誦帚，暮年留眼但看山。萬枝殘藟村橋外，一縷晴雲寺院間。到處茅亭借得住，譔餘名字落人寰。乙亥二月，病起作畫，呈季老詩長博正，元濟石濤。

【跋紙一幀，高六寸九分，闊九寸一分。】

清湘老人贈予墨梅十六幅，諸法俱備，因為裝潢，置之案頭，時一摹仿。頃復得其乾筆一紙，錯綜淡遠，恍如霜鐘初發，獨立於疏煙殘月中，不禁神

往。予與老人居處最久，此種鮮或見之。又兼山水寫生，共計十幅，筆皆絕塵。題云贈季翁者，不知何許人，乃並前合成一冊，洵足寶玩，不獨補其未備也。雍正辛亥九月哉生明，晚盥居士洪正治識。

楊子鶴花鳥冊

【紙本，凡十幀。皆水墨。每高八寸六分，闊一尺一寸三分。】

【第一幀，梅花。】

江梅初破萼，草木未知真。只有尋詩客，寒香入夢頻。西亭楊晉。

【第二幀，柳燕。】

野隺老人偶筆，因書白石翁句於後。

送歸燕，送歸燕，秋社今年又一遍。明年春社是來時，隔不半年仍復見。送歸燕，送歸燕，似與主人相眷戀。對語殷勤楊柳樓，雙飛再四梧桐院。樓中院中，賓客主人，日日開高宴。酒杯在手易肺肝，酒杯去手隔顏面。若將燕子比人情，燕子年年情不變。

【第三幀，牡丹。】

不須千萬朵，一柄足春風。白石翁句，楊晉。

【第四幀，蘭竹。】

沅蘭與湘竹，臭味自相親。寫此既自娛，還貽澹宕人。西亭。

【第五幀，荷花。】

塘坳閒意思，池面好豐神。西亭。

【第六幀，枯樹白頭翁。】

擬白頭翁墨戲。

【第七幀，菊花。】

槿籬臥疏雨，瓦埒飽新霜。元亮酒初熟，黃花足晚香。楊晉。

【第八幀，石牛。】

惟石嵯峨伏似牛，形容不倦幾春秋。古苔覆體如毛潤，細雨淋身若汗流。芳草總多難下口，長鞭任打不回頭。幾回天晚人遙見，問是誰家牧不收。偶閱舊人石牛詩，戲塗，西亭晉。

【第九幀，山茶。】

雪後無顏色，凌寒見此花。老隺。

【第十幀，水仙。】

冰玉含清色，栴檀吐妙香。獨將遲暮意，先報早春芳。庚子小春西亭楊晉，時年七十有七。

楊子鶴花果冊

【紙本，凡十幀，皆水墨。每高六寸八分，闊一尺四分。每幅王石谷題書於本身。】

【第一幀，蘭花芝田一題，並書本身。】

擬文待詔。

謂汝媚世，而乃疏直。良友之性，高人之色。清暉主人書。

寫得叢蘭墨正酣，紛披健葉自毿毿。祇應無地堪懷古，直換西亭是所南。庚寅仲夏，鶴亭芝田。

【第二幀，芍藥。】

煙輕雪膩豐容質，露重霞香婀娜身。埜崔。

不須千萬朵，一柄足春風。

【第三幀，竹枝。】

碧篠挺奇節，空霏散冷露。十年山中游，得此幽真趣。臨梅道人。

紫袍穠襲御煙香，朝散常於白玉堂。拂地湘簾春晝寂，自家磨墨寫箟簹。讀松雪翁詩，風流可想，因書。耕煙散人王翬。

【第四幀，枇杷。】

元人張子政墨枇杷折枝，沈石田嘗有臨本，題句云：雪夜聊塗晚翠枝，前賢墨妙耳中知。捕風捉影真堪笑，亦是人間一種癡。余此幅未識彷彿石田一二否，崔道人。

從來金克木，何事壓枝黃。白石翁句，王翬書。

【第五幀，蓮子藕。】

青荷蓋綠水，芙渠發紅鮮。下有併根藕，上有並目蓮。西亭。

記得西湖秋月裏，劈蓮曾染指頭香。石穀子。

【第六幀，石榴、葡萄。】

我寫葡萄與石榴，愛他多子能為兆。埜崔。

看他開口處，笑落盡珠璣。石田題畫石榴句，耕煙。

【第七幀，桂花。】

何處天風吹桂枝，歸來馬上月明時。清秋萬里香千斛，醉倒花前白玉卮。西亭。

月中仙桂幾時栽，玉宇瓊樓午夜開。特揀高枝折相贈，嫦娥原自愛仙才。劍門樵客王翬，書於紅葉山莊。

【第八幀，菊花。】

東籬金爛熳，猶可富貧家。白石翁句。

平生抱真色，誰怕夜來霜。石穀子。

【第九幀，松樹。】

千歲孤根在，高枝萬古春。當時種松者，尚是黑頭人。

影搖千尺龍蛇動，聲撼半天風雨寒。

【第十幀，梅花。】

獨凌寒雪陪吟叟，肯逐東風傍麗人。

獨憐萬木凋零後，屹立風霜慘淡中。晦庵句，王翬書。

馬扶羲花果冊

【紙本，凡十二幀。每高七寸三分，闊一尺一寸二分。】

【第一幀，設色桃柳。】

紅入桃花嫩，青歸柳葉新。

【第二幀，水墨，芍藥。】

霧重不勝瓊液冷，雨餘唯見玉容低。仿唐六如元馭。

【第三幀，設色薔薇。兩題。】

綠深微露刺，紅密欲藏枝。南沙。

武帝與麗娟看花，時薔薇始開，態若含笑，帝曰：絕勝佳人笑也。麗娟曰笑可買乎。帝曰：可。麗娟奉黃金百斤為買笑錢。薔薇名買笑，自麗娟始。

【第四幀，設色楊梅、櫻桃。兩題。】

火齊寶瓔珞，垂於綠繭絲。幽禽都未覺，和露折新枝。

味方河朔葡萄重，色比瀘南荔子深。

【第五幀，設色桃子。】

扶風元馭。

【第六幀，設色荷花。】

含香風細細，影漫月盈盈。寒食前三日曉窗作，馭。

【第七幀，設色葡萄。】

何處葡萄繞屋生，龍山大宅最長藤。欲求一顆消煩渴，見說前朝賣盡蓬。棲霞。

【第八幀，設色石榴。】

綠幄翠籠文穀皺，絳囊包就寸珠圓。

【第九幀，設色蝴蝶花。】

南園艷草名蝴蝶，紅牆翠苑開雲葉，採香遠夢蓬山妾。

【第十幀，設色，百合柿子。】

扶羲。

【第十一幀，設色菊花。】

白雁南飛霜滿天，柴門曉日竹生煙。須知元亮胸中事，採菊看山亦偶然。

元馭。

【第十二幀，設色，山茶，墨梅。】

棲霞道人筆戲。

高澹游仿古山水冊

【紙本，凡十二幀。每高八寸八分，闊一尺一寸八分。】

【引首灑金箋兩幀，每高一尺，闊二尺五寸。】

吳越雲煙，鶴慶。

【第一幀，設色。】

【第二幀，淡設色。】

【第三幀，青綠。】

【第四幀，設色。】

【第五幀，淡設色。】

【第六幀，水墨。】

【第七幀，淺絳兼青綠。】

【第八幀，設色。】

【第九幀，設色。】

【第十幀，淡設色。】

【第十一幀，設色。】

【第十二幀，設色。】

庚戌九秋，摹宋元諸大家一十二幀，德園高簡。

【跋紙一幀，灑金箋，尺寸同畫。】

此冊是國初派，亦一時習氣使然。然正如明詩人之學唐賢，雖町畦未化，

而逕路自正。或有疑其規模少隘者，恐前賢功力終亦非後人所可及也。嘉慶甲戌霜降，錦繡谷檢讀一過，因志，鶴慶。

黃尊古蜀中八景冊

【紙本，凡八幀，皆設色山水。每高八寸六分，闊一尺一寸四分。】

【第一幀。】

五丁古峽。

【第二幀。】

七盤峻嶺。

【第三幀。】

龍洞伏流。

【第四幀。】

朝天峭壁。

【第五幀。】

嘉陵夕照。

【第六幀。】

孔道翠栢。

【第七幀。】

劍閣雄關。

【第八幀。】

七曲仙蹤　康熙戊戌夏日，寫於積雪堂，虞山黃鼎。

【跋紙一幀，尺寸同畫。】

畫師黃尊古好遊攬，蹤蹟幾遍天下，岱、華、嵩、衡、恒外，如黃山、天台、雁蕩、武夷、匡廬、羅浮、峨嵋、終南、太行諸勝，俱巢其顛，故其落墨俱天地間真境，不乞靈於前人粉本也。此冊寫蜀中山水奇險怪偉，筆足以副之。少陵入蜀詩云「萬點蜀山尖」，又云「兩邊山木合，終日子規啼」，又云「孤雲倒來深，飛鳥不在外」，又云「連山抱西南，石角皆北向」，謂道盡蜀中境界。披閱諸幅，即謂得少陵遺意，亦無不可。乾隆乙丑初夏，長洲沈德潛題於燕京客舍之夷白齋。

華秋岳各種畫品冊

【紙本，凡十二幀。每高七寸七分，闊九寸九分。】

【第一幀，設色山水。】

春山新雨後，江氣晚晴初。新羅山人寫於解弢館。

【第二幀，設色仕女。】

膩玉一身柔，鬢雲兩鬢滑。行來春滿庭，坐處香經月。新羅生並題。

【第三幀，淡設色，園林人物。】

小園豎景逼窩居，新竹成竿好釣魚。又是一年將過半，低眉壓目苦攻書。新羅詩畫。

【第四幀，設色虎食狐。】

悲爾狡狐，亦毒虎食。腥風颭颭，污我岩壁。

【第五幀，設色馬飲水。】

一飲長川水，獨養萬里志。

【第六幀，設色紅葉草蟲。】

秋露淨可吸。

【第七幀，設色蜘網。】

萬類皆有性，各各稟天和。蠶身與汝身，汝身何太訛。蠶身不為己，汝身不為他。蠶絲為衣裳，汝絲為網羅。濟物既無功，害物日已多。百蟲雖切恨，其將奈爾何。孟郊句。

【第八幀，設色花草。】

一枝香纖素不凡，香嚴態逸，擬符蘭蕙，獨淒淒空谷，絕無顧問。余歎草蔓亦有遇與不遇，遂口唫四句贈之。秀不居蘭下，香宜置菊前。年年自石谷，低首臥風煙。

【第九幀，設色菊花。】

冷露秋華著眼清。

【第十幀，設色墨竹小鳥。】

立軟高枝不肯飛。

【第十一幀，設色孔雀。】

春風扇樹蠻華髮，碧雨洗煙孔雀遊。

【第十二幀，水墨山水。】

寫罷茶經踏壁眠，古藤香嬾一絲煙。目遊瘦石枯槎上，心寄寒秋老翠邊。七月雨後，新羅山人寫於解弢館並題。

王鹿公人物冊

【絹本，凡十二幀。每高七寸一分，闊一尺一寸六分。每幅半畫半題。】

【第一幀，設色人物。】

癸卯春孟，一笑先生記。

破茲萬卷書，下筆無點塵。楚楚清華士，嘯歌如有情。雍正癸卯，元居士禿我書舊詩於慈竹館。

【第二幀，水墨人物。】

禿我。

癸卯春日，慈竹館主人記，時上春。

凍雲橫大嶺，積雪耐他寒。香遠一枝玉，無人只獨看。王鹿公年七十有五，書舊詩於畫頁，為從遊愷老。

【第三幀，設色仕女。】

鹿公。

僕於柔弱工細者，以衰故不作。從遊林愷老，以自幼懷想，至今為言，其情奈何？又云他人非叟相知也，其情奈何？私為之圖，覺精神猶在也。禿我跋，時癸卯立夏前五日。

【第四幀，水墨山水，兼人物。】

禿我。

昔有論山水畫在清簡高曠，不在筆重墨濃，此猶字學之謂墨豬，今人多犯之。老夫此言亦發前人所未發，偶題於隙。雍正元年癸卯立夏后五日，元居士王鹿公書。

【第五幀，水墨人物。】

五斗之飲，唐之學士。白眼青天，少陵作意。摣以墨趣，白描之寄。癸卯春三月三十日，元居士禿我書畫於高梧書院。

【第六幀，設色人物。】

鹿公。

群子游枌山，山寒桂花白。綠荑含素萼，採摘自逋客。雍正元年癸卯春三月三十日，七十又五老人錄陸鴻漸詩。

【第七幀，設色人物。】

禿我。

濁酒以《漢書》下之，此宋人語也。畫師摹作圖，隨意規畫，多所移易。

今畫盡去陳蹟，別開生面，庶賞識者矚之也。年七十有五，王鹿公題於高梧書院。

【第八幀，設色人物。】

無我。

秋風清，秋月明，落葉聚還散，寒雅棲復驚。相思相見知何日，此時此夜難為情。太白舝錄填副，王无我，年七十又五。

【第九幀，設色山水兼人物。】

鹿公。

煙散柳條亂，風來松葉疏。陶公閒寫倚，樂此田園居。王无我題於慈竹館。

【第十幀，設色人物。】

無我。

我有太古琴，泠然在空壁。安得知音來，高彈以終日。舊詩書，白元居士。

【第十一幀，設色人物。】

鹿公。

畫以美人嬰兒為難，前代唯稱周文矩、蘇漢臣，他人皆不及。然多工致丹青，清描秀逸未有也。是幀何如唐六如一笑。无我題，時新筍解籜，嫩綠滿牖。

【第十二幀，水墨山水，兼設色人物。】

鹿公。

有古之人，坐秋樹陰。何知讀易，山疑有音。王无我題於粟園慈竹館，時年七十有五。雍正元年歲次癸卯，穀雨後三五日記。

王蓬心仿古山水冊

【紙本，凡十二幀。每高九寸，闊一尺二寸二分。】

【第一幀，水墨。】

雲林子《耕雲軒圖》為生平得意筆，題句最多，但未識耕雲高士為何人耳。曾玩其真蹟，因摹之。

【第二幀，設色。】

董北苑《秋山圖》，亦吾家舊物，今歸繆氏。曾見董思翁臨本。

【第三幀，水墨。】

梅花庵主真本，為先奉常所藏，少時曾一見之。

【第四幀，設色。】

馬遙夫《青弁圖》用荊、關法，是北宗而南派者。

【第五幀，水墨。】

陸天遊《丹臺春曉》，其墨意絕似大癡，曾於江村家見之。

【第六幀，設色。】

巨然長卷，為虞山瞿氏物，橅其一曲。

【第七幀，水墨。】

臨黃大癡。

【第八幀，設色。】

仿馬文璧舊本，文璧為大癡高弟，故畫亦類之。

【第九幀，青綠。】

趙魏公吳興《清遠圖》，是贈嫁物，其外孫壻崔復之有臨本，西齋稱為彷彿之間，甚得真趣。趙、崔二本為鳳翔守去偏合為一卷，昔年於友人家曾一寓目焉。

【第十幀，設色。】

法高尚書筆。

【第十一幀，水墨。】

吾家先世所藏黃鶴翁《松山圖》，今歸雲間張氏矣。追憶而摹之，愧未得其豪末也。

【第十二幀，水墨。】

仿李營邱《寒林圖》，王宸。

王蓬心瀟湘八景冊

【紙本，凡八幀，皆水墨。每高六寸八分，闊八寸九分。每幅半畫半題。】

【第一幀。】

堪羨漁人好，江邊拾錦鱗。村中沽白酒，醉臥下蘭津。題《漁村夕照》，蒙叟。

【第二幀。】

江路人家少，煙村古木多。趁墟人作市，來往亦肩摩。題《山市晴嵐》，蒙叟。

【第三幀。】

行人千里我外，暝色入高樓。虛擬江之浦，歸帆應未收。題《遠浦歸帆》，蒙叟。

【第四幀。】

古寺暮煙渾，山僧何處存。晚鐘初響後，獨自扣禪門。題《煙寺晚鐘》，蒙叟。

【第五幀。】

洞庭漲未收，宇宙如囊括。秋月落波心，萬頃銀鱗闊。題《洞庭秋月》，蒙叟。

【第六幀。】

八月下瀟湘，扁舟不能住。一片黑雲來，化作蓬窗雨。題《瀟湘夜雨》，蒙叟。

【第七幀。】

銀沙千里平，雁字空中下。春去秋復來，顧侶真難捨。題《平沙落雁》，蒙叟。

【第八幀。】

江聲凍不聞，片片凝飛雪。獨自臥扁舟，寒衾冷似鉄。題《江天暮雪》，蒙叟。

【跋紙兩幀，尺寸同畫。】

瀟湘八景於宋嘉祐年築八景臺而始也。宋復古作《瀟湘圖》晚景，東坡有詩三首，亦未見有八景之說。然則八景之名，由於臺而作為畫，宋元人真蹟未之見也。前歲於鄂城見文氏父子二冊，衡山翁略用枯筆濕墨，草草而成，具見風格，佳製也，惜其不全。楊子鶴補《山市晴嵐》一幅，真有仙凡之異矣。休承筆每多刻畫，大遜於乃翁，而三橋所題詩甚工，亦可喜也。余守永八年，正當瀟湘合流之地，友朋索畫者，以《瀟湘圖》應之，曾作十數冊矣，無當意者。昔歲由京洛回郡，道出武昌，於秋帆制軍處見北苑《蕭湘圖》真本，臨摹數卷，筆意稍活，未知能長進否。然以殘朽之年，欲得神奇之境，其卜之來世而後可。辛亥九月七十二叟，王宸識。

王蓬心六法金針冊

【紙本，凡十幀，皆水墨山水。每高七寸九分，闊九寸八分。】

【第一幀。】

仿米襄陽。米家法宗王洽潑墨得來，王之蹟不可得而見，得見米之真亦可矣。余所見米畫有三四本，見其用墨如飛，無形蹟可尋。學者稍得其意，必傳無疑。香光翁即其人也。

仿松雪翁。宋徽宗畫法，為帝王之冠。其畫院中偽本晉、唐者，有千餘種。後之院體專尚摹寫，所以宋畫有刻畫之迹。唯趙松雪則專師摩詰，脫去院習矣。

【第二幀。】

梅花庵主皴斧劈為多，真有巨靈開山之致，而出之有韻，絕不怒張，所以難也。真蹟流傳者最少，餘生平所見唯一二本耳。

【第三幀。】

此巨師畫法也，斧劈中間以披麻，全用中鋒攢點界之，精神迴然。後之梅花和尚得其真諦，明之石田又從梅花而問逕焉。縱之則梅花，斂之則石田，自然沈遜吳矣。

【第四幀。】

梅花道人樹法蒼渾可喜，置之深巘巨壑中殊配。

【第五幀。】

北苑畫山多用披麻，是為南宗之祖派也。昔人論其山水，水墨類王維，著色如李思訓。余曾見其《秋山行旅》一卷，不作大樹，全以碎點為之。山則用短筆，豈古所謂鼠尾皴耶。仿其意作遠峰近石。

【第六幀。】

雲林畫獨用側筆取峭，即以皴法為輪廓，四家中稱為逸品，然亦佩服大癡。學者能於兩家中得其真消息，畫中無俗塵犯其筆端矣。

【第七幀。】

大癡畫平淡天真，峰巒渾厚，為元四家第一。其皴法披麻為多，石法則用斧劈，以石間坡，以坡護石，脈絡分明，精神肆應。其山頭之下又用米家橫點以接雲氣。此亦北苑法也，學者深考而孰摹，畫道得過半矣。

【第八幀。】

大癡樹法以疏宕為主，故松杉諸類不重疊，而悠然意足。昔有論樹，有不了法，「不了」二字，難言之矣。

【第九幀。】

余遊歷數十年，所得黃鶴翁畫凡三四本，或守懷璧之戒，或為易米之帖，無所存矣。然摹寫有年，粗知其意。黃鶴少作皴法極細，羅紋結角，此其制也。晚則蒼渾，大約以披麻為牛毛解索，而運之以郭氏之雲頭皴，變化靈奇，見之而目眩神怡者也。

【第十幀。】

仿馬、夏。宋人馬遠、夏圭為北宗之冠，用墨如油，用筆如勾。余嘗慕為之，而終無其力。然見其真蹟，未嘗不臨摹不置也。今老矣，手腕欲脫，眼光如翳，定不能仿之，聊寫其大意如此。董香光以馬、夏為不入選佛場，忌之也，非惡之也。

仿荊、關。荊浩、關全真蹟，世間當不可得矣。言其皴法作小斧劈，雲林師之，化為折帶。其自題其畫云：「以枯筆醮墨作斧劈，直入荊關之室。」斯言殆有深悟也。

【跋紙一幀，尺寸同畫。】

乾隆癸丑年，在永州甥館論及六法，岳丈偶作此冊，以歸星石丈，為淵源之習。雖一手圖成，自存各家面目，係平生得力之學，聚精會神而發於毫端者。丙子督漕赴都，得於內弟偉齋處重見此冊，忽忽二十餘年，風燈過眼，觀之不勝酸鼻。嘉慶丁丑春二月，孫齡記於巴陵水次。

同治甲子夏日，汪承禧拜觀。

董文恪仿古山水冊

【紙本，凡十二幀，每高一尺三寸九分，闊一尺一寸，間有不齊。第一、四、七、十二四幀各有對題，灑金箋，尺寸同畫。】

【第一幀，水墨。】

元謝葵丘畫，下筆草草，不求形似，而一種平淡天真，殊得味外之味。由其用筆皆從行、草、篆、隸中來，故無一點時史習氣。頃見其擬巨然長卷，因心造境，以腕運心，筆有餘妍，皴無定法，通卷不點一苔，而坡石崖腳卻能分層別脈，真逸品也。此紙師其意，但有厚薄之別耳。

瞥觀似無者，深思殊有蹟。澗谷雲茫茫，春潮一夜白。吹來落花風，蔽此松間石。草木各得氣，不為筆硯役。時手慣點苔，往往損標格。茲但出空際，分層且別脈。大水發紙生，清泉恍不隔。如讀莊列文，奧衍見幽僻。迷

蒙成一片，天外許騰擲。高樹蟬曳聲，泠泠吟兩腋。位置古琴側，摩挲山月夕。柏山法式善敬題。

【第二幀，水墨。】

戲學北苑，思其沈古處不可得。情想荒荒，與手相軥轆，墨滯筆澀，殊未厭意，不獨形似之失而已。

【第三幀，設色。】

老翁欹枕聽山鳥，童子開門放燕飛。甲申九月寫。

【第四幀，水墨。】

文休承以清腴之筆為關仝畫，絕不相似。是蓋學文所摹，不敢謂竊憮關仝也。

亂峰飛出白雲堆，似雪流泉迸急雷。幽客放船成一笑，濕溟蒙處有詩來。野竹搖風秋可聽，水華涼颭浴鷗汀。一篷撐過山迴處，隔岸數峰迎面青。題奉芸甫十兄大人雅正，受笙弟陳均。

【第五幀，設色。】

曾見南田畫柳石，補平堤遠山小幀，蕭疏澹遠，真逸品也。竊擬其意，不免刻鵠之誚。

【第六幀，水墨。】

仿許道寧《五月江聲草閣寒》筆意。

【第七幀，設色。】

擬宋石門《江鄉清夏》，不似。

自從移家石橋住，城外青山溪外樹。年年六月積水潭，紅者荷花白者鷺。獨有江村未獲遊，蕭蕭風雨五更頭。石門寫出亦未見，摩挲故紙生新愁。東山尚書畫中聖，筆有餘妍法無定。灑墨向空詎留迹，龍虎氣力鳶魚性。咫尺萬里雲霞蒸，捫之若涉千崚嶒。霧籠短竹綠巖口，炎熱歇絕清如冰。生平愧未到湖海，樵笠漁篷前夢在。有錢容買蘆荻舟，明月洞簫夫何悔。此冊暫許留詩龕，孤煙落日吾何堪。隔蒼招呼畫禪子，瓦燈勻黛摹江南。嘉慶壬申清明前二日，柏山法式善敬題。

【第八幀，青綠。】

漁舟個個出湖村，山色微茫水氣昏。待買鱸魚新起網，等閒不閉竹間門。仿趙大年。

【第九幀，水墨。】

高士西谿仙館作也。臨來尚不能得其皮毛，自不能夢見其氣骨。嘗聞白石翁於宋元諸家皆能體會，惟高士一種多不涉筆。先生且然，況下此者乎。秋牕作此，愧汗如雨。

【第十幀，設色。】

溪亭詩思，仿徐务文筆意。

【第十一幀，水墨。】

溪閣雨初歇，林嵐霧不開。尚疑雲夢澤，詩思逐帆來。仿一峰道人筆。

【第十二幀，設色。】

李營邱寒山古木如此。甲申小春，董邦達臨。

蒙密萬古陰，磊砢千尺石。一天寒雪釀，漠漠長空積。孤村看落日，馬上問行客。想公操何技，落墨此荒僻。不聞鳥鳴聲，久斷鶴來迹。倪迂寫冬心，數筆道大適。尚書偶為之，觀者微福澤。晚節嘗自勵，後人知護惜。嘉慶壬申春仲，柏山法式善敬題。

【跋紙一幀，灑金箋，尺寸不錄。】

董相國文恪公畫冊十二頁，余見於好古齋董君處，購之而歸，內弟芸甫部郎見而歎絕，爭酬其值而有之。余不善畫，芸甫工繪事，於此冊蓋有真識而篤好者。夫畫者，必真得山水之樂，然後能涉筆成趣。山水之樂，仁知之性也。技也，而進於道，芸甫其進者機耶。余將之官石樓，倚裝忩忩，為識數語於後。秋熱未減，馬首在途，回念芸甫，方科頭赤足在明牕大幾間，日對此冊以洗殘暑，仰羨何止霄漢耶。時嘉慶辛未年七月初五日，季壽陶章潙跋。

國朝巨公供奉內廷、精於繪事、擅名六法者，指不勝數。然欲求氣勢渾雄，筆墨沉厚，經營位置，結構天成，所謂豪端具金剛杵者，斷推麓臺司農，繼之者其惟東山尚書乎。尚書畫證明理法，涵茹古今，遠則宗法宋元，近則於華亭墨妙，獨得神契。論其品詣，無愧大家，足以抗席婁東，並峙一世。此巨幅山水冊十二葉，每葉準今繕造尺高一尺四寸，寬一尺一寸。款紀甲申，乃尚書六十六歲所作，萃諸家之菁華，成一己之邱壑，造化在手，鑪錘從心，實為晚年精純絕詣。餘生平見尚書畫甚夥，於此冊洵歎觀止。蘇鄰主人淵源家學，不靳重值購置案頭，朝臨夕仿，將欲升其堂而嚌其胾，豈僅如宗少文臥遊已哉。承命題後，因書數語以質賞音。庚辰秋七月，愉庭吳雲識於金石壽世之居。

董文恪應制畫冊

【紙本，凡十二幀，皆水墨山水。每高七寸二分，闊九寸三分。每幅隸書圖名四字，御題皆書於本身。】

【第一幀】

古磴盤雲。

林姿嵐態各爭奇，界道中分萬磴披。錦繡圖開雲過處，應為工部句成時。

【第二幀】

平湖帆影。

石湖春水碧波清，無恙風帆縱復橫。小冊攜來行笈便，展看一為證神情。

【第三幀。】

層岩飛瀑。

魚知飛峽雪知潯，境在支硎左右間。不是人情喜近便，瀑泉原合屬寒山。

【第四幀。】

石壁過雲。

古木長林赤壁隈，清江濤擊楚雲開。孤亭四柱屭贔上，祇合名之曰快哉。

【第五幀。】

古木回谿。

鹿裘烏匼坐船脣，溪水回風漾釣綸。不必諮詢定誰氏，中傳名者已多人。

【第六幀。】

水榭觀瀾。

考槃喜俯泌之洋，落落長松夏亦涼。水閣翻書消夏者，子輿神契十三章。

【第七幀。】

密樹煙巒。

成句何曾宿搆與，無端煙樹起吟予。恰如萬壑千林狀，具在鋪箋渲筆初。

【第八幀。】

雲山縱目。

奇峰巉巘樹蘢蔥，峰若吐雲樹嘯風。縱目好山如畫者，不知身在畫圖中。

【第九幀。】

曲岸蕭齋。

平山背倚面清溪，幾架茅庵稱隱棲。底事煙塘多曲折，不教俗客易尋蹊。

【第十幀。】

雲海松濤。

南說歡黃北木蘭，於南想像似常看。何如尺幅收千里，兩界觀雲術有瀾。

【第十一幀。】

亭皋秋色。

江上茆亭納遠空，寒煙颯颯老梧桐。由來秋色遍天下，何獨臨風懷謝公。

【第十二幀。】

月淨間庭。臣董邦達敬繪。

閒庭如水月華流，竹樹影搖荇藻浮。詎藉丹青傳姓氏，虛明此意足千秋。
壬午春日御題。

金冬心山水人物冊

【紙本，凡十二幀，皆設色。每高八寸一分，闊一尺八分。】

【第一幀。】

青山委蛇，柳下一舟，舟中人不知何之，想挈瓶前村沽酒未歸也。涼汀
鷗鷺待之久矣。冬心先生畫畢題記。

【第二幀。】

八九峰如畫，二三人倚闌。稽畱山民寫於無憂林。

【第三幀。】

一市霜叢有人語，晚風撐到臥床前。壽門目舊日詩句作題。

【第四幀。】

山青青，雲冥冥，下有水蒲迷遙汀。飛入無迹，風標公子白如雪。曲江
外史並題。

【第五幀。】

紅藕花中泊伎船，唐白太傅為杭州刺史西湖遊宴之詩也。予本杭人，客
居邘上，時逢六月，輒想家鄉綠波菡萏之盛，因作此圖。舟中雖無所見，而衣
香鬢影髣髴在眉睫間，如聞管絃之音不絕於耳也。蘇伐羅吉蘇伐羅畫記。

【第六幀。】

前年獨汎九江船，二更後，一聲涼笛，把月吹圓。團團爛銀盤，中央天
地寬。阿誰偷種娑婆樹，散霽塵無數。憶樅陽舟中看月，自度新詞一闋。今畫
此景，因又書之。詞計十句，四十字，龍梭舊客筆記。

【第七幀。】

迴汀曲渚暖生煙，風柳風蒲綠漲天。我是釣師人識否，白鷗前導在春船。此予二十年前汛蕭家湖之作，今追想昔遊風景，漫畫小幅並錄前詩，凸江外史記。

【第八幀。】

吳興眾山如青螺，山下樹比牛毛多。採菱復採菱，隔舟聞笑歌。王孫老去傷遲暮，畫出玉湖湖上路。兩頭纖纖曲有情，我思紅袖斜陽渡。此詩餘題趙承旨《採菱圖》之作也。清夏無事，畫已遣興，又書此詩奉寄高流一笑。曲江外史記於廣陵僧舍。

【第九幀。】

樹陰叩門悄不應鷹，豈是尋常粥飯僧。今日重來空手立，看山昨失一枝藤。昔耶居士畫《山僧叩門圖》。

【第十幀。】

馬和之《秋林共話圖》，用筆疏簡，作淺絳色，有楊妹子題詩其上，同鄉周徵君少穆曾藏一幅，余贈以古青氈出軸裝之。徵君下世，為梁少師薌林所得，進之內府矣。今追想其意，畫於紙冊，是耶非耶，吾不自知。稽留山民記。

【第十一幀。】

先生之宅臨水居，有時垂釣千百魚。不懼不怖魚自如，高人輕利豈在得。赦爾三十六鱗遊江湖，遊江湖，翻跚蹦，卻畏四面飛鵜鶘。《放魚曲》為川上翁作已三年矣，今與畫有合，故復書之。曲江外史記。

【第十二幀，兩題，款下印章破損。】

野竹無次，頗多清風，何方朝士屏驕從之來，裹回竹下，歗詠不去，得非王子猷之流輩乎。此間忽有斯人，可想可想。

乾隆二十四年立秋日，七十三翁杭郡金農。

【題跋書於副頁，凡兩幀，尺寸不錄。】

書畫至稽留山民化工也。余舊日藏弆甚多，近欲埽空罣礙，悉以歸汪小米松聲池館。此卷冷雋曠逸，神氣絕妙，閱之頓深懷舊之思，洵乎筆墨之移人也。稽留書法，大似程邈初作隸書，嘗欲雙鉤勒石，此願今亦不果，附書於此，以待世之好事者。道光丁酉七月三日，西湖百二十六峰樵客陳文述書於太湖三萬六千頃草堂。

仙經有「桃花可炊飯」之語，其人服之三十年，卒不能療饑。書家觀舞劍器及擔夫爭道，可悟筆法。近人好學金冬心之畫、陳曼生之隸書，猶之日食桃花飯，觀舞劍器，擔夫爭道，我恐其不能療饑而無所得也。若二君者賦質高，筆力厚，而其一種孤癖之氣得之天地，所以涉筆即佳，此非學而至者。書家至張樗僚為大壞，然其書自傳，所謂有一不可有二，學者當知之。道光癸卯八月，紫珊書於隨軒。

奚鐵生仿古山水冊

【紙本，凡二十幀。每高一尺九分，闊八寸八九分，間有不齊。】

【第一幀，水墨。】

仿大癡《秋山圖》法，蒙老奚岡。

【第二幀，水墨。】

擬黃鶴山樵《松風蕭寺圖》，蒙泉外史奚岡。

昔黃崔山樵極敬黃子久，奉為師匠。一日蕭黃至舍，焚香進茗，從容出其得意之作請教，子久熟視久之，為添數筆於嶕嶢處作樵逕，遂覺有嵩、恒、岱、華氣象，因大歎服。此畫名為黃、王合作，真奇品也。

【第三幀，水墨。】

溪橋散策，撫吳仲圭，鐵生。

【第四幀，水墨。】

仿倪雲林，鐵生。

【第五幀，設色。】

請看石上藤蘿月，已映洲前蘆荻花。

【第六幀，水墨。】

沙岸風微水不波，林居高下隱岩阿。便當此地從耕釣，月一犁鋤雨一蓑。

山深一逕絕塵氛，琴愛無弦香罷焚。坐我忘機向空翠，別峰含雨欲生雲。冬花盦主岡。

【第七幀，設色。】

遠浦桃花，擬趙仲穆，崔渚生。

【第八幀，水墨。】

仿米虎兒，蒙老岡。

【第九幀，水墨。】

朝嵐在樹，宿鳥初開。擬郭河陽，蒙道士岡。

【第十幀，設色。】

楊柳愔愔綠到天，數峰依約若為連。空明剩與閒鷗鷺，宜著斜陽一釣船。崔渚生岡。

【第十一幀，水墨。】

曹雲西《蘆汀煙渚》，曾見南田翁臨本，鐵生擬意。

【第十二幀，水墨。】

《山居圖》，仿杜用嘉。

【第十三幀，水墨。】

九龍山人畫，得意處神似王叔明，蕭淡荒寒，玩味於筆墨之外，鐵生。

【第十四幀，水墨。】

仿董文敏鐵生。

【第十五幀，設色。】

趙文度云「作畫以得勢為上」，此在能展筆耳，如以布置，用意遠矣。時觀文度畫，擬之，鐵生。

【第十六幀，水墨。】

仿煙客奉常，散木居士。

【第十七幀，水墨。】

《溪亭秋色》，仿王湘碧，鐵生。

【第十八幀，水墨，無款。】

【第十九幀，水墨。】

桃花記得江南岸，一片春颿帶夕陽。蒙泉外史。

【第二十幀，水墨。】

山中習靜漫焚香，萬樹梅花映草堂。夜鶴叫歸無覓處，滿川晴雪月蒼涼。冬日餅趣室圍爐，頗有雪意，因漫作此，蒙老奚岡。

卷十六

黃秋盦岱麓訪碑圖冊

【紙本，凡二十四幀，皆山水。每高五寸四分，闊一尺五寸九分。每幅半畫半題，畫上僅書圖名數字。諸家題跋皆書於本身。】

【引首羅紋紙兩幀，尺寸同畫。】

岱麓訪碑廿四圖【篆書】

嘉慶二年秋，盦司馬挈戚友為登岱之遊，適予祈雪泰山，會合岱麓，因訪古石經谷、王母池諸勝蹟，留題而返。秋盦並紀所歷為《廿四圖》，多予按部時所至，意境獨造，非親涉者不能知其神似。越歲戊午南歸，為題篆於幀。陽湖孫星衍記於舟次。

【第一幀。】

孟子廟。【隸書】

鄒縣孟子廟中翠柏參天，牆外數槐尤奇古，每過此，留連不忍去。修廟題名諸刻，宋元居多，宣和四年孔端朝碑最工。近出韋子深等造像一碑，在牆外，是齊刻。過斷機堂，元碑三，篆書「暴書臺」三大字，有李少溫法。南門樓上鐵鐘，有「大安三年」款，八分書一行曰「皇帝萬歲，重臣千歲」，甚古拙。

「暴書臺」三篆書石刻，無年月姓名，是楊辛泉書也。方綱往來拜謁摩挲石刻者十度矣，今得題此《廿四圖》，得讀秋盦記遊始於此幅，非宿緣耶。嘉慶三年戊午仲春六日，適孟博士傳蓮來京師與於辟雍之典，方綱亦得叨陪橋門，作頌之末，欣幸歡感，載筆記之。

余生平以未謁孔林為恨，惟孟子廟則數數經過，過必進謁。林木陰翳，殿庭宏肅，視仲家淺仲子廟規制隘陋，任兒童蹴踏其中者，未可同日語也。題名固多宋元刻，而達官往來惡札不免，非秋盦高古之筆，何以稱此。懷玉。

【第二幀，水墨。】

孔林。【隸書】

出魯東門，望孔林甬道，古柏成行，枝枝有態。林內拜墓，見兩石人，製作甚古，問魯王墓前石人二，阮學使已移置曲阜縣學宮明倫堂，刻款二行於上。余獲畫像有分書「周公」二字，顏運升已移置周公廟內，林內及洙汜書院，搨得元碑三通。

方綱每至曲阜，訪問淹中里，而未確得其地。若得稍有考據，即請吾秋盦以此蒼茫之筆，作魯淹中圖，怳若置身徐生蕭奮間，豈非大快。

【第三幀，設色。】

孔子廟。【篆書】

仁和何夢華步先聖林牆外，得漢永壽元年孔君碣，余為作《林外得碑圖》。乾隆甲午十月，余得熹平二年斷碑於曲阜東關外，又作《賀碑圖》。阮學使芸臺移二石於同文門之東，與舊存諸漢碑並列，誠為盛事。數年來三過捫碑，盡得善本。見魏李仲璇《修廟碑》側有王長儒書一行，宋張齊賢《代祀碑》後有裴瑀一行，前人未錄也。

門欄之外依東阤者，此即永壽、熹平二碑，其欄內舊列漢碑，則不具圖也。讀此一幅，典彝古氣照耀百代，盡在几案之間矣。《韓勑後碑》，屢訪求之不得，欲商量如何作《訪韓勑後碑圖》，庶幾精靈感召，此碑復出爾。竹垞、谷口皆常常見之，或寫朱、鄭在幅前而黃翁步後，可否。

【第四幀，水墨。】

鐵山【隸書】

鐵山在鄒縣北門外三里許，崖刻八分書佛經，字大徑尺。其上篆額止「石頌」二字，大二尺許。經後字稍殺，徑五六寸，有「漢丞相匡衡苗裔匡喆造經□咸韜書皇周大象元年」等字。崖勢陡滑，搨字良難。余數搨始獲其全，文辭雄麗，與岱麓磨崖刻爭勝，而近在城外千餘年，無人過問，余始搨之，亦奇事也。經下石壁刻「寧朔將軍孫洽」「僧安道壹齊」「搜揚好人平越將軍周」「任城郡主簿大都維那」「閭長嵩」等分書。又一石崖刻李巨教等題名，俱奇偉。

人生非金石，孰與千年固。金石未千年，尚復多殘誤。惟人能壽之，收傳若不足。泰山峻極天，黃河一帶注。名勝古寺多，碑碣迷煙霧。黃子好成僻，書畫高難步。盤磴萬山巔，洞壑曲折赴。冒險事搜剔，炭藥不迴顧。泲水廟堂前，集碑數十具。翠墨富篋笥，留雲並攜露。廿四繪成圖，卓絕黃倪晤。記錄既古拙，而如旦暮遇。我今厚眼福，玩味生奇趣。聊為志數言，今古志傑作。嘉慶五年嘉平既望，含谿王秉韜漫題。

【第五幀，水墨。】

岡山。【篆書】

岡山距鐵山數里，余自曲阜至鄒境，陟岡山之陰，行頑礌絕壑間，而達山之陽。憩小庵，望山巔石面刻八分大字佛經，崖壁作大楷，後有「大象二年比邱惠暉」等名。

予往來鄒縣屢矣，而未能與秋盦攜手彳亍厓石間，想秋盦是日亦必恨不與予同遊耳。然今日得披讀所寫鐵山、岡山諸幅，亦何減同遊之樂邪。即作是日覃溪、秋盦同來，又何不可？正不必幅幅要倩補畫耳。二月十二日識。

【第六幀，水墨。】

尖山。【隸書】

尖山在岡山之南，崇岡重疊，登陟殊難。揚得崖際八分書佛經字大尺許，齊武平六年刺史韋興祖、僧安與，及尚書晉昌王唐邕、韋平振、韋子深等題名。「大空王佛」四字大三尺許，六朝人蹟如此之大殊少。又從葛山拓得大象二年八分佛經，亦此類也。

余向識秋盦司馬於邗江旅次，時余以字行，秋盦為予作「養泉書屋」印章，甚高古。嗣後秋盦官運河，余亦宦遊秦蜀，嶺雲分岫，迴憶向之載酒題襟，已忽忽四十餘年事矣。比來監司濟上，得讀秋盦金石考據諸書。頃又於東壁孝廉處借觀是冊，煙雲滃鬱，與海內文人題詠相輝暎。且一時裘屐風流，令人想見。然圖中所載，皆余二人先後宦遊之地，每一展閱，如置身嶽麓，輒有清風故人之思。秋盦為東壁外祖，東壁弟白樓髫年作畫，風趣天成。昔沈約稱王筠酷似外祖袁公，余於白樓亦有王郎風韻之歎云。時嘉慶甲戌九秋，石農洪範並識。

【第七幀，水墨。】

大汶口。【隸書】

汶河自岱東而西，至大汶口，水齧石露，勢比湧潮。石橋屈曲，驅車往

還，望徂來山咫尺嵐翠，撲人衣裾。囊遣工入山，搨得北齊佛經、映佛岩磨崖佛名，齊梁父令王子椿書，元鹿森篆「貧樂岩」、「演易齋」諸刻。

適魯望徂來，探奇汶口開。前年訪碑處，之子牽車來。空翠有諸嶺，層青無異苔。是春登陟始，水涯道源回。此圖廿有四幅，自孔林、孟廟起。

【第八幀，設色。】

大明湖

遊濟南大明湖，從鵲華橋問渡橋邊水面亭，王漁洋賦《秋柳》詩處也。權廉使孫公淵如、金太守五峰、徐司馬湘蘅，招余與周孝廉曼亭、江秬香、鄭柳田、李此山諸子集小滄浪亭，畫舫銀燈，綠波紅樹，何減江南風景。中丞伊公命遊署中珍珠泉，縱棹小溪，煙波容與，亦足欣賞。城中古碑，惟搨得宋元豐三年「神在」二大字、元刻「大明湖」三大字石、狻猊贊及《五龍堂記》。

亭名古歷下，橋接小滄浪。北渚空秋影，南村憶夜涼。勞君題薛研，繪我拜祠堂。憑几馳千里，蒼煙水一方。戊午二月望日，以南村寫明湖卷對看。

昔於此湖上得薛文清所藏浣華草堂古研，時正屬秋盦為我作《湖祠拜研圖》。此湖涯有薛文清祠也，予癸丑秋自濟南歸，擬畫湖亭，未果。甲寅冬，得高南村所畫明湖夜泛卷，極煙水蒼茫之趣。今日復得讀秋盦此幅，依依宿夢著我几案，與南村卷相印證也。

是地能教望眼開，鵲華橋上幾徘徊。白頭重到知無日，聊向秋盦畫裏來。歲甲申客濟南，愛歷下亭之勝，常一遊之，距今戊午忽忽三十五年。觀秋盦所寫，棖觸予懷矣。因賦此詩，遂書左方。春渚何琪。

【第九幀，設色。】

龍洞。【篆書。】

龍洞在濟南城東南三十里，禹登山之麓，峰迴路轉，削壁崚嶒，宛若屏障。東峰巔建方塔，壁上置石甕，後有龍潭，禱雨輒應。宋元豐二年，封龍洞神為順應侯，有敕牒碑。壁刻「敕龍洞壽聖院」六大字，傳為東坡書。洞在西峰絕壁前，搆小亭，秉炬入里許，達後洞。洞內刻佛像，元延祐五年僧善元造，後洞壁間刻魏天平年驃騎大將軍汝陽王□叔造像銘，崖間墨書「開皇三年苟槃虎」及「淳化元年」等字。亭後元豐二年何拱辰篆「誠應岩」三大字，及韓鐸、張頡等題名。獨秀峰刻「大乘師演老嵒」六大字，並范純仁、高元溥、張勵等題名。康中丞茂園祈雨葺祠，築亭壁下，四面看山，眼界曠朗，謂

江南無此勝境也。嘉慶二年正月，偕陽湖孫、王兩君，嘉定錢雨山、同里江租香，濟寧李堉此山，過此信宿，搨取諸碑。曉月晨煙，山光靜妙，院後山澗，噴珠瀉玉，莫窮其源。聞春桃乍放，嵐翠尤佳，冀他日花時再遊也。

嘗聞雨窗說，勝絕竹虛圖。疊壁春堆繡，陰厓夜吐珠。誰留書尚濕，不比石堪摹。題墨應編帙，從來著錄無。

雨窗運使每遊龍洞歸，為予談其絕勝，嘗倩吳竹虛圖之也。嘗聞太湖深處石上有姚希孟手書，又聞陝西昭陵孔穎達碑石上有墨書。予見濟寧學宮漢碑石側墨題甚多，今見此幅秋盦記厓間開皇三年墨書，若彙編為《題墨志》，亦一韻事也。秋盦前遊嵩少，於漢柏木理淨白處題字一行，是則又出於題石之外矣。戊午春三月九日，方綱記於松竹雙清書屋。

【第十幀，設色。】

佛峪。【隸書】

龍洞東五里為東佛峪山，僧騎而導路，形如之字。山凹間翠柏濃深，崖壁奇峭，岩石如夏屋。般若寺在其下，終古不受風雨。昔人謂泉出廚間，雲生屋下，良然。岩際鏤佛工妙，丹彩塗餘，千載猶新。寺旁方石矗立，名靈臺，俗稱釣臺，中丞康公置亭其上。寺後小閣距最勝處，俯瞰眾山，泉石清美。余遊時春凍未消，岩懸冰溜，顛風忽作，飛雪滿山。俄頃日光混漾，別有景象。岩半刻隋皇七年比邱尼靜觀造釋迦象記，寺後石壁刻乾元二年遇緣造像銘，開成二年金剛會碑。碑列女弟子淨花林、常觀喜、如蓮花等名，殊新麗。

【第十一幀，水墨。】

千佛山。【篆書。】

濟南城南五里，曰千佛山。振衣高磴，見環城煙樹，樓閣萬家，城北陂澤蒼茫，崋華雙峙，是松雪翁畫境。入興國寺，岩間鑿佛蒼古，捫索四壁，得隋開皇七年至十五年鄧景宋僧海等造像銘十餘種，元刻四，就山形鏤大士相最莊嚴。後崖有施愚山刻字，阮閣學芸臺《歷山銘》。

山對濟南城，人言帝舜畊。登臨記秋晚，几案與雲平。曾鞏文傳久，開皇像鑿成。歷亭遙望處，寤寐倚欄情。

【第十二幀，水墨。】

五峰。【篆書。】

長清五峰山，三面矗立，宋金時勅建道院，翠柏滿山，盤路直上，山半有靈泉石亭可憩。余愛其幽勝，題柱曰「露滴仙人掌，雲流玉女盆」。鳳臺陳

君明軒命工刻之。亭外銀杏樹大三四圍，扶疏古茂，目所僅見。三清殿前有元定宗時刻崔真人像，元好問、劉祁等題字。西壁有大定年勑。山後蓮花洞隋刻佛名五十餘，宋嘉祐張慶等題名。

【第十三幀，設色。】

靈巖寺。【篆書。】

岱宗北四十餘里為靈巖，古稱方山，或曰玉符山，晉僧明公所辟。過崇興橋，入靈巖寺，西有唐元裝摩頂松、辟支塔，東為藏經閣，嵌蔡卞書。寺後奇峰萬笏，密柏濃深，登樓縱目，山翠欲滴，瞻朗公石，宛然一僧。寺中石刻宋金元最多，余息般舟殿，視工人搨碑，與江秬香、李此山題名。金大定二十二年，僧義暄書開堂疏之左方。

乾隆庚戌三月，方綱扈蹕來此，雨中手搨元遺山題名而去，衣襪盡濕。

【第十四幀，水墨。】

甘露泉。【隸書。】

靈巖寺東甘露泉，淙淙漱石，清韻滌煩，古木參差，亭軒幽爽，第一勝區也。其上石壁最高處，宋政和間張勵題「靈巖觀音道場」六大字。

【第十五幀，水墨。】

鐵袈裟。【隸書。】

魏正光時僧法定住靈巖達磨殿，後有鐵物自地湧出六尺許，如袈裟披摺之狀，有分書「鐵袈裟」三字，疑金元人筆。後移置崖下建亭焉。或云鑄鐘未成，其說近理。

【第十六幀，水墨。】

功德頂。【隸書。】

靈巖高處名功德頂，建石龕，龕座刻唐長慶元年李澧等題名，大中八年牟譜撰《方山證明龕功德記》，清泰二年黃彥輝、靖康二年趙邦美等題字。西為巢鶴岩，有崇寧二年□陽吉之等題名。觀音洞有元祐年穎叔等題字數十處。

【第十七幀，設色。】

岱廟。【隸書。】

岱宗漢柏六，唐槐一，最古峻極，殿階下數柏亦奇。西一柏，虯枝偃曲，尤可愛。寄生檜根枝鬱茂，飛來柏露根倒垂，理不可解。怪石凡九，西一石透瘦有致，刻字曰「大安元年奉符令吳衍同母王氏謹獻」。鐵桶二，有建中靖國元年李諒名、廟內大中祥符二年楊億撰《天貺殿碑》，六年晁迥撰《東嶽天齊

仁聖帝碑》，韓琦、范仲淹等題種放請刻，宣和六年宇文粹中及大定□年楊伯仁《修廟碑》。元賈魯詩刻。

岱廟環詠亭種放詩碑二，是宋人題種放詩之墨蹟，勒石於此，種放詩則不可見矣。方綱亦題字刻於石間。

岱廟在泰安城最高處，殿前有二宋碑，一為宇文粹中撰、張澪書，一為晁迥撰、尹熙古書。乾隆壬寅春，嘗謁廟下，有詩云：「岳色松濤閟晚晴，靈威殿闕控高城。降昇天地惟雲雨，奔走陰陽是死生。四望秩稽周代禮，雙碑文列宋臣名。重來乞與樵風便，成就人間萬里行。」今讀此畫，如與漢柏唐槐復對矣。

【第十八幀，水墨。】

王母池。【隸書。】

一天門東群玉庵祀王母，宋皇祐間鍊師龐歸蒙輩居此，有題名石刻。庵臨中溪之深澗，瘦石清幽，瀑流層疊，天然圖畫。跨澗有洞祀呂仙，仙於宋紹聖政和間題詩二首，金大定間刻石。西為白鶴觀，唐高宗以下六帝一后修醮題名，雙碑趺合而束之，名鴛鴦碑。碑首有皇祐四年李陟、宋禧題名。又西后土殿壁，宋范致君題名。溪上蚪在灣，石廠陰森，《泰山紀勝》謂之小蓬萊，有巡山李元英、孫明叔等分書題名最妙。權廉使、孫公淵如、金太守素中，同余與江秬香、楊耘珊登岱後遊此。廉使篆書刻石紀之。

【第十九幀，水墨。】

石經谷。【隸書。】

水簾洞上石經峪危岩飛瀑，勝趣莫窮。石坪廣畝許，遍刻《金剛經》，字大如斗，體甚古拙，必六朝人蹟。聶劍光謂徂來山齊王子椿書，與此如出一手，疑此刻亦子椿書。段赤亭雲李南澗曾見經後有薛宸名，今不可得見。水流石上，剝落漸多，他年恐字跡益少也。其上有高山流水亭，雨後聽泉，四山皆響，誠天下奇觀。

【第二十幀，設色。】

嬰桃源。【隸書。】

泰山萬仙樓東澗水瀠洄，夾岸多櫻桃，北為桃源峪，又名桃花澗。石上刻「張鍊師、韓補闕、孟大復拜岳，大曆八年」等字，「紹聖二年朝奉郎張邦茂」、「宣德郎張權」、「道觀主劉子諒」、「劉太和政和甲午趙茂實」、「張友之」、「李顯之」等題字。

【第二十一幀，水墨。】

對松山。【隸書。】

岱麓之松，莫多於對松山，故又名萬松山。松生崖間，沾雲氣而濕，虯枝老榦倚壁撐天，望之如雲如蓋。天風謖謖，清人肌骨。過此兩山削壁，登十八盤，上南天門，舊有自然碑，元刻《天門銘》，杜仁傑撰，嚴忠範書，辭雅字工，惜築臺時埋失。聶劍光有拓本，余為題籤，今在吳門宋觀察汝和家收藏。

千岩與松樹，氣勢正相當。蓋自云而外，曾何樹比量。徂來魯頌作，岱畎夏書詳。所以該青兗，資生俯大荒。

秦五大夫松，已不可見，後人強以五棵名之，鑿矣。對松山為松之最勝處，蓋如雲如蓋之外，又如翠雲裘也。記有卞永譽磨厓，筆力殊健。戊午四月廿日，題於小聚沙盦。

【第二十二幀，水墨。】

開元磨崖碑。

東嶽廟後懸崖削壁為大觀峰，又曰彌高岩。唐開元十四年，明皇分書磨崖碑，字徑五寸，額字徑一尺九寸，凡廿四行，行五十一字。後小字分書諸王從臣名，惜為明人題字掩之。聶劍光止見開國公李元紘等，余細搨字多數倍，燕國公張說之名尚在，書體何滅漢法。在左壁得開元廿三年道士董靈寶、宋趙明誠等題名，右壁得乾封元年設醮題名三段。秦李斯篆二十九字殘碑，舊在嶽廟，乾隆五年失去，今莫可蹤蹟。宋真宗磨崖碑在岩東，惜唐《東封朝覲頌》不存一字也。

大唐開元十四年，歲在景寅，九月乙亥朔十二日景戌建。開元磨崖銘，八分書，凡千字，而其後年月楷書一行，實為有唐大楷之冠，故縮臨於此幅之後，以麓紀其勝蹟。此後有從官姓名，其可見者，約尚存三十餘行，行七十餘字，總計從官姓名可見者，約得二千餘字。每人名皆空一格書之，燕國公說在焉。內有遙知造碑使某，又有登山舁玉冊官某，皆寸外隸書。此從官姓名拓者極少。予得此拓本，至展竟三椽之屋乃能容之，與銘刻對看，甚妙。而秋盦以此拓本隨其字勢翦裝為冊，寄來細對尤妙也。秋盦適又寄其前秋遊嵩所拓太室、少室、開母三闕全紙巨幅來，掛於予齋，通計凡十丈許。邀諸友同觀，題記其側，實天下金石拓本之巨觀矣。戊午三月廿日記。

【第二十三幀，水墨。】

岱頂。【隸書。】

岱巔為德星岩，名太平頂，又稱玉皇頂，望眾山皆在足下。無字碑高一丈五尺餘，細辨石邊有行書「帝」字，類宋人蹟。宋仁宗書「飛白帝」字刻於偃師，此或真宗登山時書，未可知也。稍下振衣岡及避風崖，宋元人題字最多。余同江秬香、李此山宿廟中，凌晨登日觀峰，看初陽出海，雲氣濛濛，汶源如練，誠奇觀也。時嘉慶二年二月二日。

未下北天門，嘗躋岱頂尊。時攜吳子詠，夜共兗城論。傑句驚人否，孤雲片石押。昨來奇氣訊，潮打越山根。　　癸丑夏，與吳蘭雪同登岱頂，故及之。適聞蘭雪遊越，而氣體稍弱，因題此，寠寐怦怦，蓋異才未易遇也。

昔登岱頂，擬宿廟中看日出。山人雲雲氣未清，恐不能見，悵然而返。頂有數石，赤闌護之，傳為神所式憑。豈五嶽真形耶，抑好事者為之也。願與吾秋盦質之，味辛居士懷玉。

【第二十四幀，水墨。】

後石屋。【隸書。】

嶽頂北天門下摩雲嶺，望獨足盤、蠟燭峰，翠壁插天，蒼松欹臥，萬曆時始闢此境。林古度大書「黃花棧」三字，石筍权枒，伯敬謂之筍城，石壁題云岱「不無松，松至此始濤焉。泉壑映蔚，奇為幽豁，悅秀戀響，意滿難名。取《水經》語『青松餂崖』四字，示吳康虞、林茂之，遂以勒石」，書學魯公，極工整。

嘉慶二年正月七日，余攜女夫李此山遊岱，自鄒魯達泰郡，淑氣雖舒，盤道猶雪，不及登山，遂至歷下，與江秬香遍覽諸勝。二月至泰山，登絕頂，遍拓碑刻，夙願始償。遇勝地自留粉本，成圖二十有四，並記所得金石以志古緣。七月廿七日，錢塘黃易。

憶我曾遊處，開函興不孤。得碑圖十二，搜討費工夫。日觀峰頭海氣，萬仙樓下桃源，記得今年二月，春風直上天門。深林古徑逢良友，白石清泉結比鄰。我輩未能常把臂，風塵又作出山人。嘉慶二年八月九日，維舟沛上喜晤秋盦先生，題此志別並政，約領騂。

戊午春，此冊寄至蘇齋。午陰曉霽，對客披賞者兩月餘矣。愧題六詩，拙劣不稱此畫耳。三月廿一日，方綱。

嘉慶丁丑十月二十又八日，武進董士錫觀於濟寧並記。

【跋紙兩幀，尺寸同畫。】

于役河干奉題小松九兄岱巖觀古圖冊後即正

莽莽河干興欲闌，忽從天外得奇觀。慣經涉險心常坦，話到登高步已艱。萬疊煙巒歸卷帙，半生遊屐阻高寒。蒼蒼未了青齊色，憑仗先生袖底看。　念湖吳人驥呈草。

余昨歲從白樓處借觀小松先生寫丁辛老屋詩意一冊，意境沖澹，減筆為多。茲觀此冊更具全力，蓋平生得意作也。道光甲午小雪前二日，督漕北行，題於任城舟次，華亭張祥河。

嘉慶戊午四月朔日，同兩峰、小池、味辛、式亭觀於蘇齋。是日微雨，清氣溢襟。汀州伊秉綬墨卿記【隸書】。

子久一支筆，能將古意傳。官宜訪碑使，杖掛水衡錢。寥落漢唐字，蒼茫齊魯煙。半生夢遊處，讀畫亦前緣。秉綬借歸次日題詩，增慁無已。

兩峰圖岱宗，筆力頗雄驚。卷袤十尺餘，勢欲五嶽冒。我昔曾題辭，束縛困豪暴。至今篋衍臧，過眼塵跡埽。暍來沛水上，持節際轉漕。江夏夙所欽，握手劇傾倒。示我廿四圖，岱宗昔親造。每當竟絕奇，輒以畫自勞。節節貌厥神，層層抉其奧。軒窗走煙嵐，幾研溼飛瀑。巖巒各竟秀，松檜森兀傲。我行疏泉源，諸峰擬躬蹈。山靈尚未識，臥遊怳已到。天遣豪翰精，示我以先導。畫筆本所欣，遊屐尤夙好。耆竟熊兼魚，喜欲縷絕帽。卻念兩峰子，年不躋耋耄。好手讓君獨，中原樹旗纛。余子走且僵，顛仆那敢媢。他季兩圖傳，合併比圭瑁。上章涒歎孟陬月，題奉小松九兄先正正之，靈石弟何道生。

咸豐庚申二月，長白興廉拜觀於臺灣郡城。

背齊襟魯矗屛顏，未了青收元氣間。雲出爭為天下雨，日晴低見海中山。丹梯宛轉樵蹤躡，鐵索鉤連鳥道攀。松吹泉聲堪彷彿，蓬萊鞚鶴有人還。風雷絕頂駭蒼茫，香案何年侍玉皇。人影半空移樹白，天門一線掛河黃。甘心束筍卑鼂嶧，好事剜苔侈漢唐。如練最關歸客意，側身東望已吳閶。《登岱》二首，錄呈小松先生正之，穀人弟吳錫麒。

文徵浪蹟齊魯十有八年，於辛酉莫春，始一登岱，隨境留覽，冀圖數勝以志登瞻之幸。今讀小松觀察此冊，幾於閣筆矣。嘉慶六年三月廿日，吳文徵由岱來濟拜觀並記。

黃秋盦嵩洛訪碑圖冊

【紙本，凡二十四幀，皆山水。每高五寸四分，闊一尺五寸九分。每幅半畫半題，畫上僅書圖名數字。諸家題跋皆書於本身。引首羅紋紙，兩幀，尺寸同畫。】

嵩洛訪碑廿四圖【篆書】

嘉慶二年三月晦日偕蓮湖刺史、莪庭都水放舟沘上，直至葦西□畔。秋盦司馬出此圖相示，恍憶嵩洛舊遊，為題卷端。惜行舟搖漾，不能施捥力也。蘭陵弟孫星衍。

嵩洛風光記得真，此中著個向禽身。君才不獨書詩畫，黃絹捫碑過古人。是年四月十四日，題於沘上之南池，星衍。

【第一幀，水墨。】

開元寺【篆書。】

余遊開封相國寺，僅搨得元祐石幢，至鄭州訪城西開元寺，殿圮重葺，僅蔽風雨。得兩石佛，妙相莊嚴。座間刻銘，一天授二年侯文衍造彌勒像，一開元八年王元度造蒲臺像。殿後尊勝幢篆額三字奇偉，中和五年僧祖願書，天成二年重修。上層四面鏤佛，邊闌復刻畫像，天福五年僧敬璋、上柱國楊璋等所造。秋陽曝紙摹拓殊艱，寺傍東里書院學徒見獵心喜，咸來助力，俄頃拓成。惟浮圖高處，二石似古刻，莫能致也。

秋盦拓鄭州開元寺碑，其鄰居學徒有來助拓工者，此內異日倘有成才能，自記其事，則亦佳話也。方綱。

【第二幀，水墨。】

等慈寺【篆書。】

滎陽縣治搨《漢聞喜長韓仁銘》，唐中宗賜縣令盧正道勅碑陰《清德頌》，兩側有唐宋人題字。晚抵汜水訪等慈寺，在東關二里許高原。寺東，唐高宗《紀功頌》陰列從官李勣等名，其下開元十三年史敘書明皇途次成皋詩，崇寧四年王評題名。寺西唐顏師古《等慈寺碑》側，刻元豐乙丑楊某題名。滎陽以西崇岡壁立，穴土而居，輪蹄經行狹道間，至虎牢關高下數里，俯視悚然。巔廟有碑，昏夜莫辨也。

唐中宗勅，筆力峻勁，似與明皇《太山銘》後年月一行可以相配。此王虛舟所最稱美者，然楷以中和為至，自以《太山銘》後大楷為正也。方綱。

【第三幀，設色。】

轘轅【隸書。】

轘轅關，一名嶟嶺口，在少室北，登嵩境始於此。振衣千仞，盤旋而上，及嶺望鞏洛山川，歷歷可數。有頌宋令馬仲甫《治道碑》，尋之未見。

此正秋盦身到雲外時也，即不必訪碑，已是妙境。方綱。

【第四幀，設色。】

少林寺【隸書。】

少林寺在少室五乳峰下，寺前列峰如屏。余日暮抵寺，少頃月上，憶施愚山「翠屏橫少室，明月正中峰」句，至此始信詩境之真。秉燭捫碑，得天平二年僧洪寶、武平元年馮暉賓、天保八年僧靜明造像。唐高岑書經，碑側有唐人畫像，辛秘題名。廊下有至元二年鍾銘，楷下列唐宋十數碑。唐太宗《教裴漼碑》在鐘樓前，《還天王獅子碑》，王知敬書經，宋金畫像，俱嵌壁間。蔡京「面壁之塔」四字殊妙，嵌西壁。涪翁《達磨頌》，蔡卞六字額在初祖庵。趙、董書二巨碑，並立東院。僧云昔年碑石如林，修廟時埋大半矣。

董書少林寺《道公碑》，氣奪吳興，雖非純楷，然世傳董書楷碑，以此為第一。方綱。

【第五幀，設色。】

少室石闕【隸書。】

少室雙闕在邢家鋪西荒原，畫像甚多，褚千峰所圖弗確也。西闕北面篆文曰「少室神道之闕」，南面刻篆銘。余前遣工細拓，「菣林」一行之前有直格，尚露字腳，上層有字。今驗東側五行亦露字形，「菣林」一行下隔二石，露一「伊」字。東闕八分題名「李容」，驗是「李客」。其後直格隱隱有字，昔人所未見。命工人搨闕文整幅以歸，張諸四壁，不異遊嵩捫石也。

黃子挾奇氣，神游邃古初。欲窮最高處，四嶽憑三塗。凌冬發秋杪，襪被脂爾車。只攜氈蠟手，何取黥兩徒。洛陽董金甌，手痕在石膚。褚生經眼錄，矣足以表諸。邢鋪西原石，百怪秘精模。庚庚捫星辰，皓魄環蟾蜍。文字耀陰精，寶氣躔金樞。岪絕開母石，三丈欹廠如。洪荒事難徵，靈休緬山隅。諸峰拱岳廟，黃蓋峰攸居。茲焉峻極憑，亢氏鶉火墟。土圭景地中，寒暑陰陽乎。四遊三萬里，二儀準圜瓠。於此摹隸篆，元氣盎積虛。元初延光間，直溯泰始書。簷陰細刻畫，二千載未蕪。想君立其下，感歎以踟躕。諸峰雲往來，一貯於襟裾。褚生迴轍處，奧境云無途。而君振衣往，此冊靡弗

圖。橫我臘雪幾，詩境拜大蘇。壁間雙漢柏，風雨來吟呼。　嘉慶元年歲在丙辰冬十二月十九日，賦此詩。至廿日晨起雪晴，呵凍書此，北平翁方綱。

【第六幀，設色。】

嵩陽書院【篆書。】

嵩陽書院在太室南麓門外，唐天寶三年徐浩分書碑最高大，陰刻熙寧辛亥張琬、宣和乙巳盧漢傑題記。院內牆陰得嘉祐庚子文潞公、大觀庚寅張杲、政和戊戌王郊等題字。東牆有元符二年宋傅小楷書《真武經》最精。舊有宋人石幢、翊聖真君秘誥，今佚。瞻將軍柏二，大者七人圍，次三人圍，俱森茂可觀。院中有堂有樓，畢師秋帆先生撫豫時所葺也。

漢柏二株有圖，勒於石。昔門人莫繪軒攜其二子讀書於此，其長君今京兆韻亭屢拓此柏屬題，予前後為此柏賦長歌者五度矣。丙辰十二月廿日方綱。

【第七幀，水墨。】

開母石闕【隸書。】

開母闕在崇福宮之東數十步，延光五年篆銘，在西闕北向，余二行在闕側東向。余昔遣工拓此，「開母廟興」之前有「川郡陽」一行，今見其前有「二月」一行，疑是造闕年月。精楮細搨，比前人所釋多辨出二十餘字。其下分書，《嵩高山請雨銘》，首二字似「維時」，末行「其言惟何」下隱隱有「嘉」字，自為主簿，乃昔為主簿，蓋敘述太君歷官之辭。闕北看啟母石，高三丈，廣如之，疑星隕也。崇福宮尋碑，惟景祐殘刻，宣和二年□川仙裔題字，邱長春書《海市》詩、兩元碑而已。

此皆亭林虛舟山，夫諸君所未及詳者。牛氏《金石圖》尤為漏略。今得秋盦親加訪剔，於是三闕之文大備矣。然正恐後來踵至訪拓者，又罕其人耳。方綱。

秋盦司馬醉心金石，凡蠟屐所經，斷碣殘碑，無不畢出。訪剔之勤，橅搨之精，實前人所未及。嘉慶己未冬，余眡漕沛上，秋盦出鉤勒漢碑數種及此圖見示。千岩萬壑，披榛捫蘿，歷歷在几研間，足當臥遊一過。啟母石闕，好古家久殫精力矣。今秋盦多考出二十餘字，又補正褚氏誤闕二圖，沙塵千餘載，忽焉顯豁，誠為一快。余亦校正數字，惜篋中書籍無多，又恩恩北還，未及細與商榷。他日得暇脫稿，當郵以就正也。石臞王念孫。

【第八幀，設色。】

中嶽廟【篆書。】

　　中嶽廟在嵩山黃蓋峰之陽，居正履中，眾峰環拱，廟前百步，太室神道雙闕，壘石堅完，層層畫像。漢元初五年，呂常造闕銘八分書，在西闕南向。「中嶽泰室」，陽城篆額。其下穎川太守銘八分書，在西闕北向，文雖剝落而簷陰刻鑿如新，二千餘年，劃痕歷歷可認，亦一奇也。廟前雙石人，比曲阜漢魯王墓者稍殺，冠冕執笏，製作皆同。久埋土中，武盧谷疑身間刻字易，遣人出之，摹其形以歸，信為無字矣。茲見東石人冠頂一「馬」字八分書，真是漢刻，莫詳其義。廟內守庫鐵人四，有「治平」、「熙寧」款。兩鐵獅正大二年鑄，鐵罏元至元十七年鑄。後魏《寇天師碑》在東隅，尉遲汾《狀嵩高靈勝》詩及宋金等碑，舊有搨本。惟唐咸通六年李方郁《修廟碑》兩側唐宋人題名，向所未收，亟搨之。

　　穎川太守一段極古拙，前人未有著於錄者，其文亦前序後頌也。方綱。

　　【第九幀，設色。】

　　石淙【隸書。】

　　石淙在城西南四十里平洛澗，怪石凌空，面面靈瘦，深潭澄碧，溪水環流，誠嵩麓奇觀也。昔武后遊時，北崖刻詩，南崖刻序，後有范純仁等題字，下臨深澗，拓工架木求之。北崖有數孔，疑昔年架屋之迹。武后避暑，構造工妙，今惟山空水深，奇峰滿壑而已。石壁多近人題刻，路滑難登，不能捫視。稍東周公廟有斷碑首，曰「大唐洛州告成縣」等字。龍華寺斷石幢二，漫漶難讀。問碑樓寺，魏豫州刺劉碑造像尚隔數里，日晚不及訪也。

　　秋盦又自記云：「於此間想見盧鴻《草堂》之勝。」是歲之臘，方綱書。

　　【第十幀，設色。】

　　會善寺【隸書。】

　　會善寺在積翠峰下，門外銀杏翠柏甚古。大曆二年戒壇勅牒，碑陰刻貞元十一年陸長源《戒壇記》，在東廊下。僧導至西原戒壇舊址，見天平二年《嵩陽寺碑》，唐麟德元年移置於此，工人止拓下層八分一段。今見篆額曰「嵩陽寺倫統碑」，其前層層鏤佛，正書佛號，碑製最精。唐淨藏禪師塔巍然西峙，開元十五年《道安禪師碑》臥菜畦中。寺東元僧數塔封號極崇大，問元僧溥光書茶牓，已移城中學宮矣。

　　惜少林之戒壇銘久不可問矣，即搨本亦有不同。何時得重為摹之，一補此石。方綱。

【第十一幀，微設色。】

嵩嶽寺【隸書。】

嵩陽觀左逍遙谷，進為承天宮，有《潘尊師碑》，聖曆二年司馬承正書，陰有宋祖無擇等題名，碑臥難搨。觀右嵩嶽寺有《唐珪禪師碑》、《大證禪師碑》。余至二處，值大風，及谷口而返。越日，遣工搨諸碑，得《潘尊師》《大證禪師》兩碑篆額，向所未有也。

徐季海《大證禪師碑》，聞尚斜臥在寺後，想亦艱於拓致，方綱。

【第十二幀，水墨。】

白馬寺【篆書。】

偕虛谷喬梓赴洛陽，至白馬寺禮方墳。墳前有金時一碑，寺門內至順四年《洛京祖庭碑》書甚工，《蘇易簡碑》碎為數段。殿前魏造像石幢，殿後寧遠將軍及天福年造像，麟德元年蘇寶才造像，壁間宋天禧五年《摩騰入漢靈異記》，元人詩刻後有元貞二年鍾銘。門外望雙碑凹，是魏王基、唐狄府君二碑也。

《王基碑》，魏隸之佳者，然其文僅存半。聞是文未刻完者，非石有斷缺也。方綱。

【第十三幀，微設色。】

龍門山【隸書。】

龍門在洛陽城東三十里，石壁造像不可數計。賓暘洞佛寺踞茲山最勝處，洞外造像惟齊洛州城鄉老人佛碑最古，餘者貞觀至總章居多。岑文□《三龕記》最博大。僧云文內褚遂良款石落此片舊在寺中，今佚矣。

欲從楷問隸津源，褚係龕銜惜不存。如此蒼厓更奇偉，為君凍與洗苔痕。宋人《寶刻類編》云：褚書此記字畫奇偉。吾嘗謂是碑是唐楷中之漢隸也。然吾新摹得褚書《孟法師碑》真本，亦以隸法入楷，似更妙於此記耳。方綱並識。

【第十四幀，設色。】

伊闕【隸書。】

洞壁刻經，明人鑿「伊闕」二大字壓其上。余坐洞內，指工人摹搨，望隔河峭壁，皆倪黃粉本。龍門僧古涵善拓碑，亦來助力。知洞外壁頂有唐開元三年利涉書造像銘，猱升而上，拓得一本，非此僧莫能致也。左洞頂刻「大唐永隆」等大字，圜轉而書，惜難搨耳。

少林諸僧日以拳技為常課，竟不及龍門此僧得秋盫此筆傳之。方綱。

曩守鄜原得飽看太華山色，繼來山左，又得徧覽岱嶽日觀、雲亭諸勝，所未到者惟嵩洛耳。今讀是冊，不惟紫翠丹黃，盡攬轘轅伊闕之勝，且搜苔剔蘚，得碑四十餘種，發皇幽閟，傳古人未傳之秘，較昌黎投書希夷峽，其韻趣又何如也。惜當日未得與秋盦相隨蠟屐，共為商榷，徒令今日作宗少文臥遊，是可歎耳。嘉慶甲戌九秋廿又五日，跋《岱岩圖》後又識，石農洪範。

【第十五幀，微設色。】

奉先寺【隸書。】

老君洞北奉先寺址，俗名九間房。大盧舍那石像，高八丈五尺。坡磴危滑，虛谷欲登未果，余竟登之。開元十年造像記，宋天聖二年丁裕題名刻佛座後。張九齡分書《牛氏像龕記》，內侍省功德碑、虢國公殘碑刻東壁。越日遺工拓碑，又得大曆七年黨曄等元和十二年辛秘題名。

如此石象，非秋盦不能畫也。十二月十九日同人集蘇齋，羅君兩峰讚歎不已，方綱記。

【第十六幀，設色。】

香山【篆書。】

香山寺在伊水之東，自龍門舟渡沿山而登壁鑿諸洞，有武后時刻經，楷書工妙，大足年造像銘、宋真宗龍門銘，及王曙詩刻，貞祐四年張谷等磨崖題字。寺內有白樂天栗主，吾鄉湯少宰西厓配食焉。小軒懸西厓書「石樓風月」牓。

坡公買竹卜伊川，未必茆軒比樂天。今日秋盦輕筇到，石樓風月更脩然。方綱。

丙辰元旦，余嘗夢遊香山寺，既寤，作文記之，凡四百餘字。今觀此幅，宛然夢境，然終遜秋盦親到得睹諸石刻為快耳。始知宗少文之遊，不及向禽遠矣，可慨也。春渚何琪。

【第十七幀，微設色。】

邙山。

邙山會聖宮址，有元祐元年石中立撰碑，甚高大，數十里外遙見之。嵩洛歸途過此及巔，見黃河如帶，南瞻嵩嶽，北眺太行，輿人指宋八陵，隱隱可見也。

秋盦記云：登此山，南望太室、少室諸峰，在層雲之上。北眺太行，隔河雄峙，山腰丹黃色，疑秋葉也。是歲歲杪雪後，方綱為書記於此。

【第十八幀，設色。】

太行秋色【隸書。】

渡河至孟縣，偕縣尉張君葺亭訪崔梅軒，觀所藏諸畫，范中立巨幀、董香光《盤谷圖》卷最妙。梅軒出新獲咸亨元年司馬興誌石，兩面刻文，揚贈二本。步學宮忠義祠，見魏、齊、唐、宋諸石刻數十種嵌置堅牢。牆陰大中經幢，皆馮戶部魚山所收者。出城東返，無日不見太行山色，秋樹丹黃，林壑如繡，真畫境也。

紫翠夾丹黃，河津一千里。北連燕趙間，奇氣概於此。君以金石緣，遂究川嶽理。所得皆精微，翠墨不在紙。笑問君囊馱，癖嗜誰能擬。豈為事聲利，急若趨朝市。山色如送迎，秋光瀲渺瀰。畫就一函中，走訊蘇齋裏。童僕怪何事，臘雪頻驅使。我亦招諸友，開緘色狂喜。太行照研池，霽綠來杯底。拓本雖新致，中有古香起。觀碑復問山，薰檀添棐几。題跋當臥遊，更不煩行李。方綱。

【第十九幀，水墨。】

老君洞【篆書。】

老君洞在龍門南，鑿元元皇帝像極高大，洞頂至足刻佛像題銘皆遍。王秋塍約盧谷同余往遊，盧谷見洞門高壁陽文刻字指示，喜甚。驗是太和十二年《洛州刺史始平公像記》。《楊大眼》、《魏靈藏》等刻，亦在高處，工人升梯遍拓，僅及二丈餘，洞頂之刻，莫能措手。左有小洞門刻齊武平六年古驗方，向止揚東壁，今全得之。壁頂佛洞，九十三翁王樵夫居之。升高履險，安若坦途，亦僅見也。

石刻陽文者極少，此其一也。書法亦勁逸，特鐫刻手究不及陰文之工妙耳。方綱。

【第二十幀，微設色】

小石山房【隸書】

偃師武君盧谷得晉征東將軍劉滔碣，因構小石山房貯之。余造詣捫賞，潤如元玉。盧谷又出古玉圭共玩，堪稱一妙。贈余龍門造像百餘、李北海《麓山寺碑》陰碑額、李吉甫等永興石室題字、元遺山、王黃華等題名。同至學宮，觀盧谷所收魏齊迄宋元諸碑，目不給賞，揚得魏李超、唐周公祠、金溽南老人碑數紙。

盧谷治三《禮》之功，近日未知何如。因讀此畫，心怦怦然。翁方綱。

【第二十一幀，水墨。】

緱山【隸書。】

緱氏山在偃師城南，一峰隆然，四望平野。巔有仙君廟，登臨縱目，嵩少諸峰三面環列，誠仙境也。武后《升仙太子碑》石材堅大，今尚完好，側刻宣和二年盧功裔題名。西有明道二年謝絳碑陰，列宋人題名，側有濟南李格非及王鞏等題名十一段。山門外、宣和四年盧功裔題記大書，絕似東坡也。

《升仙太子碑》題目一行暨碑陰上半，皆薛稷書。世間薛稷惟此而已，真得褚公精華者也。方綱。

【第二十二幀，水墨。】

平等寺【隸書。】

平等寺址，在義井鋪北洛陽界荒原。齊碑四半在土中，秋塍王君命役出之：一馮翊王《平等寺碑》，有篆額；一天統三年韓永義造《七佛寶堪碑》；一楊懷璨等造像碑；一武平二年比邱僧道略等造像碑。安邑宋芝山疑四碑在上東門，或是劉寬碑，今迺釋然。拓本比舊有者多數百字，盧谷補入縣志。

此四碑宋芝山蓄疑寤想有年矣，每為予言，以為恐是劉寬碑也。然北齊四碑一時全出，亦是快事。方綱識。

【第二十三幀，水墨。】

大覺寺【篆書。】

東魏《大覺寺碑》，韓毅書，見趙氏《金石錄》，武盧谷得於洛陽城東四眼井，偕余往觀，僅存篆額，文已磨去。明人刻《修學碑》，大可惜也。至道居寺觀顏書《錢塘丞殷君夫人顏氏碑》。欲訪董相函友漢草堂，其孫析居，今莫可問。購得董氏藏碑有後魏《三級浮圖碑》、張嘉祐、盧府君等碑廿餘種。

洛陽董金甌相函，好古士也，亦工篆隸，即從前手剔少室東闕文者。方綱記。

【第二十四幀，設色。】

晉碑【隸書。】

晉太康十年《太公呂望表》，盧無忌文，昔移衛輝府治。余倅衛時訪得上段，有碑陰，復得下段。魏武定八年穆子容《太公廟碑》，舊在無量庵，余囑太守德君移諸碑置北門外太公新廟。茲過衛郡，始知穆子容碑移至新廟，晉碑尚在府治衛神廟，命工洗搨，其側有字一行，向所未見。廟內立周衛州刺史郭進《屏盜碑》，四面刻字，盡搨之。

嘉慶元年九月，自開封至嵩洛，十月經懷慶、衛輝東還，往返四十日，得碑四百餘種。遊屐所經者，成此廿四圖以志快幸。錢唐黃易。

嘉慶元年，東坡先生生日，江都羅聘、武進趙襄玉、宣城方楷、吳縣金學蓮，同觀於蘇齋。寧化伊秉綬題。【隸書】

秋盦此圖寄來京師，恰值連日大雪。十二月十九日作坡公生日之集，諸君於蘇齋共幾賞此。數年以來，此日同集，所未有之快也。廿日晨起寒甚，方綱呵凍書。

嘉慶丁丑陽月，武進董士錫敬觀。自龍門以下皆曾至其竟。【篆書】

【跋紙五幀，尺寸同畫。】

小松司馬性情與古相入，翰墨遂與古相會。其蒼茫盤鬱之態，宋元以後無此筆也。而狀北地之山川，尤非此筆不足以發之。余生平局縮里閈，足跡所到，不過圖中一二，而展讀岱嵩四十八幀，及敘遊諸篇，政如八方之在軒庭，又何必嚴夫子所云州有九，遊其八耶。有小松經丘尋壑之功，而因吾輩臥遊之逸，何其幸也。冊子寄到為仲冬十日，又贈我楊龍友、宋牧仲、黃俞邵三札，適先一日文水鄭東侯同年亦遠寄傅公他壽毛父子、閻百詩各尺牘，連日眼福不淺，遂不禁歡喜讚歎，牽連書之。時為嘉慶三年戊午臘八前三日山，舟梁同書呵凍記。

王畸叟遊華山作圖四十有二，至今藝林傳為名迹。吾友王小松醉心金石，刻意好古，近遊岱岩嵩洛間，每遇古碑摩崖，無不一一搨之，因作圖四十有八，寫其險峻幽奇之趣，記其得古碑摩崖未見之書，且雙鉤十數種及此冊寄示於余，以余有同癖。三十年貧居里門，不得其遊雲外，展對是冊，不覺為之神往。至所得碑墨，多有證史書之誤，似又過畸叟之作遠矣。戊午嘉平雪窗，蒙泉外史奚岡記。

秋盦好遊覽，逸志耽林泉。復有金石癖，每結山水緣。驅車過齊魯，直躋泰岱巔。縱轡至鞏洛，經行嵩高前。歸寫夙所歷，一一繪素箋。且為記所得，一一入新篇。靈境與奧區，尺幅生雲煙。殘石與斷碣，翠墨搨螭黿。訪碑紀勝遊，列圖追前賢。匯成二巨冊，兀突陳几筵。格超馬夏上，妙齊倪黃肩。胸中具粉本，意在筆之先。迴出畦徑外，欲到秋毫顛。況茲行笈中，琳琅墨華鐫。篆隸真行品，漢魏晉唐年。遺蹟歎希有，未登歐趙編。悔不共君遊，從君為執鞭。今我來浙西，言買北上船。待聞運河濱，尋君任城邊。賞碑更讀畫，頓覺塵慮蠲。素門客閩海，洛生滯南天。安能招之來，與君相周

旋。惟許李鐵橋，時參書畫禪。嘉慶四年二月作九月廿九日，重過濟寧書，陡阪宋葆淳。

洞天福地泄光芒，廿四圖成造化藏。登陟費君雙蠟屐，借觀合得束脩羊。丹青碑版古誰兼，字字生金別擇岩。車服豈關稽古事，歸來一室擁牙籤。丙丁無帖出無車，且讀嬭嬛未見書。海內諒知同調少，南懷宮尹北鴻臚。【謂辛楣、覃溪二公】歲在庚申重九後二日，再過沛上謁秋盦先生，以此卷屬題，聊以應命，尚之徐書受。

天開奇景在塵寰，中嶽嵩陽奇崛山。一切網羅入畫史，興豪歸去馬蹣跚。健筆凌雲又麓臺，寫生貌與神俱來。收殘補缺足千古，豈僅清詞妙畫推。琳瑚金石重遺傳，我亦嗜痂五十年。四百餘碑增未有，誰能誇富蟊崇先。含谿韜題。

道光己亥，余得小松《嵩嶽圖》一小冊，高僅三寸，寬不及六寸，內畫岑山、酉陽山天塹、浩然亭、房山、玉皇頂，皆此本所未及，小松均有題志，惟覃溪前輩逐幅所撰則非親筆，或後人抄錄之。今得此冊，展玩移時不覺神往，敘齋陳功。

嘉慶紀元季秋朔，黃子始縱嵩洛轡。孟冬十日返任城，小蓬萊閣騰墨戲。河聲嶽色太行影，名僧【古涵】勝友【王香膡、武虛谷】生徒侍【東里書院諸生】。明窗淡墨鬢須麋，靈境雪然圖廿四。四百餘碑多矣哉，四十餘日千載事。既窮岩壑搜奧曠，廣尋堶廟扶幽懿。偶然風雨有追逐，畢竟山靈鶼吝秘。計從褚武畢阮翁，石華絢爛乾嘉季。秋庵薄官足力健，嵩岱之遊最翔恣。閒情兼為畫山行，古抱原因訪碑至。我生游迹未至嵩，心嚮往焉中道躓。【丁亥同先弟子毅遊嵩山，因子毅道病止】中州翠墨獲頗多，薛書信行碑尤異。【在汴梁得薛少保書信，行禪師碑，宋拓本，海內孤本也】陳留走訪嘉祐經，掀出泥塗照釁肆。【陳留學嘉祐石經，二石反仆地下，余屬教官扶樹之】蘇門蘇跡湧金亭，福以遺山詩刻麗。【蘇門山有坡書，湧金亭三大字，余所得乃潭溪珍秘物，元遺山詩刻，亦古拓翁氏合裝為巨軸，題記滿幅。】虎關龍門惜未到，況欲窺探中嶽翠。先生粉本昔曾見，【曾於楊石卿處見之】披圖更補吾遊墜。雲山幽興尤起予，盧鴻草堂香山寺。秋盦固是不羈人，書律專摹兩京隸。畫理還能越文沈，詩功亦復追朱厲。嵩岱兩遊皆有圖，嵩遊圖外猶存記。【嵩遊有日記，岱遊亦必有之，但未見傳本耳】精神婟壹道妙轘，筆墨超遙化工寄。惜哉嵩頂竟未陟，尚任貞瑉遁荒翳。【記中未得碑尚不少】古人作事與後殊，特

鑿奇文鋼幽閟。究竟欲傳欲不傳，蒼茫不解當時意。我來春明才幾日，友朋雜沓諏文字。軍書得失頗頻聞，酒杯冷暖煩相計。竹朋藏冊經幾年，耆古同心快披視。海王村後孫公園，更約來朝共譚藝。

竹朋世仁兄前輩見示黃小松《嵩嶽訪碑廿四圖》，適於梁矩亭同年處見《嵩嶽訪碑日記》，互有異同。訪碑月日，日記詳之。得碑始末，則圖記縷悉。聞《岱嶽廿四圖》在姜玉溪處，昨在濟南竟未得寓目，它日當索看也。塵事錄錄，易作難寫，此詩脫稿將十日矣，今始錄於紙，竹朋其教和之。咸豐七年歲在彊梧大荒駱孟夏月壬午朔，越五日丙戌，道州何紹基書於京師宣武坊南米市胡同之庽齋。　蘇門山坡書，乃「蘇門山湧金亭」六大字，此注中偶誤作三大字。

黃侯嵩洛遊，訪碑自開元。杖策泛水東，山勢橫蜿蜒。遂敀密高門，取徑由轘轅。少林倚少室，面壁初無言。石闕何崒嵲，篆刻遺荒原。森森漢時柏，劫火不敢燔。尚疑啟母石，秘簡緘璵璠。岳祠鎮中央，眾峰四屏藩。石淙下無地，上接天池源。黃蓋閒積翠，墻幢連頂蹯。玉笙出緱嶺，鸞鳳鳴且騫。盧君舊草堂，武子新山軒。千載有同調，幽澗琴潺湲。石交楊頫下，勝彼穉與蕃。洛陽名蹟多，白馬雄祇園。龍門香山間，樂天昔攀援。北邙望太行，丹翠秋陽暗。歸途及冬朔，去時籬菊繁。氈蠟留手痕，一洗沉埋冤。蓬萊老仙吏，畫鹿雙輪轓。岱圖世並傳，墨采騰龍鵷。竹朋得其龍，觀乭闖其樊。譆謥為題句，幸止廿四番。向禽倘作繪，五嶽詞更煩。自嘲復自解，坐客且莫喧。詩境唱先聲，諸老和篪壎。近者何太史，健筆埽詞垣。況從泰華還，飛屐天風掀。峨眉瓦屋吟，口海波瀾翻。周旋壇坫側，其敢屬囊鞬。操觚且急就，聊以志弗諼。臥遊吾老矣，蝯叟真如蝯。

竹朋仁兄先生屬題黃小松《嵩嶽訪碑廿四圖》，即書於子貞太史詩後，為發一笑，並求教之。丁巳歲夏至前六日，館愚弟祁雋藻。

余所得三石闕，最精拓，視小松所拓太室闕多出十餘行，每行末尚存一字。後小篆碑較《中州金石記》所錄亦多識出廿餘字，惜未即果嵩遊，繼先生雲外蹤也。

秋盦步入雲深處，尚有遺文拓未全。不解山靈呵護意，忍將奇篆秘嵩顛。竹朋前輩正之，己未坡壽日，重展是冊復記。蝯叟何紹基。

黃秋盦山水冊

【紙本，凡十二幀，每高六寸三分，闊八寸。】

【第一幀，設色。】

煙水迷漫遠樹稀，長汀草色冷侵衣。三春江上勞人思，都作楊花撲面飛。臨東園客。

【第二幀，水墨。】

寶慶雙清亭，宋理宗為防禦使時所建，偶憶舊遊寫此。

【第三幀，設色。】

溪山如畫，石瘦林幽老派。一水難描，漾碧浮紅過畫橋。髯陳鄉里，滴粉搓酥詞最麗。他日相招，載玉攜琴上畫橈。【隸書。】調《減蘭》為儲玉琴作《畫溪春泛圖》。

【第四幀，水墨。】

春水不生波，荒岡筠翳石。

【第五幀，設色。】

甚荒溝一片淒涼，載情不去載秋去。

【第六幀，水墨。】

武岡法相岩洞，秉炬入可行二里，怪石猙獰，若獅蹲獸，不可名狀。上有宋樓攻媿題「碧玉簪」字。江司馬蔗畦偕余往遊，有詩紀事：「空山寒雨後，廢寺夕陽明。僧病依岩煖，藤枯傍水生。潔疑雲際宿，低入地中行。為訪明州跡，淹留晚到城。」

【第七幀，設色，無款。】

【第八幀，設色。】

橋西一曲水通村，岸閣浮萍綠有痕。家住石湖人不到，藕花多處別開門。白石老仙句。

【第九幀，水墨。】

壬辰八月夜泊湘潭，桅檣數里，煙火萬家，推篷四顧，不減登黃崔望漢口也。

【第十幀，水墨。】

棲鴉流水點秋光。秣陵紀阿男句。

【第十一幀，設色。】

繞院千千萬萬峰，漫天風雪打杉松。地爐火煖黃芉熟，更有何人似我慵。小松畫參寥子句。

【第十二幀，水墨。】

松下結茅庵【隸書】，癸巳五月，朐陽寓中鐵星七兄屬寫，黃易。

【跋灑金箋，兩幀。每高六寸九分，闊八寸二分。】

秋盦以名父之子，深通許、鄭經師之說，於金石文字辯證極精，甄訪極博。泰岱嵩高枝峰蔓壑，皆平生蠟屐所經，氈椎所及，於山水蒼茫、煙嵐變幻之迹，能領取其神與意，雖以餘事作繪，而洗盡凡筆，獨標天趣，絕不蹈襲前人窠臼，正書家所謂散仙入聖，禪家所謂透網金鱗者也。光緒丁丑初伏，蘇鄰記。

同治癸酉以四十佛餅購得，初不經意，以為近人之筆易求耳。年來於友朋鑒藏家書畫燕集，婁水、虞山諸大宗常目見之，惟秋盦一鱗片羽不輕得覯，無論巨冊矣，可不寶諸。戊寅五月中弦晾畫西廊，蘇鄰又題。

秋盦此冊筆意雋逸，設色淡雅，同時以畫擅名者如鐵生、蘭士、椒畦，學力雖勝，而一種名貴氣皆所不逮，所謂得味外味也。冊為懷新閣李氏所藏。戊寅秋七月廿四日真率第七會，集聽楓山館，少仲勒方錡、子山顧文彬、季玉潘曾瑋、仲復沈秉成、香嚴李鴻裔、退樓吳雲同觀。香嚴即懷新閣主人也。吳雲並記。

湯貞愍花卉山水冊

【紙本，凡十二幀，每高八寸八分，闊一尺二寸四分。】

【引首淡黃箋，一幀，高九寸六分，闊一尺三寸三分。】

湯貞愍公遺墨，篆書。

【第一幀，水墨梅花。】

清氣大來，雨生。

【第二幀，設色桃柳。】

江南春，雨生。

【第三幀，設色玉蘭。】

謝庭玉樹，雨生。

【第四幀，設色，白牡丹。】

富貴場中本色難，雨生。

【第五幀，水墨山水。】

江天無盡，雨生。

【第六幀，設色，芭蕉墨竹。】

扇仙與竹君，皆羲皇上人侶也。相習既久，乃為寫照，雨生。

【第七幀，白描，墨石。】

畫石固宜嵯峨，第須以秀為主，頑而能秀，是為雄秀，雨生。

【第八幀，水墨，樹石，一人攜杖獨立。】

此老殆乘月訪友耳，雨生。

【第九幀，設色，葡萄。】

吾不愛此果，愛其能釀美醽耳。雨生。

【第十幀，設色，桂花。】

老樹著花，雨生。

【第十一幀，水墨園林景。】

琴隱園景物為蛟龍所虐，遂爾蕭索如此。雨生。

【第十二幀，水墨山水。】

此無人之境也，鶴非海上至耶？吾固樂觀之矣。爰居怪物，殲旃胡遲？芹墅先生正，雨生汾，己酉春日年七十二。

【跋淡黃箋，一幀，尺寸同引首紙。】

道光戊戌讓之赴西江，與令甥仲遠同主慎伯師家，始得識公。公以難蔭，歷官總鎮，居金陵，遂訂忘年交。咸豐三年金陵失守，公從容赴義，三世忠孝，人所共仰，不僅以筆墨傳。今片紙隻字，皆寶而藏之，流佈絕少。子靜宗兄不惜重貲搆此完璧，誠希世珍也，其永寶之。同治己巳正月，後學吳讓之。

戴文節仿古山水冊

【紙本，凡八幀，每高八寸五分，闊六寸九分。】

【第一幀，設色。】

范華原氣勢雄彊，而筆致秀絕，吳中丞舊藏巨幅，當與李咸熙接軫聯鑣。

【第二幀，水墨】

倪元鎮《風林圖》題曰：「筆鋒雖小劣，景物亦清新。蕭瑟風林外，江湖有逸民。至正甲辰。」瓚石法不用側帶，專宗董源晚年筆也。

【第三幀，設色。】

黃子久《江山勝覽》巨卷，峰巒如湧而落筆甚簡，滿幅岩岩之象，所謂方多圓少者。

【第四幀，設色。】

趙鷗波《漚波亭圖》立軸清華朗潤，大雅之才，真不媿元賢弁冕。

【第五幀，淡青綠。】

王右丞絹本小卷，行筆蕭散，賦色沉古，如集中五律詩，淡而彌厚。

【第六幀，水墨。】

巨師《長江萬里圖》長卷，雲驅濤走，直接混茫。蓋以北苑為師，而兼擅李、范之勝者。

【第七幀，水墨。】

榖子《問道圖》，峰巒峭拔，草樹鬱沈，雲林尚不能盡其奧也。

【第八幀，水墨。】

王叔明《岱宗密雪》久作飛空仙矣。偶從叔明在陶氏嘉樹軒所作小立軸，想像得之。

【自跋一幀，尺寸同畫。】

鶴舫相國老夫子命畫小冊，謹將近年所見古畫摹寫八葉，恭求誨政。道光己酉新秋，門下士戴熙並志。

戴文節山水冊

【紙本，凡八幀，每高七寸五分，闊一尺二分。】

【第一幀，水墨。】

《曉江圖》，醇士偶憶舊遊。

【第二幀，設色。】

翟院深雖宗營邱，實師造化，想其擊鼓時，偶見閒雲，不覺鼓聲頓輟，大有「舉觴白眼望青天，皎如玉樹臨風前」氣象，殆吾師也。井東戴熙。

【第三幀，水墨。】

予無田園，而數數寫《水村圖》，豈真畫餅耶。蓋夷曠之趣，不遠矣。臨畊煙本。

【第四幀，淡設色。】

泉脈軒騰，松鬣鬅鬙。空山無人，松語泉鷹。榆庵自題。

【第五幀，水墨。】

曾在盧氏見所藏雲林矮桉，足上刻項子京分書題識。吾嘗欲覘山水佳處築小亭，設此案焚沈水香作畫，當有雲林之神，來赴腕下。

【第六幀，水墨。】

清泉泛泛白石醜，中有修篁是吾友，醇士翁鐙。

【第七幀，設色。】

摩詰詩云：「峽裏誰知有人事，世間遙望空雲山。」人能於極紛擾中，一塵不著，則胸次自有雲山耳。鹿床居士畫。

【第八幀，水墨。】

敝篋藏家珠荊《雪屋話舊圖》，筆意疏脫，可與離垢抗衡。因用其意，為《雪屋高臥圖》，戴熙。

戴文節山水冊

【紙本，凡八幀，皆設色。每高四寸一分，闊八寸四分。】

【第一幀。】

曾與湖山訂石交，幾年不到水雲凹。夢中尚記南屏路，第一橋邊柳萬梢。

【第二幀。】

山樓雲起畫，亦當以才氣論。巨師雄壓千古，要其才氣過人，故非元人所及。

【第三幀。】

予最愛厲樊榭「搖搖四詩人，漾入梅花煙」十字，空澹幽杳，得未曾有。軟紅十丈，安得遇此，聊假毫楮，作壺公之壺。

【第四幀。】

戊戌畫冊，曾作此景，似有遠致，遂重寫之。

【第五幀。】

幾日清寒不跨驢，小餳繙我讀殘書。忽聞天際風箏語，如此春光莫負渠。

【第六幀。】

月夜行海淀，觀西山，若滅若沒，真一角李營邱也。

【第七幀。】

隨意點擦，作《秋林歸鳥圖》，樂意相關，別有懷抱。

【第八幀。】

春夜醉歸，觀詩舲詞，有「歸來後、鐙青月白，殘夢故鄉天」，遂作此幀，是《春夢盦圖》也。

【自跋一幀，題跋三幀，尺寸同畫。】

　　張詩舲翁以詩詞刊本及手書見貽，索畫小冊，勉寫八葉，不足言畫也，聊以發笑而已。戊申正月上元，醇士戴熙並識。

　　戴醇士閣部惠畫八幅各綴一詩為報

　　可可橋邊聽晚鐘，依依柳色向人濃。昨年彌勒同龕夕。夢到南屏第幾峰。山樓雲起有誰知，筆法沉雄又一時。北宋宗師推北苑，巨師智更過於師。即花即雪即莓苔，樊榭拏舟好可裁。玉笛聲高詞客往，冷香飛上畫縑來。娟娟隔水覺魂消，寫到空煙雁路遙。猶見冷楓幾紅葉，個人心事浙江潮。如此春光亦太妍，湖樓湖樹半晴煙。鳳池客聽風箏語，想到西泠放學天。戒壇三宿記前緣，扇子湖頭下直年。若話西山真月色，我詩曾著萬松顛。欲窮李范寒林趣，只有才人唐六如。點點煙中數歸鳥，不知是峇是蕭疏。世界婆娑物可齊，鐙青月白欲聞雞。夜堂君寫家山好，正我投床夢剡溪。　詩舲張祥河。

戴文節仿古山水冊

　　【紙本，凡十六幀，每高五寸八分，闊九寸一分。】

　　【第一幀，水墨。】

　　北苑《夏山圖》法，戴熙。

　　【第二幀，設色。】

　　山泉，擬叔明。

　　【第三幀，水墨。】

　　溪居圖，仿迂翁。

　　【第四幀，設色。】

　　小樓春望。

　　【第五幀，水墨。】

　　梅沙彌墨法。

　　【第六幀，設色。】

　　青山白雲，劉松年法。

　　【第七幀，水墨。】

　　汀州薄暮，鹿床畫。

　　【第八幀，水墨。】

　　王孟端、夏仲昭之間。

【第九幀，水墨。】

溪亭雨過，石田意。

【第十幀，水墨。】

風雨歸舟圖，大年意，井東居士。

【第十一幀，設色。】

疏篁秀木，臨雲溪外史，楡庵。

【第十二幀，設色。】

月夜清談，井東燈下筆。

【第十三幀，水墨。】

南田仿米氏雲山作此景。

【第十四幀，設色。】

蘆灘秋影，蒓涘。

【第十五幀，水墨。】

幽磵寒松，石谷本。

【第十六幀，設色。】

香梅海，己未九月醇士。

【題跋書於副頁，凡兩幀，尺寸不錄。】

道光戊戌，余始晤文節公於從父文恭公灜園賜第，自後亦不數數覯。迨丁未夏，晤公於澄懷園某翰林坐中，遂與公不復見矣。余歸田卜築鄧尉山中，公亦退居西泠，時以翰墨寄請。嘗為余作《湖山偕隱圖》一、《四梅閣圖》一，今皆存篋中。公今獨有千古矣。翰墨之在人間，方與日星河嶽並著，何俟余之贅言。獨是回憶澄懷水樹，公所退食染翰之地，不勝今昔之感。而所謂某翰林者，至今人不欲道其名。披公是冊，不自知百端之交集也。是冊為韻初孝廉己未秋應試杭州，獲與公晨夕相契，因得此生平傑作。茲於鐵沙兵燹之後，攜以自隨，珍若球貝，信乎有神物護持矣。同治紀元孟春下澣，後學潘遵祁謹跋於滬上寓樓。

錢塘戴文節公，為先文恭公壬辰典試禮闈所得士。公少時即以畫名，迨官翰林，益肆力於宋元明諸大家，刻意臨橅，務得其遺意，而又能神明變化，自成一家，一時畫史皆望塵莫及。道光己酉歲，公以侍郎入直南齋，時予官翰林，學士，退直之暇，必招予坐池南山館瀹茗清談，或置酒花下縱論今古，興酣落筆，揮灑縱橫，至今思之恍如昨日。予曾有句云：「鹿床詩畫久通禪，

死傍孤山骨已仙。猶記觭燈商粉本，池南回首一淒然。」蓋紀實也。是冊為韻初孝廉所藏，沉著空靈，兼擅其勝，一點一拂，力擺恒蹊，洵足灑濯靈襟，蛻解塵累。在公大節凜然，獨有千古，原不假繪事以傳，而神明攸託，煙墨常新。其寶貴當何如耶。館後學潘曾瑩謹跋。

戴文節山水冊

【紙本，凡八幀，每高六寸七分，闊八寸七八分，微有不齊。】

【第一幀，水墨。】

子久《富春捲》，畫法正宗也，故歷代寶之。

【第二幀設色，半畫半題。】

山下清溪溪上花，花中漁父兩三家。前生修得煙波福，穩坐扁舟泛若耶。戲作《華溪漁隱》並題。

巨師神筆，開合陰陽，噓吸元氣，山樵得之，更加邃密。陰森晦冥，淒神寒骨，蓋造化之秘，宣發殆盡已。仲圭亦從巨師樹基，所得尚遜山樵一籌，他何論耶。

【第三幀，水墨。】

「泉聲咽危石，日色冷青松。」仿叔明法，寫摩詰語。戴熙。

【第四幀，水墨，半畫半題。】

雲林時作小柳，若經意若不經意，而柳意具足。此老全以逸氣為之，不可捉搦也。井東漫記。

【第五幀，水墨。】

石谷喜作瀟湘水雲，予見二幀，一早年筆，以逸勝；一晚年筆，以淡勝。此紙參二幀為之，稍近其早年筆耳。

【第六幀，水墨，半畫半題。】

東坡「天外黑風吹海立，浙東飛雨過江來。」或謂語涉粗獷，然第二句自是真景，非目睹不識其妙。特為拈出。

【第七幀，設色。】

灘石勢崚嶒，沙水日吞吐。遙山淡無影，落葉清可數。乞我自在遊，一枝煙外艖。

【第八幀，水墨，半畫半題。】

寒巘積素，雪牕呵凍，臨王湘碧。

余得《唐王居士銘》後一石，世所謂「說罄」本也。叔荃高五兄以前數石補余通校今搨，多六十餘字，氈蠟之精，二本適足相配，不覺欣喜累日。因檢此冊奉畣，不足言報，聊志餘兩人文字之緣云爾。井東居士戴熙題記。

戴文節山水花卉冊

【紙本，凡八幀，每高五寸七分，闊七寸七分。】

【第一幀，設色杏柳雙燕小景。】

雨潤杏華陌，煙迷楊柳津。意而歸去早，知有下簾人。

【第二幀，設色新篁。】

褚色墨作新篁數竿，葉葉稍稍，若有煙霏霧結。鹿床自出新意。

【第三幀，設色山水。】

擬巨師山勢，要使萬疊煙雲收於寸楮，私淑弟子熙。

【第四幀，設色栗子。】

薄暮垂簾地，新秋換袷天。清香蓮子後，風味芡仁前。醇士戲擬王忘庵並題截句。

【第五幀，水墨山水。】

秋陂晚步。

【第六幀，設色落葉流波。】

或疑是洞庭始波，木葉微脫，或疑是楓葉吳江冷。予疑深紅淺碧間，當有韻人題句其上。戊申九月，偶見簾外落葉，寫此。

【第七幀，設色水仙翠筱。】

幽杳空翠，如聽湘君鼓瑟。

【第八幀，設色山水。】

雪嵐圖，仿摩詰畫法。

【總跋一幀，尺寸同畫。】

聞慎卿患瘧，新瘥，作此寄示，可以怡神，可以澤顏。道光戊申重九日，醇士記。